国家社科基金项目（项目编号：12BGL044）
“十三五”国家重点出版物出版规划项目

煤炭资源整合中的政府与企业关系研究

Research on the Relationship Between Government and Enterprises in the Integration of Coal Resources

孙自愿 著

中国矿业大学出版社

内容提要

本书立足特殊的煤炭行业属性和经济制度背景，以“政府政绩诉求-企业政治基础建立”为研究切入点，以煤炭资源整合为主题，运用数理分析、案例分析及实证检验相结合的方法，刻画政企关系对煤炭资源整合行为的影响。通过研究，清晰揭示了政府投资意愿、政企关系调整、并购路径选择与煤炭资源整合效果之间的作用机理及煤炭行业整合特殊规律。

图书在版编目(CIP)数据

煤炭资源整合中的政府与企业关系研究 / 孙自愿著. —徐州：中国矿业大学出版社，2017.11

ISBN 978-7-5646-3799-6

Ⅰ. ①煤… Ⅱ. ①孙… Ⅲ. ①煤炭资源—资源管理—研究—中国 Ⅳ. ①F426.21

中国版本图书馆 CIP 数据核字(2017)第 300124 号

书　　名　煤炭资源整合中的政府与企业关系研究
著　　者　孙自愿
责任编辑　姜　翠
出版发行　中国矿业大学出版社有限责任公司
（江苏省徐州市解放南路　邮编 221008）
营销热线　(0516)83885307　83884995
出版服务　(0516)83885767　83884920
网　　址　http://www.cumtp.com　**E-mail**:cumtpvip@cumtp.com
印　　刷　虎彩印艺股份有限公司
开　　本　700×1000　1/16　**印张** 13.75　**字数** 301 千字
版次印次　2017 年 11 月第 1 版　2017 年 11 月第 1 次印刷
定　　价　33.90 元
（图书出现印装质量问题，本社负责调换）

前言

PREFACE

我国是一个"富煤、贫油、少气"的国家，煤炭作为基础能源，也是典型的高危行业和资源、资本密集型产业，大量无序、低效的煤炭资源开采活动所带来的投资短期化、安全生产矛盾加剧等问题，使得资源型并购整合成为煤炭企业实现经营集团化和生产规模集约化的重要手段。而中国煤炭企业产权结构的特殊性决定了煤炭企业并购整合的特色性，加之煤炭行业特有的资源地理分布格局和组织形式，煤炭行业重组的市场机制尚不健全，煤炭企业需借助政府指导的框架和原则，借助于市场"看不见的手"和政府"看得见的手"双重力量共同推动。政府与企业关系作为政府与煤炭企业之间的非正式隐性契约，在中国煤炭资源整合中发挥着不容忽视的作用。

为此，本书立足特殊的煤炭行业属性和经济制度背景，以政府与企业关系为切入点，以企业并购整合（A股上市公司与煤炭类上市公司）为主题，综合运用数理模型分析、案例分析以及实证检验相结合的方法，从煤炭资源整合的区域属性、行业属性和产权属性三个方面同时刻画政企关系对煤炭资源整合行为的影响，深入全面地剖析政企关系在我国煤炭资源整合过程中的作用机理和影响效果。展开这项研究的意义在于：(1) 理顺政府与企业的互动关系，深入剖析政府与企业在煤炭资源整合进程中的各自诉求；(2) 揭示中国煤炭资源整合过程中政企关系的运作机理及价值效应，拓宽企业并购整合中的研究视野，丰富和发展矿产资源并购整合理论体系；(3) 为煤炭企业集团正确处理好"政企关系"，推动整合重组提供指导；(4) 为政府科学引导资源整合，提高整合效率提供参考。

黄元元教授和我所指导的研究生卫慧芳、梁庆平、王玉、许若琪、李影、董晶晶、柳传蕾、刘敏敏、于沛、朱云海等参与了本书部分章节的资料文献的整理与相关研究，在此表示感谢。

本书是国家社科基金项目《煤炭资源整合中的政府与企业关系研究》(12BGL044) 的成果，也是 2017 年度江苏省软科学研究项目(BR2017005)、江苏省教育科学"十三五"规划课题(D/2016/01/76)、江苏高校哲学社会科学重点项目(2017ZDIXM163) 的阶段性成果。本书同时获列"十三五"国家重点出版物出版规划项目。

本书在课题研究和写作过程中得到中国煤炭工业协会、中国中煤能源集团有限公司、中国人民大学、中央财经大学及中国矿业大学许多学者、领导的指导与帮助，在此一并表示感谢。在这里还要特别感谢中国矿业大学出版社在本书的编辑出版过程中的付出与帮助。

孙自愿

2017 年 9 月

内容成果概要

SUMMARY OF CONTENT RESULTS

并购整合作为激活市场活力、助推中国经济结构转型升级和实现企业可持续发展的战略途径之一，受到政府、企业的支持和市场多方面的追捧。本书立足于政府与企业关系视角，以“政府政绩诉求—企业政治基础建立”为研究切入点，基于我国“大政府、小市场”的基本现实，既充分考虑政府在煤炭资源整合活动中的影响力，又兼顾煤炭企业通过自身行为寻求与政府建立有利于自己的政企关系的利益诉求。

（一）煤炭资源整合中政府与企业关系的影响机理分析

政府与企业的关系、政府与市场的替代关系，一直是经济学、管理学讨论的热点问题。通过数理分析，深入研究政府政绩诉求、管理层政治基础对煤炭产业并购整合的契约安排及影响机理，基于不完全契约理论，探讨煤炭资源整合中的“国进民退”、“行业壁垒”、“地区保护”之争。

1. “支持之手”与“掠夺之手”共同推动跨所有制(Ownership)整合

煤炭资源跨所有制整合一般是以国有煤矿作为主并购方，政府会以自身效用最大化决定煤炭资源整合中产权契约边界的设置，但政府效用最大化的并购整合规模由政治成本、代理成本、煤炭企业的专有性投资以及政府的宏观规制系数等多因素综合决定。

随着2008年以来“国进民退”跨所有制并购整合范围的增大，政府在煤炭企业跨所有制并购整合中的目标具有多元化特征，既有提高财政盈余的经济考虑，也有鼓励国有煤矿做大做强、助推当地经济发展、保障人员就业与安全生产的社会稳定诉求；既有支持本地国有煤炭企业做大做强的愿望，也有某些政府官员借资源整合与企业管理层寻租谋利的可能，导致“支持之手”与“掠夺之手”互现。

2. 规模经济、范围经济与跨行业(Industry)整合

当煤炭资源横向整合达到一定规模后，就会引起平均固定成本降低，形成生

产规模扩大条件下的成本节约。当超过合理的规模后，基于收益递减规律，规模收益会递减，出现“规模不经济”现象。仅仅通过“大矿吃小矿”扩大规模的横向整合路径无法为企业带来持续的经济利益提升。而产业链纵向整合，不仅可以降低交易费用，还能改变企业在产品市场和价格博弈上的不利局面，实现“范围经济”效应，带来企业整合效用提升。

3. 晋升锦标赛激励模式驱使政府偏好同区域(Area)资源整合

煤炭资源国有的性质决定了政府是煤炭企业关键资源的掌控者，主并企业所在地区政府受到增加财政盈余、促进当地经济发展、提高就业率等压力的影响，并不希望主并企业跨地区并购，也不鼓励煤炭企业被跨地区整合，所以政府对资源整合的干预容易造成“地区市场分割”的局面。

(二) 煤炭资源整合中政府与企业关系的经验数据验证

政府和企业是资源整合中政企关系的两个关键主体，各自诉求的不同导致各自的效用函数不同，建立和维持政企关系并不是其中一方能单独决定的。本书遵循“投资意愿调整—政企关系传导—并购整合行为—并购整合效果”的研究框架，系统研究政企关系对并购整合中路径选择及价值创造的影响，揭示煤炭资源整合中政企关系的现状及存在的问题，归结政企关系对整合行为动因、运作过程及整合后果的影响。

1. 煤炭资源整合中的政府诉求(Government Appeal)

基于我国特殊的转轨经济体制，政府作为关键资源的掌控者，在政企关系建立过程中居于主导地位。政府基于自身的经济利益和政府官员的政治晋升诉求，通过与企业的“官员型”董事建立政治关联，控制企业资源流动方向，或者以股东身份参与企业经营管理活动，将自身利益诉求内部化到企业。煤炭资源整合中，政府与企业建立政企关系主要是基于美化当地的政绩考核指标和增加地方政府的财政收入，而社会就业等政治目标并不是政府强化政企关系的主要原因。

2. 煤炭资源整合中的煤炭企业诉求(Coal Enterprise Appeal)

在煤炭资源整合过程中，企业的“官员型”董事在政企关系的建立中起到了“牵线搭桥”的作用。企业利用“官员型”董事的政治关系，获得政府投资机会及政府在政策和资源配置上的庇护，在市场中占据优势地位，为并购整合效果的提升作出贡献。另一方面，企业为了建立与维持政企关系，必将减少应对市场的投入，承担额外的双重成本(代理成本和就业成本)，进而影响并购整合绩效。因此，企业应把握好应对政府行为的“度”和“代价”，做好内部资源的优化配置，实现真正意义上的经济增长。

3. 政企诉求的差异左右煤炭资源整合行为模式(Path Behavior Pattern)

(1) 政企关系引发煤炭资源整合中“国进民退”现象严重。企业的并购整合行为模式往往是政企双方利益诉求相互博弈的结果。煤炭资源整合中的跨产权并购大多都是国有整合民营,存在明显的“国进民退”现象,且煤炭企业的政治基础更是获得政府政策正向调控的有利倚仗,但跨产权的煤炭资源整合并没有为煤炭企业创造价值。

(2) 政企关系促使政府支持煤炭企业多元化整合。多元化并购整合的协同效应在我国A股上市公司和煤炭企业中均没有得到很好的印证,反而一些企业存在“多元化折价”现象,多元化并购成效的不确定性使得政府对企业的跨行业并购行为基本持观望态度。同时,受政府忌惮“多元化折价”效应及风险规避心理的影响,A股上市公司的“官员型”董事往往迎合政府投资意向,放弃企业跨行业整合可能带来的范围经济效应及协同效应。

而煤炭仍将是我国的主要能源和重要的战略物资,为了保证煤炭产业的战略主导地位,政府倾向于支持煤炭企业进行跨行业的资源整合,进而降低煤炭产业链上的交易成本,实现协同效应。

(3) 政企关系带来煤炭资源整合的地区壁垒。由于我国存在“地区分割”现象,政府为了防止区域经济资源的流失,通常会增加对跨区域并购企业的国有股持股比例,以增强资源分配过程中对辖区内A股上市公司的掌控力。尤其是在与政府关系相对薄弱的企业中,政府投资态度的变化尤为明显。

煤炭企业的“官员型”董事大多是由政府任命的,在煤炭资源整合模式的选择上,其倾向于迎合政府需求。政府为维持本地区社会稳定,防止辖区内企业控制权和经济资源的外流,进而影响到本地经济发展和社会就业等问题,会更倾向于支持企业进行区域内的并购整合。

4. 非正式“隐性契约”的政企关系影响整合效果(Effect)

(1) 政企关系以“掠夺之手”促使整合双重成本上升。一方面,政府通过“官员型”董事控制企业的经营活动,将维持地区稳定、降低失业率的社会管理目标转嫁到企业身上,导致煤炭企业社会就业成本增加;另一方面,政府赋予煤炭企业“官员型”董事的权力为其“在职消费”和利益攫取提供了便利条件,导致煤炭资源整合中的代理问题愈发严重,代理成本上升。

(2) 政企关系以“支持之手”提升整合经济绩效和社会责任绩效。从A股上市公司的共性来看,政府过度参与企业经营,往往会损害企业的市场绩效和经济绩效,即政府与企业建立政企关系,对企业表现出更多的是一种“掠夺”。但煤炭企业则具备明显的行业特殊性,国家的绝对战略控制决定了政府与煤炭企业在煤炭资源整合中必须同气连枝。政企关系越密切，越容易获得政府在产业布控和资源配置上的倾斜，经济绩效和社会绩效改善越明显；而政企关系的建立并不会明显提升煤炭企业的内部管理水平。由此可见，尽管煤炭企业的一举一动时刻在政府的监督中，但政企关系的建立仍然逃不出政府与煤炭企业管理层"各取所需"的"魔咒"。政府借助煤炭企业美化其政治考核绩效，煤炭企业依靠政府改善经营绩效，由此导致的内部代理问题却成为煤炭企业内部管理低效的一大诱因。

(3) 政企关系的"双手并进"导致煤炭资源配置效率不升反降。"支持之手"和"掠夺之手"并存的"双手并进"使得资源整合中的政企关系越密切，整合的短期经济绩效和社会管理绩效改善越明显，但煤炭资源整合后的全要素生产率(TFP)不升反降。煤炭资源整合过程中，政府和煤炭企业更多注重面子工程，仅仅通过"拉郎配"式的整合粉饰报表而提高短期经济业绩，却忽视了资源配置的效率，无法实现真正意义上的可持续增长。

(三) 煤炭资源整合的未来趋势分析

立足于"十三五"期间政府大力推动的"经济低碳转型"与"能源生产和消费革命"的宏观政策背景，新常态下煤炭企业发展模式将从"增量发展"变为"存量组合"，面对恶劣的市场环境，各大煤炭企业大力发展"以煤为基"的多元化产业链纵向整合。

1. 煤炭资源产业链纵向整合战略的驱动因素有哪些(Why)

通过对中煤集团的案例分析，发现其选择纵向整合战略的内部动因是节省交易成本；外部动因是政府政策的推动。大样本的实证研究表明：煤炭企业节约交易成本和政府的"支持之手"分别是煤炭企业选择前向一体化整合战略的内部动因和外部动因；而煤炭企业选择后向一体化整合战略只是因为政府政策的支持。

2. 煤炭企业是否要选择产业链纵向整合战略(Whether)

当煤炭产业链上进行外部交易的成本对企业利润的影响大于内部市场时，煤炭企业选择产业链纵向整合战略更为合适；而当内部市场的影响程度比较大时，企业应该舍弃产业链纵向整合战略；当外部交易成本和内部市场的影响程度一致时，产业链纵向整合战略的选择与否是同质的。

3. 煤炭资源产业链纵向整合架构路径如何选择(Which)

以煤电纵向整合为例，产业链纵向整合架构路径的选择取决于煤炭部门和电力部门的边际成本。当煤炭部门的边际成本小于电力部门的边际成本时，由煤炭部门主导的纵向整合将比由电力部门主导的整合产生更高的整体利润，此种情况下更适合选择前向一体化的架构路径;当电力部门的边际成本等于煤炭部门的边际成本时,选择前向一体化的架构路径和后向一体化的架构路径同质;当煤炭部门的边际成本大于电力部门的边际成本时,更适合选择后向一体化的架构路径。

4. 煤炭资源产业链纵向整合战略后的整合效果如何(With What Effect)

对于我国的煤炭企业来说,无论是前向一体化整合还是后向一体化整合,均有利于提高企业的经营绩效。但是两者提高企业经营绩效的途径有所不同:前向一体化整合主要是通过提高煤炭企业的技术效率,在相同的投入水平下使产出最大化,进而提高其经营绩效;后向一体化整合主要是通过提高煤炭企业的市场势力,圈定市场,保证自身在煤炭市场上的话语权。

因此,今后煤炭资源整合需以"去产能、促升级"等关键环节为突破口,重塑政府在整合中的定位;以"提高资源配置效率"为目标,制定科学的煤炭资源整合绩效考评体系;以"提升煤炭企业核心竞争力"为着眼点,发挥市场配置资源的基础性作用;以"混合所有制改革"为抓手,厘清政府与市场边界;以"产业高端化升级"为导向,通过产业链纵向整合实现转型与转产战略;以"抑制权力寻租"为保障,理顺政企关系,强化责任意识。

(四) 研究成果的价值

1. 全面揭示煤炭资源整合中政府与企业关系的内涵

从政府投资意愿和企业政治基础两个角度同时刻画政企关系的亲密程度,权衡资源整合过程中,企业建立政企关系的能力(政治基础)和政府对建立政企关系的态度(投资意愿),分别论证两者对政企互动和并购整合行为及效果的影响,使研究视野更加开阔。

2. 在全行业并购普遍规律中寻找煤炭行业整合特殊规律

在对比 A 股上市公司并购整合及煤炭资源并购整合中政企关系的基础上,分析政企关系在煤炭资源整合过程中发挥作用的共性和特性,便于政府在推进产业结构调整过程中,制定针对性的产业政策和并购整合法律法规。

3. 形成集"经济-社会-内部管理"于一体的并购整合效果评价体系

结合"三个同心责任圈"模型和煤炭行业的特殊性,独立建立煤炭资源整合"内部管理责任-经济责任-安全责任-生态环保责任-公共责任"的"五个同心责任圈"模型,形成集"经济绩效评价-社会绩效评价-内部管理绩效评价"于一体的并购整合评价体系,更加全面、具体地兼顾煤炭资源整合的各个方面,为制定科学的煤炭资源整合绩效考评体系提供参考。

4. 做到资源整合效果与整合配置效率的内外兼顾

从煤炭资源整合的区域属性、行业属性和产权属性三个方面同时刻画政企关系对煤炭资源整合行为的影响，并从双重成本、经济价值创造和资源配置效率等多个维度考察政企关系对煤炭资源整合路径和整合效果的影响，克服已有研究“重效果而轻效率”的局限性，新的研究视角更加全面，对煤炭资源整合行为及价值效应的研究做到了内外兼顾、综合考虑。

目录

CONTENTS

第 1 章　绪论…… 1

1.1　研究背景 …… 1

1.2　研究目的 …… 5

1.3　研究意义 …… 6

1.4　研究思路及技术路线图 …… 7

1.5　研究方法 …… 9

第一篇　理论分析

第 2 章　国内外文献综述 …… 13

2.1　基本概念界定…… 13

2.2　政府对企业并购整合规制的研究综述…… 17

2.3　企业应对政府规制的研究综述…… 23

2.4　并购整合中代理寻租问题的研究综述…… 26

2.5　企业并购整合的价值效应研究综述…… 31

2.6　研究述评…… 39

第 3 章　政府与企业关系对煤炭资源整合的影响机理分析 …… 43

3.1　政府与企业关系对煤炭资源跨所有制整合的影响机理…… 43

3.2　政府与企业关系对煤炭资源跨行业整合的影响机理…… 47

3.3　政府与企业关系对煤炭资源跨地区整合的影响机理…… 49

3.4　本章小结…… 51

第二篇 实证分析

第 4 章 A 股上市公司并购整合中的政企关系实证研究 …… 55
4.1 样本选择和数据来源 …… 55
4.2 变量选取和定义 …… 56
4.3 描述性统计 …… 59
4.4 政府政绩诉求与政企关系调整及传导的实证分析 …… 61
4.5 并购路径、企业政治基础与政企关系调整的实证分析 …… 64
4.6 政企关系调整与市场绩效的实证分析 …… 68
4.7 政企关系调整与内部经营绩效的实证分析 …… 72
4.8 本章小结 …… 76

第 5 章 政企关系与煤炭资源整合行为的实证研究 …… 78
5.1 样本选择 …… 79
5.2 变量选取和定义 …… 79
5.3 数据来源 …… 81
5.4 政府政绩诉求、政企关系调整及传导的实证研究 …… 81
5.5 企业政治基础对煤炭企业“三跨”路径选择的实证分析 …… 86
5.6 本章小结 …… 90

第 6 章 政企关系与煤炭资源整合效果的实证研究 …… 91
6.1 样本选择 …… 91
6.2 变量选取和定义 …… 91
6.3 数据来源 …… 98
6.4 企业政治基础与煤炭资源整合代理成本、社会成本的实证研究 …… 98
6.5 企业政治基础与煤炭资源整合绩效的实证研究 …… 101
6.6 企业并购路径与煤炭资源整合绩效的实证研究 …… 103
6.7 企业政治基础、煤炭企业成本与煤炭资源整合绩效的实证研究 …… 110
6.8 政府投资意愿、企业政治基础与并购整合资源配置效率的实证研究 …… 115
6.9 本章小结 …… 118

第三篇　案例分析

第 7 章　煤炭企业产业链纵向整合动因分析:应对政府还是应对市场 …… 123
7.1　煤炭企业产业链纵向整合的驱动因素:政府与市场的抉择……… 124
7.2　煤炭企业是否进行产业链纵向整合的决策分析:
最佳时机抉择 …………………………………………………… 134
7.3　中煤集团产业链纵向整合决策的案例分析 ……………………… 138
7.4　煤炭企业如何进行产业链纵向整合的决策分析:
架构路径的抉择 ………………………………………………… 149
7.5　本章小结 ………………………………………………………… 154

第 8 章　煤炭资源产业链纵向整合效果分析:技术创新抑或市场势力 …… 156
8.1　煤炭企业产业链纵向整合效果的案例分析 ……………………… 156
8.2　煤炭企业产业链纵向整合程度与整合效果的实证检验 ………… 164
8.3　煤炭企业产业链纵向整合的经济效果辨析 ……………………… 171
8.4　本章小结 ………………………………………………………… 171

第 9 章　研究结论与政策建议…………………………………………… 172
9.1　研究结论 ………………………………………………………… 172
9.2　政策建议 ………………………………………………………… 175
9.3　创新点 …………………………………………………………… 180
9.4　研究不足与未来展望 …………………………………………… 183

附录 1　煤炭企业并购整合绩效评价指标权重分析问卷 ………………… 186

附录 2　煤炭企业并购整合效果评价体系指标权重的确定过程 ………… 189

参考文献………………………………………………………………… 193

第1章 绪论

1.1 研究背景

1.1.1 资源型并购整合的重要性

1982年诺贝尔经济学奖获得者George J. Stigler在《通向垄断和寡占之路——兼并》一书中指出:综观美国著名的大型集团公司,几乎没有一家不是通过某种方式,在某种程度上运用兼并收购而整合发展起来的。综观世界前五次并购浪潮,并购对象的行业分布非常广泛,涉及钢铁、医药、电讯、金融等众多行业。第六次并购浪潮从21世纪初开始,与前五次相比,第六次并购浪潮明显的行业特征之一就是天然气、钢铁、煤炭、石油等能源及矿产行业唱主角的资源型并购整合。并购整合在促进资本市场价值发现、优化资源配置、提高生产效率等方面创造出无数令人惊叹的奇迹,每次并购浪潮都会推动科技的巨大进步和产业的飞跃发展。

并购整合也是激活市场活力、助推中国经济结构转型升级和实现更长时期可持续发展的战略途径之一,且受到政府多方面的支持和市场多方面的追捧。如图1-1和图1-2所示,2010~2014年,中国能源及矿产行业无论在并购规模,还是在并购活跃程度上,均名列前茅。政府立足于保护和集约开发矿产资源,通过采取一系列宏观调控规制措施,积极推动深化能源及矿产行业整合,转变资源行业发展方式,推进产业结构调整。

1.1.2 煤炭资源整合的实施现状

中国"富煤、贫油、少气"的资源禀赋决定了今后相当长一段时期内煤炭仍是中国的基础能源。截至2013年年底,中国煤炭资源总量5.9万亿t,保有资源储

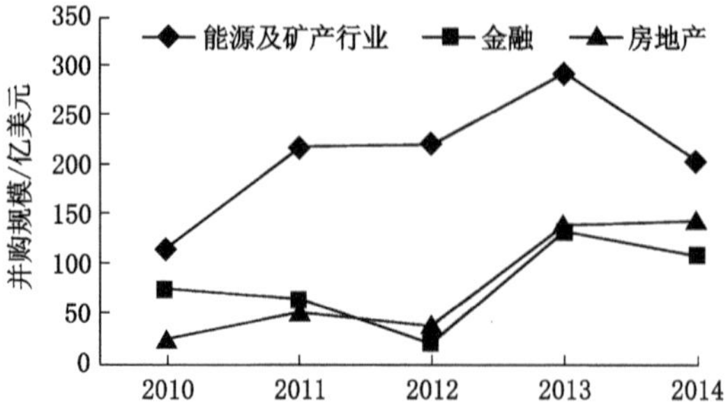

图 1-1　中国并购市场规模趋势对比图

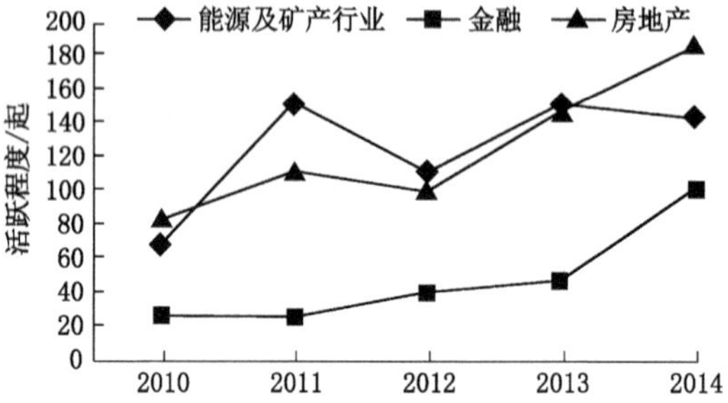

图 1-2　中国并购市场活跃程度趋势对比图

量 1.484 2 万亿 t，其中超千亿吨的省区有内蒙古、山西、新疆和陕西四省区。但煤炭作为典型的高危行业和资源、资本密集型产业，长期粗放发展积累的矛盾日益突出。世界发达国家煤炭产业早已呈现出企业经营集团化和生产规模大型集约化的发展趋势。兼并、重组、整合不仅能够扩张企业规模，而且能够提高煤炭企业集团的竞争力和提高资源配置的效率。而中国煤炭企业产权结构的特殊性决定了煤炭企业并购重组的特殊性，加之煤炭行业特有的资源地理分布格局和组织形式，决定了煤炭行业重组单纯靠市场机制不具有现实可行性，煤炭产业并购整合需借助政府指导的框架和原则，依靠市场“看不见的手”和政府“看得见的手”双重力量共同推动。

市场引导和政府宏观产业规制成为煤炭企业进行并购整合的强大推动力。政府鼓励大型煤炭企业兼并重组中小型煤矿，鼓励优势企业之间联合重组，鼓励大型煤炭企业兼并重组相关联产业的企业，鼓励电力等大型企业兼并重组煤矿（贺佑国，2013）。煤炭企业在“十二五”期间，跨地区、跨行业、跨所有制经营发展战略格局已基本建立，“以煤为基，多元发展”的产业格局已经形成，煤炭资源整合带动着煤炭企业生产方式、煤炭行业增长方式的变革。

首先,政府产业政策引导成为中国煤炭资源整合的外在推动力。2010 年 10 月 16 日,国务院办公厅转发《关于加快推进煤矿企业兼并重组的若干意见》,明确提出:支持优势企业开展跨地区、跨行业、跨所有制兼并重组(简称“三跨”整合)。国家发展改革委于 2012 年 3 月 18 日发布《煤炭工业发展“十二五”规划》,将并购整合列为“十二五”重点任务之首,大力推进煤炭企业并购重组,淘汰落后产能,明确支持具有资金、技术、管理优势的大型企业跨地区、跨行业、跨所有制并购整合,资源优先向大型煤炭企业配置,培育一批具有国际竞争力的大型煤炭企业集团,形成 10 个亿吨级、10 个 5 000 万吨级的特大型煤炭企业,鼓励煤、电、运一体化经营,促进规模化、集约化发展。2005～2013 年的 9 年里,政府通过大力推进煤炭资源整合与兼并重组,淘汰了一大批不具备安全生产条件和开采方法的落后的小型煤矿。通过发展大型煤业集团,煤炭产业集约化发展水平显著提高。截至 2013 年年底,全国煤矿数量 12 289 家,比 2005 年减少约 1.25 万家。其中,年产 120 万 t 以上的大型煤矿 850 家,比 2005 年增加 565 家,产能从 8.43 亿 t 上升至 26 亿 t,占全国煤矿总产能的比重由 2005 年的 35.7%提升至 65%;年产 30 万 t 以下的小型煤矿 9 800 家,比 2005 年减少约 1.43 万家,产能占比由 48.8%降至 16%,见表 1-1。

表 1-1　　2005～2013 年煤炭产业集中情况对比表

规模及区域 \ 指标及年份	数量/家		生产能力/亿 t		产量所占比重/%	
	2005 年	2013 年	2005 年	2013 年	2005 年	2013 年
全国	24 813	12 289	22.64	40	100	100
大型煤矿(年产 120 万 t 以上)	285	850	8.43	26	35.7	65
小型煤矿(年产 30 万 t 以下)	24 055	9 800	11.04	6.5	48.8	16

数据来源:中国煤炭工业协会,《2014 中国煤炭工业发展报告》,中国经济出版社,2014 年 11 月。

政府规制对煤炭企业规模集约化发展起到了关键性作用,煤炭产业集中度大幅提高,行业结构调整取得一定进展。2013 年,煤炭企业在兼并重组方面取得了很大进展,全年整顿关闭煤炭企业共计 770 余家,技改提升小型煤矿共计 490 余家,兼并重组小型煤矿共计 610 余家,淘汰落后产能累计 2 亿余吨。2013 年排名前 4 位的煤炭企业产量占总产量比重达到 24%,同比增加了 1.8 个百分点;排名前 8 的煤炭企业产量占全国总产量的 35.4%,同比增加了 5.2 个百分点。产量超亿吨煤炭企业原煤产量占比从 2007 年的 13.51%提升至 2014 年的 38.90%，产业集中化程度进一步提高，如图 1-3 所示。

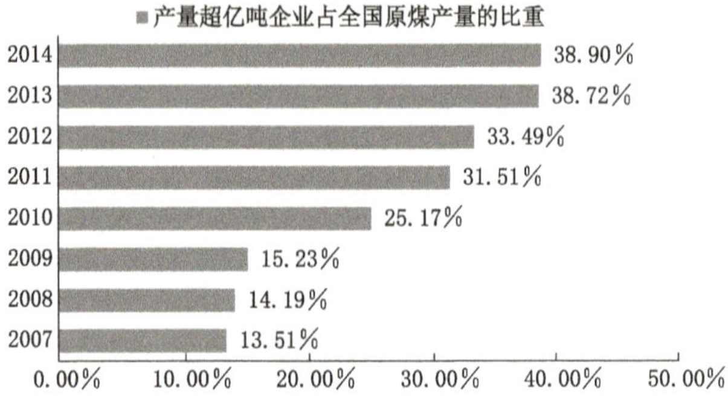

图 1-3　煤炭产业集中情况图

其次，煤炭资源整合中"政企互动"特征明显。尤其是地方政府官员，对其管辖区域内的国有企业拥有一定的影响力乃至控制权力，而上级政府对下级官员的政绩考核机制和政府官员的政治晋升锦标赛体制，促使政府官员可能利用政府行政部门权威以及国有企业产权代理者的双重身份对国有企业的并购整合进行过多的干预，即为了满足自身地区生产总值等政绩考核经济利益和政治利益的最大化，政府部门"撮合"了很多煤炭企业的并购整合。纵观中国企业并购的发展历程，很多案例都是政府与企业共同操作的结果。也许在未来的几年里，政府主导的并购与重组仍将主导着中国并购市场的交易。国有企业作为并购整合主体，由政府和企业共同推进的特点在中国煤炭企业的并购重组活动中表现得更为特殊。政府作为国有煤炭企业的所有者，一方面，制定相关的整合法规和标准；另一方面，充分运用其行政权力为主并购方和被并购方"牵线搭桥"，对并购活动进程产生重要的影响。而作为煤炭资源整合中的煤炭企业，一方面，企业需要对政府的产业政策进行系统的分析；另一方面，企业希望与政府建立良好的"私人关系"以寻求政府的"支持之手"。前者是企业正常的应对政府行为，而后者容易导致寻租与腐败的发生。煤炭资源整合中的"政企关系"促使煤炭资源整合在动因、特征以及行为诸方面带有明显的"权力"特征及其引发的社会成本与寻租效应。

再次，煤炭资源整合中出现了产能过剩、资源配置效率不高的困局。进入新常态后，因经济增速减缓，导致煤炭需求下降、煤炭固定资产投资居高不下、煤炭资源整合改造关闭小型煤矿后的产能释放、进口煤炭量持续增加，紧俏了约 10 年的煤炭行业在 2013 年陷入了"产能过剩"的泥潭。政府通过大力推动国有大型煤炭企业集团从事并购重组与煤炭资源整合工作，关停一大批不具备安全生产条件和开采方法落后的小型煤矿，但一批大型现代化矿井又进行了新建、扩建。这虽然有效提升了煤炭产业的集中度和资源利用效率，降低了煤矿百万吨死亡率，但是也导致了煤炭行业“产能过剩”的局面。2013 年 3 月 26 日国家能源局和国家煤矿安全监察局联合发布《关于做好 2013 年煤炭行业淘汰落后产能工作的通知》，要求通过关闭退出、改造升级、兼并重组等方式淘汰煤矿 1 256 处，淘汰落后产能 6 418 万 t/年，但该减产指标仅占 2012 年新增产能的 1/4 左右，煤炭供应过剩局面仍将持续。2013 年全国原煤产量 39.69 亿 t，2014 年煤炭产量出现了 10 余年来首次下降，2014 年全国原煤产量 38.7 亿 t，同比下降 2.5%。一方面是因为煤炭行业产能过剩、煤炭产品需求不足，库存居高不下；另一方面则是因为煤炭价格连续下跌，煤炭企业经营陷入困境。

1.1.3 问题的提出

那么，造成这一困境的原因是什么？基于煤炭资源的战略地位，中国大中型煤炭企业大都是国有企业，虽然其已建立了现代企业制度和较完善的法人治理结构，但仍存在“政府与企业交互作用”的现象。加之各地煤炭资源整合重组导致国有经济市场份额扩大，私有经济市场份额减少，“国进民退”现象导致了诸多争议。另外，整合所有权不同、所属区域不同、行业背景不同的企业组成一个更大的企业集团，复杂的利益链交织给整合工作造成了巨大障碍。因此，在煤炭资源整合的进程中，政府和企业是整合进程的实际掌控者。如何处理好政府和企业的关系，是煤炭资源并购整合中的一项中心议题，也是尚未破解的难题。

1.2 研究目的

当前煤炭行业的不景气并不能改变煤炭作为中国基础能源的基本国情，煤炭行业的可持续发展仍然对国民经济有重要的作用。因此，立足中国特殊的煤炭行业背景和经济制度背景，抓住煤炭行业产业重组整合的热点问题，本书将通过引入多种研究方法，深入全面地剖析煤炭资源整合中的政府与企业关系。

1.2.1 通过并购整合的相关研究，理顺政府与企业的互动关系

本书作为应用基础研究，尝试以中国煤炭产业并购整合为切入点，立足于如此空前、大范围的资源类基础产业整合，体现国家产业调整意志；急需以科学化手段加强资源配置效率的趋势背景，结合国内外企业并购整合的分析方法、理论

框架及发展趋势，分析中国煤炭产业并购整合的特殊性及存在的诸多问题；重心在于通过并购整合相关模型构建等基础性研究，分析政府和企业的关键资源控制权对煤炭企业并购整合路径及价值效应的影响，进而分析煤炭资源整合中的政企关系。

1.2.2 揭示中国煤炭资源整合的运作机理及价值效应

本书通过对整合过程的跟踪和案例收集，归纳政企关系对中国煤炭资源具体整合实施过程的影响，分析政府政绩诉求、政府投资意愿调整、企业政治基础对煤炭资源整合路径与绩效的影响。具体包括利用模型和实证研究深入分析煤炭产业结构调整及控制权配置契约中的“三跨”路径选择问题；以归结受关键资源控制权影响的不同整合模式下煤炭资源整合的行为动因、运作过程及经济后果。据此，弄清政企关系对煤炭资源整合控制权配置、路径选择与价值效应的作用机理，为实证模型构建提供理论依据，这将成为本书拟解决的关键问题之一，以期拓宽企业并购整合中的研究视野，丰富和发展矿产资源并购整合理论体系。

1.3 研究意义

1.3.1 理论意义

1.3.1.1 科学论证煤炭资源“三跨”整合的具体运作机理及其效果

煤炭资源国家所有及煤炭是中国基础性能源的双重特征决定了中国煤炭企业集团多具有国有的性质，该类企业集团往往借助其自身政治资源优势整合中小型私有煤矿或集体煤矿；加之中国地区间市场分割现象的存在，导致煤炭企业的异地并购存在重重阻碍，致使煤炭资源整合的运作方式更为复杂。本书通过数理与实证结合的方法，论证煤炭资源整合跨所有制、跨行业、跨地区整合重组的具体运作机理及效果，是对中国煤炭产业重组理论发展的重要贡献。

与此同时，评价整合成功与否的关键在于并购整合的价值效应，即并购能否为并购双方带来价值的提升，以及能否为社会带来福利价值(包括降低环境污染、增加就业、降低安全事故等)。本书根据跨行业、跨地区以及跨所有制等多种模式，从经济绩效、社会绩效以及管理绩效三个方面，论证煤炭资源整合运作的效果，进一步丰富矿产资源(主要是煤炭资源)整合价值评价理论体系。

1.3.1.2 拓宽企业整合重组的研究视野

本书结合中国特殊的制度背景以及煤炭资源特殊的自然属性和社会属性，理论上诠释政府对煤炭资源整合跨地区、跨行业、跨所有制的影响机理，系统论证政绩诉求、“官员型”董事、政治俘获、政企合谋对中国煤炭资源整合的影响，这是对企业整合重组产权理论、产业组织理论、交易费用理论的有益扩展与补充。

1.3.2 实践意义

1.3.2.1 为煤炭企业集团正确处理好“政企关系”，推动整合重组提供帮助

世界煤炭产业早已呈现出企业经营集团化和生产规模集约化的发展趋势。而中国煤炭产业虽然已经认识到兼并、重组对于扩张企业规模，提高煤炭企业集团的竞争力、优化产业组织具有重要意义，但关于政企关系对煤炭资源整合的影响，缺乏系统的论证。本书将为中国煤炭企业在资源整合中正确处理好“政企关系”、科学整合重组提供指导。

1.3.2.2 为政府科学引导整合，推进整合效率提供参考

通过建立以价值效应为核心的评价指标体系，有效约束政府的规制职能，使其将重心放在鼓励煤炭企业加快建设高效、节约、环保的现代煤炭产业体系上。除此之外，在煤炭资源整合过程中，政府也应当通过制定合理的产业、财政等相关政策，鼓励煤炭企业通过整合，合理安排产能、提高煤炭资源回采率、促进环境保护。本书将明确剖析煤炭企业开展跨所有制、跨行业、跨地区兼并重组的运作机制，合理界定权力，形成跨行业、跨地区、跨所有制并存的煤炭行业产业格局，避免出现盲目整合，为整个煤炭行业的健康有序发展提供政策建议。

1.4 研究思路及技术路线图

本书以政企关系对煤炭产业并购整合路径及价值效应的影响为主线，借鉴国内外产业整合重组的分析方法、理论框架及发展趋势，遵循“政府政绩诉求—政府意愿调整—政企关系传导—企业并购整合行为—并购企业经营效果评价”的研究思路，基于中国“大政府、小市场”的基本现实，深入分析政府与企业关键资源控制权对煤炭资源整合中资源配置、路径选择、绩效评价的影响。

本书的研究思路如图 1-4 所示。

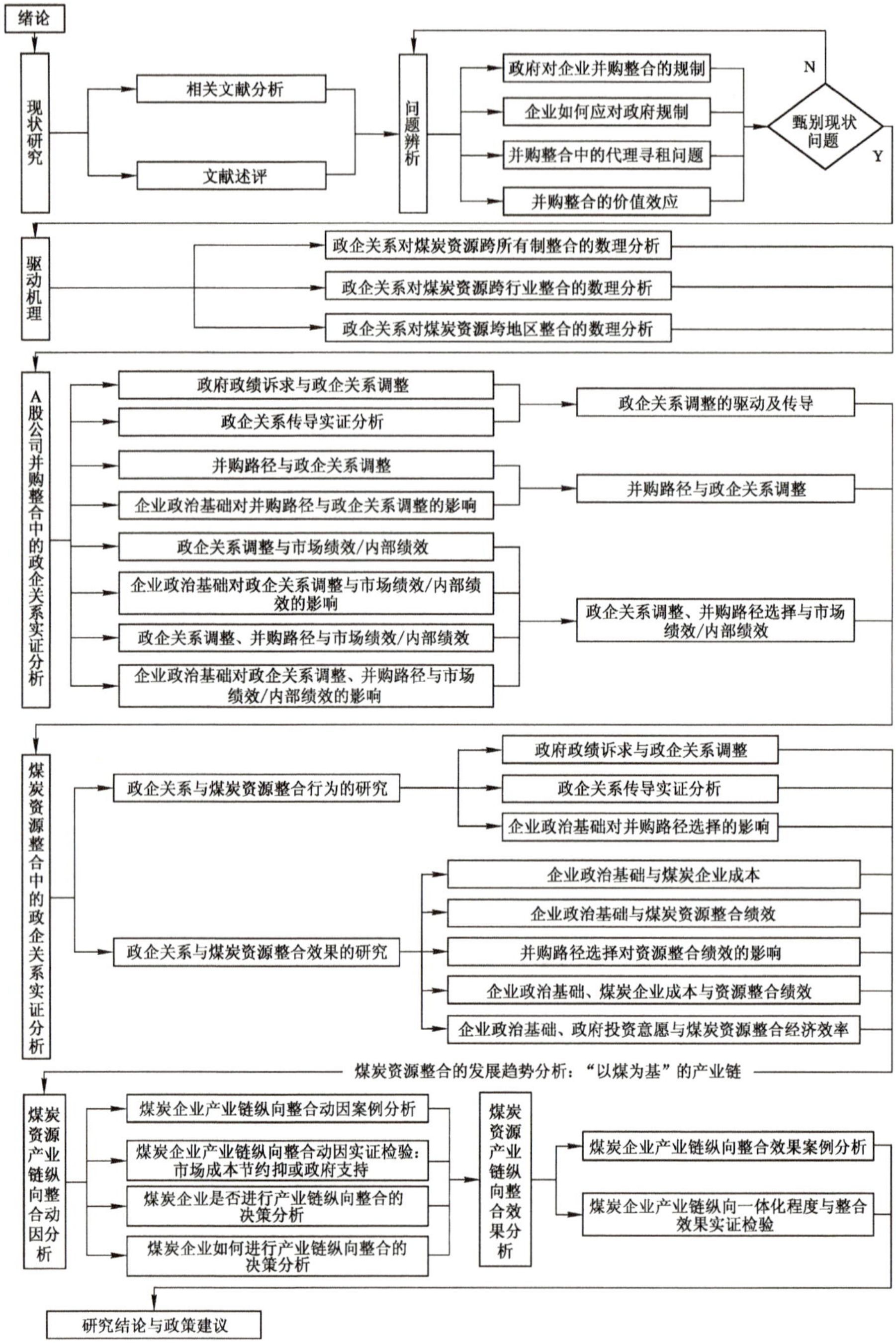
绪论
现状研究
相关文献分析
文献述评
问题辨析
政府对企业并购整合的规制
企业如何应对政府规制
并购整合中的代理寻租问题
并购整合的价值效应
甄别现状问题
N
Y
驱动机理
政企关系对煤炭资源跨所有制整合的数理分析
政企关系对煤炭资源跨行业整合的数理分析
政企关系对煤炭资源垮地区整合的数理分析
A股公司并购整合中的政企关系实证分析
政府政绩诉求与政企关系调整
政企关系传导实证分析
并购路径与政企关系调整
企业政治基础对并购路径与政企关系调整的影响
政企关系调整与市场绩效/内部绩效
企业政治基础对政企关系调整与市场绩效/内部绩效的影响
政企关系调整、并购路径与市场绩效/内部绩效
企业政治基础对政企关系调整、并购路径与市场绩效/内部绩效的影响
政企关系调整的驱动及传导
并购路径与政企关系调整
政企关系调整、并购路径选择与市场绩效/内部绩效
煤炭资源整合中的政企关系实证分析
政企关系与煤炭资源整合行为的研究
政府政绩诉求与政企关系调整
政企关系传导实证分析
企业政治基础对并购路径选择的影响
政企关系与煤炭资源整合效果的研究
企业政治基础与煤炭企业成本
企业政治基础与煤炭资源整合绩效
并购路径选择对资源整合绩效的影响
企业政治基础、煤炭企业成本与资源整合绩效
企业政治基础、政府投资意愿与煤炭资源整合经济效率
煤炭资源整合的发展趋势分析：“以煤为基”的产业链
煤炭资源产业链纵向整合动因分析
煤炭企业产业链纵向整合动因案例分析
煤炭企业产业链纵向整合动因实证检验：市场成本节约抑或政府支持
煤炭企业是否进行产业链纵向整合的决策分析
煤炭企业如何进行产业链纵向整合的决策分析
煤炭资源产业链纵向整合效果分析
煤炭企业产业链纵向整合效果案例分析
煤炭企业产业链纵向一体化程度与整合效果实证检验
研究结论与政策建议

图 1-4　研究思路

1.5 研究方法

区别于西方传统经济学理论，通过分析式研究、实证研究、规范研究等深入分析具有中国特殊国情的煤炭产业并购整合中的政企关系，将成为本书的关键问题，也是构建本书研究框架的主要出发点。

1.5.1 分析式研究方法

以 Sanford J. Grossman 和 Hart and Moore 开创的不完全契约理论（简称 GHM 理论）为主要理论依据，并将其应用到并购整合中的产权、行业与区域边界分析当中。把缔约人关键资源控制引致的权力考虑到模型当中，采用分析式研究方法深入研究政府和煤炭企业各自效用函数最大化的互动关系以及对煤炭产业并购整合效果的影响。

1.5.2 规范研究方法

以煤炭产业并购整合资源配置和跨地区、跨行业、跨所有制整合路径为主线，结合现代产业组织理论、公司财务理论、产权理论及制度经济学等相关理论，采用规范研究方法对研究内容进行清晰界定，结合中国经济制度和煤炭资源属性的特殊背景，深入分析整合动因、运作方式及整合效果。

1.5.3 实证研究方法

通过实证研究方法，论证政企关系对并购整合路径与并购整合绩效的影响，分别利用 A 股上市公司和煤炭类上市公司并购样本进行检验。具体研究思路包括：文献回顾—假说提出—模型构建—收集数据—统计检验—结果分析；具体检验方法包括：非参数检验、参数检验、多元线性回归、Logistic 回归等。

本书既有翔实、简洁的文字描述，也有直观的图表分析，还有精确的数理分析和实证分析，用最直观、简洁、严谨的方式深入研究、分析并解决问题。

Theoretical Analysis

第一篇

理论分析

传统经济学认为，自然垄断、公共物品、外部效应和信息不对称等造成了市场失灵，而市场失灵之处正是发挥政府规制作用的用武之地。现代经济学理论认为，由于市场无法解决由经济周期波动引发的社会经济问题，因而政府职能需要扩展到收入分配、经济公平、安全生产、社会保障和国家稳定等领域。企业作为经济的重要参与者，其决策行为影响着地方经济发展及社会稳定。因此，一方面，政府有动机并且有能力去规制企业的行为；另一方面，企业为了获取政府在市场资源配置中的政治倾斜也会主动建立与政府之间的"私人关系"。

2010年国务院办公厅转发的《关于加快推进煤矿企业兼并重组的若干意见》指出：支持优势企业开展跨地区、跨行业、跨所有制兼并重组。《煤炭工业发展"十二五"规划》也明确支持具有资金、技术、管理优势的大型煤炭企业跨地区、跨行业、跨所有制整合路径，促进其规模化、集约化发展。

本篇以政府与企业关系为主题，系统梳理国内外文献对此方面的研究成果。现有文献大多从政府规制视角研究并购路径及对绩效的作用，但很少有文献研究政企之间的互动关系对并购路径选择的影响，更极少有文献将政企关系、并购路径结合起来研究对煤炭企业资源整合效果的影响。随后以"三跨"整合路径选择为亮点，基于我国"大政府、小市场"的基本现实并充分考虑政府在我国煤炭资源整合活动中的影响力，从政府与企业在煤炭资源整合中享有的效用函数入手，分别研究政企关系对不同并购路径选择的作用机制及不同并购路径选择对并购企业整合效果的影响机理。

第2章 国内外文献综述

自18世纪以来，政府与企业的关系、政府与市场的替代关系等问题，一直是经济学和管理学讨论的热点问题。但是从世界各国的实践来看，不同的发展阶段、不同的经济社会制度、不同的行业特征，政府和企业之间的关系也不一样。与此同时，国内外学术界对公司并购整合行为及其价值效应展开了广泛研究，并涌现出大量的研究文献及成果。研究内容主要包括并购动因及并购整合影响因素、整合方式选择及整合后长短期效应。针对并购整合中政府与企业的经济行为及其后果，众多学者试图运用不同理论对其进行合理解释。常见的理论包括新古典经济学理论、产权理论、交易费用理论、契约理论以及财务学理论等。

如果要剖析煤炭资源整合中政府与企业的作用机理与互动关系，需要考虑以下几个问题：政府为什么要规制企业并购与资源整合？企业如何应对政府规制？政府与企业在并购整合中是否存在寻租代理问题？这种政企关系对并购整合产生何种效果？结合本书的研究主题与思路，本章从以下四个方面对相关文献进行简要梳理。

2.1 基本概念界定

煤炭资源整合和行业集中度的提高涉及大型煤矿重组小型煤矿、大型煤矿之间的联合重组以及纵向产业链之间的重组整合三个层面。推动重组的手段有两种：一是政府政策主导，二是市场手段。目前，我国煤炭行业的整改依然主要依赖于政策主导推动。从全国来看，山西、河南、山东等省已陆续依靠政策强制重组小型煤矿；但是，陕西、贵州等地仍有一定数量的乡镇煤矿。

2.1.1 资源整合的分类

煤炭资源整合按照不同的分类方法有不同的形式，具体分类如下所述。

2.1.1.1　所有权变化类的整合

（1）并购重组。① 并购，包含兼并（Merger）和收购（Acquisition）两个概念，二者经常合在一起使用，简称M&A。并购重组活动的实质是企业控制权变换主体的过程，是资产和权利的置换过程。② 兼并是产权转让后资产重组的一种交易方式，一般有两种基本形式：吸收合并和新设合并。吸收合并是指两家公司合并，被兼并企业的法人地位丧失，吸收兼并的企业法人地位存续，可以表示为：A＋B＝B。新设合并指的是两家公司合并成一家新公司，新公司成为新的法人实体，原有公司不再具有法人地位，可以表示为：A＋B＝C。③ 收购，通常指一家企业通过某种方式主动购买另一家企业股权或资产的行为，其目的是获得该企业的所有权，实现一定经济目标的经济行为。通常可分为两种形式：资产收购和股份收购。

（2）入股重组。入股重组是指一家企业通过支付现金、发行股票或债券等方式取得另一家企业的全部或部分股权。这种重组模式具有以下优点：增加股份有限公司净资产数量、改善资产负债结构与流动资产结构、重组难度较小、对正常生产经营影响较小。

2.1.1.2　经营管理权类的整合

（1）托管。托管是指煤炭企业所有者通过契约合同形式，将企业资产交由具有较强经营管理能力且能够承担相应经营风险的煤炭企业去有偿经营，从而保证该煤炭企业资产保值增值，并创造可观的社会效益和经济效益。实施企业托管经营是在企业所有权和经营权分离的基础上，再进一步将企业经营权从企业要素与企业生产经营活动中分离出来。作为新的独立的利益主体，以受托方身份与煤炭企业所有者签订经营合同，从事企业经营管理。托管经营的目的是在不改变煤炭企业原有归属权的情况下，直接进行企业资产的优化配置，在保证原有资产增值的同时，获得合理的回报。这种情况比较适用于长期处于微利、亏损的煤炭企业。从以往的实践来看，企业托管经营的形式主要有：整体托管，即将整个企业交给外部企业进行经营；分层托管，即大型的国有煤炭企业可以将其部分矿区进行托管；专项托管，将其某项业务如生产组织、产品销售或科研开发等环节进行托管。托管形式较适合于那些主要由于经营不善或者管理混乱而导致企业亏损的国有小型煤矿企业。在实施托管经营时应该制定相应的制度，解决托管人在经营同时如何承担风险的问题。

（2）联营。联营是指煤炭企业之间为了发挥各自优势，实现共同的经济目的，共同出资，共负盈亏，联合经营一定的经济事业。联营合同是联营各方为实现联合经营并建立联营组织，明确相互间权利和义务关系所达成的书面协议，是建立联营企业的法律基石。在我国，按照联营企业的法律特征，可分为紧密型

(法人型)、半紧密型(合伙型)和松散型(合同型)三种形式。这里讲的联营企业只包括松散型和半紧密型,把法人型的联营企业归为直接投资模式。企业联营的内容包括合作技术开发、合作生产等。

因数据采集的制约,本书重点关注发生所有权变化的并购整合事件,论证煤炭企业在资源整合过程中的政企关系问题;对关停并转或不涉及产权转让的托管、联营形式的资源整合方式不进行论述。

2.1.2 产业链整合

在分工与合作的经济框架内,煤炭产业链整合形式选择的基本原则是专业化经济与"自给自足"经济的成本收益比较分析。具体来说,产业链整合是基于纵向专业化经济基础之上的组织成本节约和基于产业链整合经济基础之上的交易费用节约之间的综合权衡。一般认为,纵向专业化越高,企业生产产品的组织成本越低。在产业链整合经济中,企业可以利用权威和命令等工具实现节约交易费用的目的。因此,产业链整合经济可以实现交易费用节约。

由数理模型分析可知,企业进行产业链整合形式选择与交易费用节约和长期平均成本节约有关。具体分析模型,如图 2-1 所示。

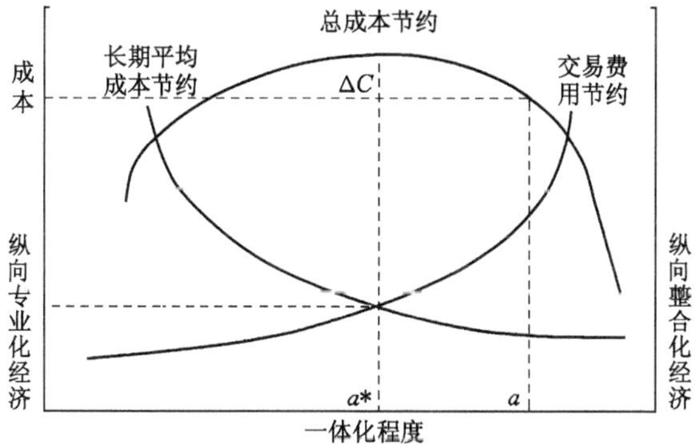

图 2-1 产业链整合形式选择的交易费用模型

图 2-1 中,交易费用节约曲线和长期平均成本节约曲线相交时其一体化程度为 a^* 点,该点是产业链整合交易关系形式选择的均衡点,此时为最优选择,即表示此时的一体化可以最大限度地节约总成本。如果选择点偏离均衡点,由均衡点 a^* 变化到右侧 a 点,将会产生 ΔC 的净成本损失,这种损失即无形损耗。理论上,产业链整合交易关系形式选择的均衡点为两条成本节约曲线的交点 a^*,然而在实际中,该交点并不是某一固定的值,而是在一定区间内不断变化,这个区间称为"均衡区间"。这个均衡区间有一定的范围,在这个范围内波动均

可认为处于平衡状态。当超出这个范围时，平衡被打破，将产生新的波动均衡点。企业“损失容忍度”超过可接受范围，则产业链整合交易关系选择形式就会进入到新的均衡状态，形成新的理论均衡点和“波动均衡点”区间。此动态区间可能是由于制度环境、转换风险等因素引起的。

理论上，专业化经济的经济效率和组织成本的节约主要来自于两个因素，即生产技术的提升和专用性人力资本价值的提高。以煤炭-电力为例，用单台设备能力、每度电耗煤量以及生产机械化程度、劳动生产率分别衡量电力产业和煤炭产业的生产技术水平；而专用性人力资本投资形成的技术能力可以用专业人员比例和专业培训费用来衡量。专业化经济、一体化经济与组织成本节约的分析逻辑框架，分别如图 2-2、图 2-3 所示。

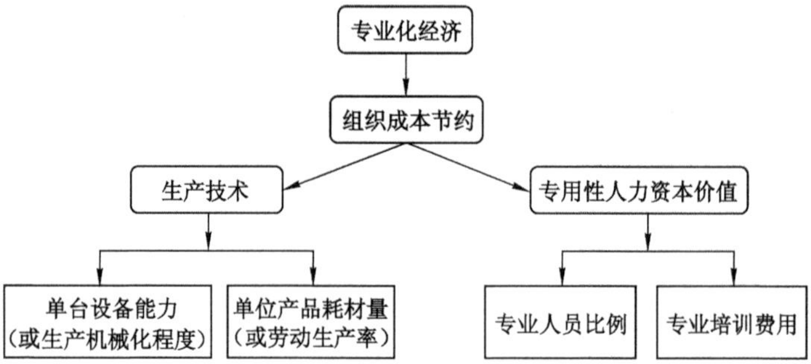

图 2-2 专业化经济与组织成本节约分析图

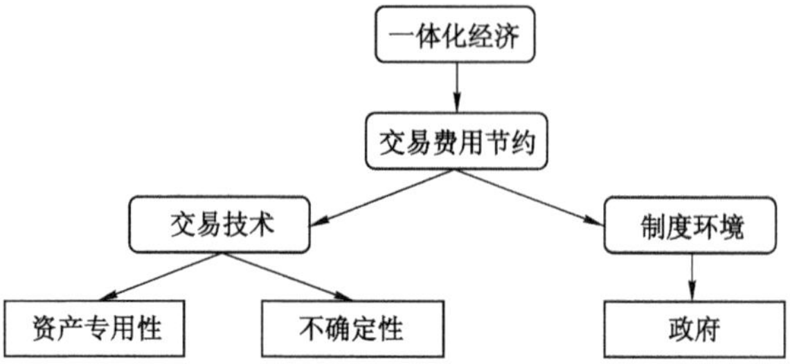

图 2-3 一体化经济与组织成本节约分析图

煤炭企业进行产业链整合的驱动因素主要分为以下六种：① 当企业外部市场的交易成本大于企业内部各组织部门之间的成本时，通过产业链整合，将外部交易内部化，可以节约交易费用。② 通过产业链整合可以降低由于外部市场的不确定性引起的交易成本并提高专业化资产的使用效率。③ 通过产业链整合将外部经济内部化可以纠正外部化引起的市场失灵，增强企业的市场势力；或者减少市场势力对企业的影响，从而实现价格歧视。④ 通过产业链整合可以避免重要原材料价格的波动，保证重要原材料的投入。⑤ 通过产业链整合还可以尽可能减少因政府的管制、限制和税收所产生的负担。⑥ 通过产业链整合可以提高企业资源的优化配置，从而提高企业的生产效率。

2.1.3 "三跨"整合

2010 年 10 月 16 日，国务院办公厅转发《关于加快推进煤矿企业兼并重组的若干意见》，明确提出：支持优势企业开展跨地区、跨行业、跨所有制兼并重组（简称"三跨"整合）。煤炭资源"三跨"整合即跨地区、跨行业、跨所有制的煤矿企业并购整合。这种整合模式最大的优越性在于有利于突破原有企业资产规模、质量、地域、所有制、行业的限制，有利于优势资产向制度先进的股份有限公司流动，增强公司的竞争力。"三跨"整合难度较大，在资产整合、所有权制度整合、利益整合、企业文化整合和人员整合方面会存在诸多风险。

2.2 政府对企业并购整合规制的研究综述

政府规制(Government Regulation)又称政府管制、政府监管，即政府运用公共行政权力，对个人和组织的行为进行限制与调控。政府为什么要规制一个国家、一个地区或者行业的经济和企业经营活动（包括并购整合业务）？国内外学者主要从市场失灵(Market Failure)理论、自然垄断(Natural Monopoly)理论、信息不对称(Asymmetry of Information)理论、外部性(Externality)理论、公共利益(Public Interest)理论等角度来阐释。1776 年，亚当·斯密的《国富论》论述作为"看不见的手"的市场力量是支配经济运行的终极力量。但是 20 世纪以来，随着市场失灵问题的突出，政府作为"看得见的手"，其规制领域从弥补市场失灵扩大到调节逆周期，从维护社会公平到保障充分就业、社会稳定。20 世纪 50 年代至 70 年代上半期，逆周期政策比较盛行。政府通过多种干预措施如干预契约、矫正性税收、安全管制、总需求管理、国有化等，解决市场中存在的诸如负外部性、贫富差距、安全事故、失业、垄断定价等问题。上述现象使得政府的法律法规、产业政策、直接行政干预都会对企业的日常经济活动产生重要的影响，企业应对政府的能力已成为企业获取竞争优势的一个重要组成部分。

尤其是 2008 年全球金融危机之后，全世界普遍出现了通过扩张性财政政策以刺激经济的现象，新一轮的政府干预政策越发增强。随着中国市场经济的不断发展，政府财政收支的不断提高，政府对企业经济活动的干预能力也在不断增强。如图 2-4 所示，中国财政收入和财政支出占国内生产总值的比重在 1996 年之后均呈不断上升趋势，到目前已超过了 20%。

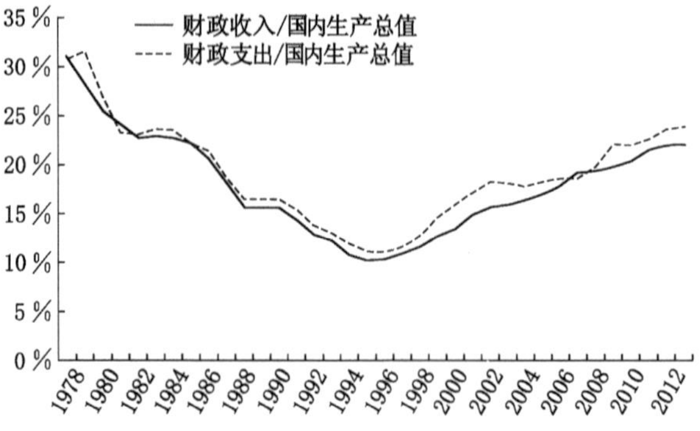

图 2-4　中国财政收支占国内生产总值比重趋势图

国外学者对政府规制的研究成果主要集中在政府规制与政府行为、政治关联、企业产权配置等方面（Shleifer et al.，1994；Megginson et al.，2001；Djankov et al.，2002）。

2.2.1　政府对企业并购整合的规制动因

自 20 世纪 70 年代起，研究政府规制问题逐渐成为西方学术界的热点之一，被称为经济学“最激动人心的领域之一”（Vernon et al.，2000）。针对政府规制与企业并购整合行为，更多的是国内学者结合中国经济转型期的特殊制度背景进行的理论和实证研究。针对政府规制企业并购整合的动因所进行的研究具体如下文所述。

2.2.1.1　推动产业结构调整

以产业整合为目的的并购与中国政府推进产业结构调整升级相伴而生，并逐步成为并购市场的主流。董小君（1996）强调并购能使资本向效率高的企业流动，优化生产要素在行业和企业间的配置。政府通过制定合理的产业政策，促进大型企业集团的形成，推动技术创新与变革。田祖海和毛传阳（2005）通过研究政府规制下外资并购对市场竞争行为的影响，发现政府可以采取非对称规制的方式对企业的市场竞争行为施加影响，进而调节市场份额。原毅军和谢荣辉（2014）发现当经济可持续发展面临趋紧的环境约束和转型压力时，产业结构调整成为解决目前中国转型期困难格局的关键路径。

2.2.1.2　“支持之手”抑或“掠夺之手”

政府规制有“支持之手”和“掠夺之手”之分。周黎安（2004）认为，我国 20 世纪 80 年代初开始的经济体制改革中的财政分权管理、以国内生产总值为核心的政绩考核和晋升机制，给予了地方政府发展本地经济和维护地区社会稳定的强大动力。为了"肥水不流外人田"，地方政府极力将本地资源汇集到其控制的企业中；同时，地方政府直接拥有资源控制权也使得当地国有企业更易于接受其作出的并购整合安排(王永钦 等，2007)。一方面，对于本地优质企业，地方政府更愿意它们被本地政府控制的上市公司并购整合以增强其实力，而不愿它们被外地上市公司并购整合，即伸出政府的"支持之手"。潘红波和余明桂(2011)研究发现地方国有企业异地并购后获得的政府支持有所减少，经济后果出现负面影响。这一研究在一定程度上同样是支持政府"支持之手"的观点。另一方面，对于本地问题企业，地方政府要求异地收购的公司履行政治目标的难度更大、成本更高(Fan et al.，2010)，因此地方政府更容易驱使本地企业进行并购即伸出其"掠夺之手"。由此，地方国有控股企业将更容易通过本地并购整合，建立大型企业集团(陈信元 等，2007)。此外，政府直接控制企业产权边界的扩张，也为官员追求个人私有收益提供了契机。曹春方等(2015)以中国国有产权下基于放权的金字塔结构的资源配置为研究对象，实证发现了金字塔层级因放权而减弱了政府控制，政府对地方国有企业的"支持之手"和"掠夺之手"均被削弱。

2.2.1.3　政策性负担

地方政府往往会借助职权实现其政绩诉求和个人利益而非增加社会福利，从而降低国有企业的效率(Shleifer，1998)。财政自主权、经济管理权下放导致地方政府需要承担辖区内的就业、稳定等社会责任，这使得地方政府有能力也有动力规制本地企业的并购整合活动，以尽可能地提高就业率、维持社会稳定(潘红波 等，2008)。我国经济转型期间，政府过多地依赖国有企业分担其促进经济发展、增加就业以及维持社会稳定的政策性负担，导致国有企业经营负担过重。曹春方等(2014)发现财政压力和晋升压力均能导致地方国有企业过度投资，并且财政压力部分在国有企业过度投资中起到了中介作用。官员任期与地方国有企业过度投资之间存在倒U形关系，而晋升压力导致的过度投资也随任期发生倒U形变化。

吴晓求(2004)指出，我国上市公司并购重组大多是以地方政府为主导；而受政府实质控制的上市公司，其重要经营活动很大程度上是为了满足地方政府目标的实现。陈信元等(2007)和潘红波等(2008)认为政府有动机干预国有企业的并购活动时，就有意愿要求其控制的企业承担政策性负担，比如提高当地的就业率、增加当地困难企业的效益。王菁和田满文(2010)也认为政府会为了转移其社会性事务的责任或实现其政绩诉求而对受其控制的公司伸出"支持之手"或"掠夺之手"。逯东等(2014)发现相对经济增长率、财政盈余等地方政府的政绩诉求目标对国有企业的政府控制权有着重要的影响。这一研究有效支持了"政治晋升锦标赛”理论，揭示了政府自上而下的分权是提高国有企业经营效率的重要途径。

2.2.2 政府规制对企业并购整合路径的影响

2.2.2.1 政府规制与企业并购整合所有制路径选择

Sanford J. Grossman 和 Hart (1986)，Hart 和 Moore(1990)开创了不完全契约理论，首次利用模型推导出：契约不完全时，权力配置对关系专有性人力资本投资的重要性；同时，GHM 模型也开启了控制权理论对最优产权配置研究的先河(张维迎，1998；聂辉华，2009)。Schmidt(1996)开创性地用不完全契约理论分析政府以社会福利最大化为目标时，政府行为与管理层行为的关系以及由此引发的所有制产权边界问题。在公有产权配置情形下，政府可以事后观察到管理层的成本并以此选取一个事后有效的生产计划，但同时也将会降低管理层事前投资激励；而在私有产权配置情形下，政府以事后监管扭曲的方式引致管理层事前的有效投资。因此，公有企业遭受的无效率损失和私有企业遭受的监管扭曲之间的权衡将导致最优所有制产权边界的出现。此后的学者沿着 Schmidt 开拓的思路继续研究。Shleifer(1998)指出，地方政府会利用政府所有权追求社会目标，引起国有企业的低效率；政府官员可能利用政府所有权谋取自身的政治利益，如利用国有企业向其政治支持者输送利益。Shleifer 和 Vishny(1994)强调公有产权配置与私有产权配置对降低成本投资与提高质量投资的不同激励。他们假设，政府从社会最优化角度关注高质量产品的供给，而管理层更关注降低成本的投资，甚至提供劣质产品。提高投资的质量(合作性投资)可以增加政府效用，但会减少管理层的效用；降低成本投资(自私性投资)将减少政府效用，但会增加管理层的效用。但如果模型假设政府和管理层拥有相同的投资机会，即政府和管理层都可以作出提高投资的质量和降低成本投资的决定，这显然与实际情况不符。一般而言，只有管理层一方作出投资的决定，政府作为资产所有者行使出资人职能。而且，这类模型只考虑物质所有权引致的权力，而忽视关键资源控制引致的权力。

目前国内尚无关于政府和管理层双重视角下的企业产权配置研究，但已有个别学者对政府“宏观经济规制权”和管理层“内部人控制权”背景下的企业成本和整合效率进行规范性分析。Qian(1996)认为，国有企业要承担两种类型的成本，一方面是由 Shleifer 和 Vishny(1994)提出的政治成本(或官僚成本)，即由政府的政治控制而引发的成本；另一方面是由内部人控制而引发的代理成本。如果仅从单方面而言，政治成本或代理成本都将使企业价值降低。但综合而言，李稻葵(2014)指出，这两种成本之间可能存在此消彼长的关系。即：尽管过于严密的政府控制会引发高额的政治成本，但是由于缺乏数量巨大的积极的私人投资者的参与，也缺乏有效的公司监控机构，政府监控有助于限制企业内部人员的滥用权力行为并有助于降低代理成本。因此，从公司治理的角度出发，国有企业承担的由政府规制与内部人控制共同引起的综合成本具有U形特征。对于国有企业来说，"所有者缺位"引发的内部人控制问题将产生额外的代理成本；但政府过度控制会在降低代理成本的同时导致国有企业承担过高的政治成本。那么，在两种极端状态中间是否会存在灰色地带，即政府规制程度是否存在一种最优状态，使得国有企业在代理成本与政治成本之间寻求均衡，以承担最小的综合成本？关于政府最优规制程度的研究，目前仅停留在规范性分析阶段，尚未出现对"最优程度"进行精确度量的方法。

GHM模型认为权力仅来源于物质所有权，契约的不完全导致管理层投资不足。因此，GHM模型难以解释中国国有企业大量存在，且中国很多产业并购整合中普遍具有"投资饥渴"或"过度扩张"的倾向。如白俊和连立帅(2014)实证发现了政府干预所造成的政策性负担和管理层自利所形成的权力寻租会导致政府对地方国有企业的过度投资。因此，有必要结合中国实际，从研究对国有企业关键资源的控制而产生的权力配置入手，细化各项控制权配置的作用机理。本书认可Schmidt (1996)模型的出发点，认为管理层所有权和公共所有权的关键区别在于不同所有权结构意味着不同的议价份额(议价对象)。在管理层所有权下，管理层自私性努力带来的收益没有进入议价对象或议价份额；而在公共所有权下，管理层自私性努力和合作性努力都进入了议价对象。那么能否设置一个边界：在什么区间，私有产权配置对政府来说是最优的；同理，当属于什么区间，公有产权配置给政府带来的效用才会比私有产权配置高，而当前此方面的研究尚未有定论。

2.2.2.2 政府规制与企业并购整合行业路径选择

市场环境下企业的经营重心之一在于资源的交换与高效利用。在交换过程中，企业为了确保其在资源方面始终占据上风，往往选择通过纵向一体化等多元化战略的方式，将部分市场交易行为内部化。与其他多元化发展战略相比，纵向多元化在持续竞争力获取、产业链控制和有效解决多方冲突等方面具有独特的优势。王冬和吕延方(2012)以交易成本经济学框架为理论基点，认为企业纵向一体化主要包括交易环境、属性和主体特征三个因素。纵向多元化整合作为煤炭企业沿着产业链进行业务布局的一种战略选择，具体架构路径表现为上游企业并购下游企业(前向一体化，与产品流向相同)和下游企业并购上游企业(后向一体化，与产品流向相反)。

煤炭资源作为国家战略性常规能源，政府常会出手对其干预或引导资源在市场体系中的分配。加之煤炭上市公司实际控制人多为国有控股的企业集团，政府官员的寻租倾向及国有企业内部管理层的投机取向和“投资惰性”的存在，决定了煤炭企业的纵向一体化可能更多地借助政府力量进行。另外，中央政府频繁出台相关政策鼓励煤炭产业转型升级，以期通过强势推进煤炭资源整合进程的方式，缩短煤炭行业的“寒冬期”。政府宏观调控态度的强硬及各地政府迎合政策需要、追求政绩考核的动机，促使地方政府对煤炭企业纵向一体化整合架构路径表现出强烈的积极性。

2.2.2.3　政府规制与企业并购整合区域路径选择

出于不同的动机，政府对并购整合区域路径的选择实施干预。政府支持同区域并购的原因有两个方面：一是以经济绩效为重心的政绩考核制度，给了地方政府促进区域经济繁荣和保持地区稳定的激励；考虑到官员的任职周期，地方政府倾向于把辖区内的资源集聚到受其控制的公司；二是潘红波等(2008)认为地方政府承担着很多政策性负担，所以有动机对区域内企业的资源整合活动进行干预，以转移一部分社会性事务责任。

现有研究文献通过对我国区域进行划分，主要研究了跨区域并购与地方经济发展及企业绩效之间的联系，发现我国并购大多数是同区域并购，这可能是地方保护主义导致跨区域并购效率低下的结果。王凤荣和苗妙(2015)从企业异地并购研究发现，地区间税收竞争显著影响了企业异地并购行为，引致了资本跨区域流动；企业异地并购未获得节税收益，环境效应已成为企业异地并购的成长动因。

政府支持跨区域并购，因为不仅可以依靠微观经济利益的实现提高效率，而且可以促进落后地区经济水平的提高、加快落后地区制度的更替、推动辖区内产业结构调整以减少辖区间发展的差异(陈计旺，2000)，还能保持辖区的经济结构平衡(罗翠华，2004)。潘红波(2009)指出民营上市公司跨区域并购会引发公司治理效应，现有的跨国并购的经验证据验证了这一结论；但是企业跨区域并购活动受到当地地方政府的干预会丧失这种效应。王凤荣等(2011)对同区域并购前后的绩效变化等进行了比较，发现国有企业倾向于同区域并购，并且同区域并购会提高企业的绩效；而能否同区域并购往往取决于是否存在地方保护主义以及政府对企业的规制程度。冯素晶和陈海声(2013)分析了上市公司并购前一年至后两年的情况，研究表明地方政府控制资源的能力会阻碍企业的跨区域并购，并能够利用行政权力影响资源的配置与流动。李彬和潘爱玲(2015)基于我国差异性税收优惠政策的视角实证发现企业异地并购中确实存在诱导现象，并且其诱导效应呈显著差异性。姚益龙等(2014)发现地方国有企业在并购要素市场落后地区的企业时，目标方要素市场发展水平越低，双方要素市场发展差异越大，地方国有企业在并购后重建"支持之手"的政治寻租成本就越大,并购绩效就越低。相反,在并购要素市场更为成熟地区的企业时,地方国有企业摆脱"掠夺之手"的作用就越显著,并购绩效就越高。

2.3 企业应对政府规制的研究综述

自 1776 年亚当·斯密的《国富论》发表后,经济学家们就认为市场这只"看不见的手"已成为支配经济运行的终极力量。但是,企业的投资、研发和并购等经济活动并不仅仅取决于"应对市场的能力",很多中国企业的竞争优势还来源于其拥有的其他企业难以获得的有形资源和无形资源。尤其是在中国经济转轨的背景下,对于企业而言,最有价值的资源之一莫过于与政府间的关系。因此,企业往往花费昂贵的政治成本去与政府建立良好的关系,以期获得资源的垄断权或形成一种隐型契约(Choi et al. ,1999)。自 20 世纪 70 年代之后,关于政府和企业关系的主要文献,可细分为两大方面:企业(或企业管理层)的政治行为、企业应对政府影响力的有效性及其风险。

2.3.1 企业的政治行为

2.3.1.1 企业的政治考虑

唐晓华和徐雷(2011)从两个方面解释了企业的竞争力:一方面是企业"应对市场的能力",体现在制造能力、研发能力和销售渠道上;另一方面是企业"应对政府的能力",体现在企业获取政府的"支持之手"(Musgrave,1959;Stiglitz et al. ,1989)和规避政府的"掠夺之手"(Shleifer,1998)的能力上,他们将这两者视为企业应对"政府"和"市场"而获取竞争优势的"双能力"。对企业来说,为了应付政府规制,获取政府的"支持之手",避免"掠夺之手"的影响,企业会将更多的资源配置在非生产经营活动中进行大量的非生产性投资,产生高昂的政治成本和代理成本(逯东 等,2012)。

从企业角度考虑,资源依赖理论将政府视为企业的一种外部关键资源。张川等(2014)认为,在我国关系主导型的社会结构下,政企关系中的企业政治行为是外部产权保护较弱与市场不完善的重要替代机制。民营企业与政府构建的政治关系帮助企业获得更多的贷款,满足其融资需求,而这种贷款效应在制度环境越差的地方表现越强(姚德权 等,2014)。因而,在企业并购整合活动中,如果把企业与政府关系看作企业的一种资源,那么,与政府关系更好的企业就能从政府手中获得关键性和异质性资源,进而帮助企业获得竞争优势、提升绩效(李维安 等,2012)。田志龙和贺远琼(2003)将企业政治行为界定为企业以建立有利于自己的外部环境为目标，通过采取一定的策略对政府政治决策及其实施过程施加影响的行为。企业政治行为的实施主体主要是公司核心管理层，其实现手段一般是管理层通过与有行政背景的政府官员建立密切关系，或者亲自在政府任职以寻求政府的认可和庇护，并力促政府作出有利于企业的决策或行为发生。

2.3.1.2 企业的政治应对

企业整体战略重点在于企业拥有的“资源”或“能力”，但现有文献中学者们很少关注企业如何利用与知识相关的特殊资产应对政府，也没有研究企业的市场绩效及经营业绩和企业应对政府的能力之间是否存在内在联系。

政府和企业作为政企关系的主体，二者之间并不是单一的关系：一方面，政府为了促进当地经济增长而提高宏观调控能力，经常采用行政手段和政策性规制等方式干预企业的经济活动；另一方面，企业内部经营过程中的多种复杂行为是对外部政治环境的反馈，也会对政府行为产生影响（梅伟霞，2013）。

政府规制是以政府为主体，在社会目标和经济目标实现的过程中对市场经济中的经济主体采取的具有直接法律约束力的规范手段和规制行为。在技术创新和经济增长方面，企业管理层往往具有两面性：他们可以选择将企业各种人力、资本等资源用于科技创新等生产性的寻利活动；也可以用于寻租等转移财富的非生产性经营活动。然而，后者往往不会促进技术创新与经济增长，甚至会背道而驰。政治关联可帮助企业降低政府政策性负面影响，并可以获得政府补贴或信贷等其他支持（梅伟霞，2013）。为了与政府建立关联并获得政府支持，企业管理层对政府进行各种公关活动，如主动开展各种法律的、社会的、政治的战略，甚至采取不正当的寻租行为以满足政府官员的私有利益。因此，企业为了赢得竞争优势，占据市场地位，在利益的驱使下会通过非市场战略行为达到使政府政策与本企业预期目标一致的目的。

2.3.2 企业应对政府影响力的有效性及其风险

不同目的的政府规制，对企业并购整合的方式、程度和效果的影响大不相同。如果是“掠夺之手”的规制，其出发点不是为了促进经济增长，而是为了政绩考核或政府官员的个人私利，此时企业应对政府影响力的有效性及相关风险值得关注。

2.3.2.1 成本上升

作为关键资源的实际掌控者，政府往往主导着与企业之间的利益交换关系。为了获取资源分配上的优势和政策庇护，企业家必须承担政府转移过来的社会责任，长期为政府分担社会管理（如促进就业）和经济发展（如投资和国内生产总值增长）压力，进而使企业负担过多的政治关联成本（张洪刚 等，2014）。国有企业的产权属性使其与政府具有天然的政治关联，这也决定了国有企业与政府之间的利益关系无法割裂。政府的政治权力越大、所控制的资源就越多、企业越能够得到更多的银行贷款和融资便利机会，但同时政府的政治激励目标也会使企业承担较多的非经济性任务，如政策性负担等(邓伟 等，2014)。尽管从表面看来，企业与政府建立良好关系可以带来很多企业发展的便利条件和投资机会；但是从企业绩效方面来看，与不具有政治关系的企业相比，有政治关系的企业绩效会有不同程度的损害(Faccio，2006)。政府为了自身效用最大化，不一定总是扮演“支持之手”的角色，对企业来说也可能是“掠夺之手”(Fan et al.，2007)。张雯等(2013)以我国上市公司并购为样本，发现不管是会计绩效还是市场绩效，企业的政治关系对并购绩效都存在负面影响。

2.3.2.2　政治俘获

很多企业通过“政治俘获”手段，即通过给政府官员提供好处而操纵政府活动(Hellman et al.，2003)，这种情况下给予政府官员提供好处的企业能够对政府决策过程产生一定的影响。处于转轨转型期的国家，通常会出现两种情况：一是贪婪的政府官员利用手中的权力对企业进行规制，以攫取个人受贿收益；二是面对政府的规制，强势企业的有效应对将使政府因狭隘私利而不顾正常市场机制运转肆意扭曲产业政策。由于企业稳定持续发展需要政府的大力支持，加上政府官员“理性经济人”的自利特点，法制体系的不健全及媒体、社会公众有效监督的缺失为政府和企业私相授受提供了契机，社会公共利益将得不到合理保障。

政府官员对企业的掠夺是建立在寻租机制基础上的，政府的干预和企业的“政治俘获”手段往往与寻租联系在一起。上市公司通过寻租手段来俘获掌握着社会资源分配权的政府官员，建立政治关联时付出的非生产性寻租成本，加大了企业的负担，从而对绩效产生了不利影响(王玉春 等，2014)，进而对公司研发、创新等生产性活动产生“挤出效应”(姚德权 等，2014)。寻租行为是对社会财富的再分配，并不会带来额外财富的增加。因此，政治俘获作为一种非生产的“寻利活动”，不仅会增加企业成本，导致经济运行效率低下，并可能导致政府官员触犯法律。

2.3.2.3　政企合谋

如果政府产业政策被少数既得利益集团或寡头企业所控制，那么政策扭曲方向就与利益集团或寡头企业对寻租行为的预期一致，政府也不会采取积极的措施改善治理质量。这种情况下，政府从维护经济利益和社会发展角度出发进行的产业管制，极有可能沦为相关企业集团自利的最好借口。企业会绞尽脑汁通过寻租手段，造成政企合谋的既成事实，进而导致政府立法或政策出台的非公平性，最终导致公众利益和社会福利损失。

政府活动是最具垄断性的活动，政府与企业的“共谋”行为在修复市场机制缺失的同时，又形成另一个市场机制的不健全。不完全信息条件下的政企合谋，破坏了自由市场的正常秩序，无法实现帕累托最优，更不可能形成降低成本、增加收益的激励机制。政企合谋是企业与政府博弈的结果，但并不是所有具有政治关联的民营企业都能从其建立的政企合谋中得到大量的经济收益（陈敏菊，2006）。尽管从企业方面来看，受地方政府政企合谋影响的企业在企业绩效上有着明显改进，其固定资产投资水平和生产率水平有显著的提高（田彬彬，2014）。但政企合谋这种行为是有风险的，很多存在政企合谋行为的企业不仅没有显著改善企业状况，反而出现很多负面效果，比如扭曲社会稀缺资源的配置效率、扰乱正常的市场竞争秩序、助长政府官员贪污腐败之风及经济发展潜力不足等（李智永 等，2014）。在政企合谋过程中，一方面，企业通过选择低成本、不安全或不环保的生产方式进行生产活动，中央政府考虑到这种方式会带来较快的经济增长，从而会容忍合谋；另一方面，政企合谋又会导致各种生产事故和社会问题的发生，一旦社会稳定成本超过经济增长收益，中央政府会防范合谋的发生（聂辉华，2015）。

Cingano 和 Pinotti（2013）认为政企合谋对公共需求的扭曲增加了私有企业的收益。余明桂等（2010）发现，存在政企合谋的民营企业的经济绩效和社会绩效越差，获得财政补贴的可能性越大。所以在制度约束弱的地区，民营企业的政企合谋行为更容易通过寻租获取财政补贴，导致市场资源配置效率低下，社会整体福利水平降低。

2.4 并购整合中代理寻租问题的研究综述

建立稳定的政企关系对于面临“所有制歧视”、“地区保护主义”环境的并购企业而言无疑是有利的，它有助于企业获取更多无政治基础企业所无法企及的经济或政策资源；但政企关系带来的寻租代理问题，也决定了它必然会有损于并购整合中资源配置的公平性和效率性（杨道广 等，2014）。因此，寻租代理问题成了研究并购整合中政企关系的一大关键性问题。

中西方针对物质资本、人力资本的划分，为研究并购整合中控制权配置的细化提供了强有力的划分依据。Rajan 和 Zingales（2003）认为物质所有权不是权力来源的唯一方式，也不是促进关系专有性人力资本投资最有效的方式；公司不仅仅是物质财产的简单聚合体，对关键资源的控制也是权力的来源方式，而且比来源于物质所有权的权力激励性更强。要研究对并购企业关键资源控制而产生的权力，不可避免地要对其进行细化，客观分析管理层和政府两大参与主体的影响力。

针对管理层权力寻租的相关研究目前已取得不少研究成果。黄群慧(2000)把国有企业管理层控制权特征概括为"控制权行政配置"与"内部人控制"共存。该文认识到国有企业管理层的"内部人控制"(部分控制国有企业这类关键资源引致的权力)对国有企业管理层产生的巨大激励作用和国有资产流失问题,但却忽视了政府对关键资源(国有企业)控制而产生的权力,而仅认为政府只保留物质所有权引致的权力。

2.4.1 并购整合中的企业代理寻租问题

虽然已有大量研究表明企业的并购活动并不能带来股东收益最大化,但在现实社会中这样的并购浪潮屡屡出现,且一次比一次高涨。针对这一并购悖论,本书首先回顾管理层干预并购动机的相关研究。Jensen 和 Meckling(1976)通过系统地阐述委托代理理论,认为在公司所有权与经营权相分离的情况下,委托人为了实现自身利益最大化,将其拥有或控制的某些经营或决策上的权利让渡给代理人,并要求代理人提供有益于委托人自身利益的服务或行为。Fama 和 Jensen(1983)认为,当公司所有权和经营权分离时,为了限制代理人侵占股东利益的行为并降低代理成本,公司决策的拟定与执行以及评估与控制的权力应加以分离:代理人负责公司决策的拟定与执行,股东负责决策的评估与控制,代理人和股东之间各司其职。但在信息不对称的条件下,代理人可能也有条件凭借信息优势,满足自身利益的最大化,从而损害委托人的利益,导致进一步出现寻租问题。因此在并购研究过程中,研究企业所有权和经营权分离的委托—代理理论非常有必要。本书梳理国内外文献后,将并购动因梳理和归纳为以下几个方面:管理主义理论、自负假说、自由现金流量假说、管理层寻租等。

2.4.1.1 管理主义理论(Managerialisms)

Manne(1965)认为并购可以作为解决代理问题的最后外部市场机制。但是,也有一些学者认为并购活动并不是解决代理问题的办法,而只是代理问题的一种表现形式。因为管理者进行并购交易的目的是个人利益最大化而不是公司股东财富最大化。Mueller(1969)提出管理主义假说,他假设管理者的报酬是公司规模的函数,因而管理者具有强烈的动机和欲望增加企业规模,甚至会接受投资报酬率很低的并购投资决策,这会在根本上损害股东的利益。Firth(1980)研究发现并购公司经理在并购后的两年内平均收入增加 33%,而没有发生并购活动公司经理的平均收入只增加了 20%,这在一定程度上支持了 Mueller 的管理主义假说。国内研究发现,并购为 CEO(Chief Executive Officer,首席执行官)权力寻租、获取高额报酬等私有收益提供了便利。CEO 并购的主要动机就是通过权力寻租获取薪酬等私有收益，权力寻租是CEO通过并购获取私有收益的重要手段(王铁男 等，2015)。现有研究表明，管理者的代理动机是推动公司并购行为发生的主要原因，并且这些并购行为总体上损害了企业的长期价值(张洽，2013)。李善民等(2007)运用实物期权方法建立了代理环境下规模经济驱动的企业并购过程的动态模型，并分析发现如果收购公司管理者拥有较大的控制权私有收益和业绩报酬敏感性，则实际的兼并过程会更快速。

2.4.1.2 自负假说(Hubris Hypothesis)

继Mueller之后，Roll(1986)提出了“自负假说”理论。“自负假说”以强势有效的市场作为假设的前提，认为企业管理者往往高估了自身的管理能力，在规划改造目标企业时过分乐观，以致在资本市场上大规模高价收购其他企业，最后无法成功完成对目标企业的整合，从而导致并购失败，并把财富转移给了目标企业的股东。Miller和Ross(1975)研究发现，人们在成功时会认为这是行动的结果，而将失败归结于运气的不佳，所以人们往往会高估自身的能力。随后，Weinstein(1980)的研究发现管理层的过度自信往往是由于控制自身幻觉、高度向往良好收益以及难以比较个体间的业绩这三个因素综合导致的。在现代企业制度下，管理层在控制企业经营决策的同时容易相信自己也能够控制收益，因而在并购决策过程中往往表现出过度自信。在后来的实证研究中，很多学者发现，并购消息的传出并不会使并购企业股价上涨，反而会使其股价下跌，这在很大程度上佐证了Roll的自负假说。此外，自负假说并不假定管理者自私自利，管理者也许会出于好意，但由于自大或过于骄傲，在评估并购机会时过分乐观，在决策中会犯判断性错误。Roll提出的自负假说有一定理论意义，但作为实际并购现象的理论解释，其假设前提与现实还存在着一定的距离。自负假说认为：股票价格可以完全反映所有公开和未公开的信息；生产性资源的重新配置不会带来收益，且无法通过公司间的重组与合并来改善企业的经营管理。但是，在现实的经济体系中，这种强式效率市场是难以存在的。

2.4.1.3 自由现金流量假说(Free Cash Flow Hypothesis)

Michael C. Jensen(1986)提出了“自由现金流量假说”，也称自由现金流量的代理成本理论。自由现金流量假说源于企业代理问题，该假说认为融资结构会约束企业的自由现金流量、减少经理人员用于处理危机的现金流量、降低经理人员的控制权，对企业代理问题产生积极影响，进而影响企业价值。在企业并购活动中，自由现金流量减少可以缓解委托人与代理人之间的冲突。所谓自由现金流量，是指公司使用现金支付所有以净现值(NPV)为目标的投资计划后所剩余的现金流量。Michael C. Jensen认为如果将自由现金流完全交与股东处理，在很大程度上能够降低代理人的权力，同时能够控制资本市场上用于再度进行投资计划所需资金的筹集，由此可以最大限度避免代理问题。Michael C. Jensen 还认为，企业并购活动也是降低代理成本的重要途径，企业通过并购可以提高公司的负债比例；同时由于未来现金支付条件的限制，使得在监督管理者行为方面适度的债务要比采用其他任何股利政策更为有效，更容易降低代理成本。这些策略的推行，对现金流量大、增长速度缓慢、规模逐渐萎缩的企业而言可以更加有效降低代理成本，增加企业价值。

2.4.1.4　管理层寻租动机(Rent-seeking motivation management)

寻租是指为追求经济利益而进行的非生产性活动，或者那些为维护既得经济利益和对既得经济利益进行再分配的非生产性活动；权力寻租是指依靠政府权力进行的寻租活动。并购给 CEO 带来了更高的奖金、薪酬、寻租收益和管理权力等私利(张洽 等，2013)。王穗明(2000)认为国有企业委托代理关系中存在大量的内部人控制问题是寻租问题的根源。在制度不健全和信息不对称的宏观环境下，国有企业代理人会利用其手中所掌握的实际经营控制权，凌驾于委托人利益之上，谋求自身利益的最大化，从而降低国有资产的运行效率和运行质量。企业内部控制质量与管理层并购中内部人交易获取的超常收益存在显著负相关(陈作华，2015)。Fama 和 Jensen(1983)认为，由于企业的经营权和所有权分离，管理者和股东目标的不完全一致会导致管理者代理问题的产生。在理性经济人的假设下，管理者在作出并购决策时追求的唯一目标是自己效用最大化，而不是委托人要求的股东价值最大化。这种现象在金融发展越落后、政府权力越集中的发展中国家或地区，企业更可能建立政治关系，以期获得更多的政府资源和个人私有收益。申宇等(2015)以市委书记更替引起的权力变迁为出发点，发现企业新增的寻租费用在经济上获得了回报，不仅得到了更高的融资额，还获得了更多的政府补贴。但是企业寻求的政治庇佑会显著增加国有控股企业的委托管理成本，其管理效率约为民营控股企业的 1/3(杨继生 等，2015)。

2.4.2　并购整合中的政府代理寻租问题

我国现在正处于计划经济向市场经济体制转变的经济转型时期，目前仍然是以国有经济为主导。所以，企业的并购活动并不完全等同于西方发达国家的市场行为，受到政府委托代理人的政府官员诸多影响。目前国内大多数学者都认同政府对并购的干预是在我国特殊的体制背景和经济环境下的必然行为。现有文章较少从国家代理的角度研究政府官员权力对并购绩效的影响，一般是从政治关联和政府规制的角度研究政府对并购的影响。

2.4.2.1　委托代理中所有者缺位(The Absence of the Owner in the Principal Agent)

张新(2003)将西方传统并购动因理论与我国并购重组的市场动机和利益机

制相结合，提出了“体制因素下的价值转移与再分配”假说。该假说认为西方传统并购理论虽然在一定程度上能够解释我国企业的并购行为，但是我国大部分上市公司的并购重组动机是国有企业所有者缺位背景下的价值转移与再分配。Stulz(2005)结合转型经济国家的制度特征，引入政府代理问题，以解释政府代理问题对企业成长的影响因素。谭劲松等(2005)认为企业并购动机更多的只是政府主导下的包括政府官员在内的多方利益博弈，并不是对效率最大化的追求。杜玉鹏(2010)认为由于国有产权主体缺位，本应由大股东来执行的企业控制权只能由政府官员作为代理人来执行，也就是由政府官员代替国有股权主体来行使其控制权。此时的“内部人控制”现象表现为政府官员控制或行政控制，相应的“内部人控制”则外在表现为企业承担过多或不合理的政策性负担。吴晓求(2004)认为地方政府对企业的实质控制导致并购重组带有鲜明的地方政府主导色彩，企业并购行为首先是为了满足政府或政府官员的目标。

2.4.2.2 委托代理中所有者越位(The Agency Owner Offside)

Stulz认为，转型国家中的政府在国民经济中掌握了较多的政治权力和经济权力，作为代理人的政府官员基于自身利益而不是国家社会利益利用这些权力配置资源，从而引发了政府代理问题。刘峰等(2002)研究发现国有企业的合并具有很强的政府导向性，政府官员偏好是推动我国企业并购的主要动因。Shleifer和Vishny(2002)认为政府官员的腐败和代理寻租行为是难以避免的，因此很可能存在操纵政府以谋求私利的行为。潘红波等(2008)、孙烨和罗党论(2011)也指出，政府官员会为了其个人私利或晋升目标，超越权限而促进并购的发生。Rajan和Zingales(2003)认为政府追求目标既可能是社会福利最大化，也可能是官员个人利益最大化。因此，政府对资源的配置在很多时候并没有比市场的自我调节更有效率。

2.4.2.3 政治晋升假说(Political Promotion Hypothesis)

王守坤(2009)认为我国的政府代理问题来源于经济分权和政治集权相结合的中央政府与地方政府之间的委托代理关系。中央政府实行财政分权和行政分权相结合的制度，促使地方政府成了地方经济的“剩余索取者”，这使得地方政府有追求地方财政最大化和促进经济发展的积极性。周黎安(2004)指出地方政府官员之间的竞争不仅体现在地区生产总值和税收方面，同时也体现在政治晋升上，地方政府官员常常会利用并购重组在短时间内迅速扩大公司的规模来最大化自身利益。针对政治晋升假说的相关研究，包括：政府可以借助对国有企业的控制权维护社会的稳定、就业、经济增长等(王红领，2000；王红领 等，2001；田利辉，2005)。同时，政府通过正式颁发《公司法》、行业发展规划(如 2010 年 10 月 16 日国务院办公厅正式转发《关于加快推进煤矿企业兼并重组的若干意见》，明确指出：要积极探索煤炭企业整合重组的有效方式）等法律法规和文件，明确授予国有企业管理层包括生产经营决策权、定价权、资产处置权、人事管理权等多项控制权和改制后的公司剩余控制权（费方域，1996）。政府控制国有企业仍然被当作政府调控经济的重要方式之一，维持国有经济在社会中的主导地位对于维护社会安定和政府权力的合法性至关重要（韩朝华，2003）。这就导致了在政府控制下的企业并购过程中出现了一个很严重的代理问题，即政府官员出于政治目的而有可能"拉郎配"，迫使上市公司收购陷入财务困境的企业。市场化进程越低，政府代理问题越突出。具体表现为，地方政府通过向国有企业倾斜资源配置以实现经济粗放型增长，使得国有企业以外延型经济增长为主，最终导致企业规模的扩张与经济发展之间的相关性更强（侯青川 等，2015）。

因此，要理解中国企业的成长，有必要从企业代理和政府代理问题的角度，尤其要结合地方政府的因素来分析。在企业并购的过程中，代理人和委托人的效用函数并不一致，成本和收益预期目标也不相同，信息也不完全对称。企业并购行为并不是按照市场的最优配置进行，体现更多的是政府官员的意志，并不能有效整合资源和发挥存量资源调整的功效。因此，政企关系这类非正式合约机制是在正式合约制度尚未健全或缺乏相应制度基础情况下的一种"次优化"选择；并购整合中建立的政企关系只是权宜之计，最根本的还是要建立资本配置效率更高的并购整合制度或机制（杨道广 等，2014）。

2.5 企业并购整合的价值效应研究综述

并购整合能否提高公司价值已成为国外学者关注的热点问题。Bruner（2002）指出，学者多采用实证研究法对公司并购整合绩效进行研究，其中财务指标法和事件研究法最为常用。

2.5.1 经济绩效评价文献综述

2.5.1.1 经济绩效指标设计

企业并购经济绩效评价一直是理论界和实务界关注的热点。众多学者结合理论分析，构建了不同的经济绩效评价指标，例如累计超额收益、财务指标分析法、经济增加值等，下文将按照不同指标进行文献梳理。

（1）超额收益方法（Abnormal Returns Methodology）通过计算并购重组宣告发布前后一段时间内（事件窗口）公司的累计超额收益（Cumulative Abnormal Returns，CAR）来反映企业并购绩效。我国学者尹秀超（2012）运用累计超额收益率实证分析了我国上市公司并购重组的绩效和影响因素。潘红波和余明桂

(2011)同样选取累计超额收益值作为衡量经济后果的替代变量,通过分析地方国有企业是否比民营企业进行更少的异地并购,以及异地并购的经济后果来判断政府在国有企业异地并购中主要扮演"支持之手"还是"掠夺之手"的角色。张雯等(2013)将累计超额收益作为衡量市场业绩方面的指标来考察政治关联对企业并购绩效的影响。

(2) 财务指标分析法通常的做法是采用单一或一系列指标来构建绩效指标体系。目前,选用单一指标进行评价比较常见。例如,Randall 和 Lie(2004)选择销售收入利润比和销售收入市值比来反映企业的经营绩效。Tze-Yu Yen 和 Paul André(2007)首先选择与收购方在规模、行业和收购前的绩效等方面相类似的公司作为配比公司,并以其为基准调整收购方的绩效,在此基础上再计算出调整后的经营现金流比率。我国学者董晶晶(2012)在进行煤炭企业纵向一体化与并购绩效之间关系的研究时,选择托宾 Q 值与净资产收益率的增长率作为并购绩效的替代变量。

多指标财务分析方面,国内学者运用主成分分析法、层次分析法等做了大量探索。例如,顾海峰和谢晓晨(2013)在研究企业跨国并购选择对企业经济绩效的影响时,运用主成分分析法构建了包含净资产收益率、总资产报酬率、主营业务利润率、每股收益、每股经营性现金流量五大财务指标的综合绩效变量。与之相同,刘大志(2010)以及李汉君等(2013)也通过使用因子分析法来实现对并购绩效的衡量,其不同之处在于指标体系内部指标选择存在差异。

(3) 经济增加值(Economic Value Added,EVA)与传统的经济绩效评价指标相比,综合考虑了利润和资本成本,降低了整合绩效指标的可操纵性,成为目前研究并购整合效果的学者们的"新宠儿"。陆桂贤(2012)利用会计数据,分别计算 2004～2009 年各个并购公司的 EVA 值并分析其变化趋势。研究结果发现:大多数并购公司无法通过并购实现企业价值增值,并购反而损害了股东的利益。孙自愿、柳传蕾和陈贺(2013)深入分析了煤炭企业跨行业、跨地区、跨所有制的"三跨"路径选择及其价值效应,论证了整合中诸如"国进民退"、"地区分割"、"行业壁垒"等诸多争议。

2.5.1.2 并购对企业经济绩效的影响

相比规范分析法,实证研究能够直观反映并购对企业经济绩效的影响方向和影响程度(Bruner,2002)。其中,建立在股价基础上的事件研究法和建立在财务数据基础上的会计研究法是实证研究并购经济绩效的主要方法。

国内外学者运用事件研究法分析并购重组对企业经济绩效的影响得出的主要结论是:并购重组能为目标公司在短期内带来比较丰厚的收益。规范分析学派代表 Jensen 和 Ruback(1983)、Bruner(2002)通过总结以前年度并购绩效研究成果发现，成功的要约收购和并购活动能为目标企业能够带来20%～30%的超额收益。我国学者陆瑶、闫聪和朱玉杰(2011)以1995～2010年发生的275起中国公司海外并购为样本，分析了跨国并购对中国并购方企业价值的影响进行了探究。研究发现并购公告发布前后中国并购方公司获得了正累计超额收益。同时较小规模的公司和国有性质的公司相对于大规模公司和非国有公司超额收益更加显著。但李丹(2012)认为这种收益是短期的，通过对并购前后并购双方绩效的研究，发现无论对主并方还是目标公司，并购在短期内能够带来超额收益，但长期会损害投资者的利益。

会计研究法(财务指标研究法)数据获取便捷、计算简单的优势为拓展并购经济绩效的研究成果立下了"汗马功劳"。但由于财务指标选取的主观性强，国内外学者运用会计研究法评价并购经济绩效的研究结论不尽相同。Geoffrey Meeks(1977)通过研究英国上市公司在1964～1971年发生的233个并购交易绩效发现，将近2/3的主并购公司并购后的经济绩效(比如资产收益率，ROA)低于行业平均水平，且呈现递减趋势，在并购后的第五年达到最低点。但Healy、Palepu和Ruback(1992)的实证研究却得出了相反的结论。通过研究1979～1984年美国50件最大并购活动收购后的业绩，并对并购企业业绩进行行业调整后，Healy等发现：并购企业的经营业绩在并购后得到了显著的提高。国内学者结合中国特殊的制度背景做了大量的实证研究，但仍未得到一致结论。国内学者余燕妮(2012)以2004年我国上市公司发生并购行为的146家上市公司为样本，运用Bootstrap-DEA方法评价和分析了企业并购绩效的演变趋势和差异。研究结果发现：上市公司并购总体绩效均值处于不断的演变中，但其整体的趋势是由小变大，这说明并购活动在总体上提升了上市公司的绩效。与此相对，一些学者认为并购并没有促进企业经济绩效的实质性提升，虽然短期内能够带来良好的企业绩效，但因为缺乏有效的整合举措，长期绩效并不佳(胡琳扬，2012)。同时，我国特殊的政治经济体制决定企业并购中必然受到政府的行政干预。政府为实现个人政绩、地方财政收入、社会稳定的目标，通过行政手段干预国有企业并购，"拉郎配"式并购行为又导致国有上市公司的并购绩效逊色于非国有上市公司(李善民 等，2002；于淞，2010)。

2.5.2 社会责任绩效评价文献综述

目前学术界关于企业是否应该承担社会责任的争论早已停息，企业必须承担社会责任成为社会各界的共识。随之而来的问题是企业应该承担哪些社会责任和如何评价履行社会责任的好坏。为此，学者们建立了不同的社会责任绩效评价体系来评价社会责任的履行情况。

2.5.2.1 社会责任绩效评价的内容构成

早在1979年，Carroll就提出一般企业面临的社会责任问题应该包括销售服务、雇佣歧视和环境保护三个方面。后来，Carroll(1991)提出应该从经济责任、法律责任、道德责任和伦理责任四个方面评价企业的社会责任绩效，即经典的“金字塔模型”。John Elkington(1998)沿着Carroll的研究思路，进一步提出了“三重底线”理论，该理论认为企业生存和发展的底线是经济底线、环境底线和社会底线。20世纪80年代后，随着利益相关者理论的发展，Clarkson(1995)等学者逐渐提出了基于利益相关者的社会责任绩效评价模型。

在吸收和借鉴国外研究成果的基础上，我国学者以利益相关者理论为理论基础，并结合中国特殊的政治背景分析了我国企业社会责任内容的构成。吉海涛(2010)从利益相关者视角出发，将资源型企业的利益相关者定义为包括股东、管理者、员工、政府、消费者、供应商、分销商、自然环境和所在社区等，从对关键利益相关者的责任、对重要利益相关者的责任和对一般利益相关者的责任三个维度设立了不同的评价体系。赵斯昕(2012)认为，要评价企业的社会责任，必须建立合理的绩效评价体系，我国企业的社会责任至少应该包括责任管理、经济责任、环境责任和社会责任四个维度。

具体到煤炭企业，我国学者杨中林和汤鹏(2009)认为相比其他企业，煤炭企业应履行的社会责任具有特殊性，国民经济发展、国家能源安全、矿工权益和生命安全都是煤炭企业必须履行的社会责任。侯晓红和岳文(2009)认为煤炭企业社会责任绩效至少应该包含环境保护责任、生产安全保障责任、员工发展责任、对政府责任和社会管理责任五个方面。而张立权和谭章禄(2009)则创新性的将效率与公平指标纳入国有煤炭企业社会绩效的评价体系。付传君和杨昌明(2011)在矿产资源开发整合评价指标选取原则下，建立了包括开采秩序、安全开采、资源利用效率、环境治理和社会效益等五大类指标构成的矿产资源开发整合绩效评价指标体系。孙自愿、卫慧芳和梁庆平(2014)认为煤炭企业并购过程中必须履行社会责任，且应该包含安全、生态、法律和经济四个方面。

2.5.2.2 企业社会责任绩效的评价方法

企业社会责任绩效评价方法的发展大致经历了层次分析法、模糊综合评价法、因子分析法、结构方程模型四个阶段。截至目前，层次分析法的应用最为广泛。

早在1995年，国内学者马学斌和徐岩创新性地将层次分析与企业社会责任绩效评价相结合，开辟了一条新的研究思路。随后，颉茂华和胡伟娟(2012)从循环经济“减量化、再利用、再循环”的环保3R(Reducing、Reusing、Recycling)原则出发，利用层次分析法构建了基于财务指标的煤炭企业社会责任绩效评价体系。

付传君和杨昌明(2011)在前人研究的基础上,将层次分析法和模糊评价法相结合,提出了运用模糊综合评价模型对矿产资源开发整合的绩效进行评价的方法,并剖析了运用该方法应注意的问题。无独有偶,赵斯昕(2012)首先运用米切尔打分法,实证分析了煤炭企业利益相关者应该包含的范围;其次又通过专家打分和隶属度分析法,构建了包含责任管理、经济责任、环境责任和社会责任四个维度的煤炭企业社会责任三级评价指标体系;最后运用层次分析法和模糊综合评价法构建了煤炭企业社会责任综合评价模型,并通过案例研究论证了该模型的有效性。

熊勇清和周理(2008)从债权人、股东、员工、政府以及公益事业五个方面对社会责任进行评价,运用因子分析法确定了各指标的权重,研究了深圳证券交易所 163 家上市公司的社会责任绩效。曹海敏(2012)运用同样的方法从公司治理角度出发实证分析了社会责任绩效目标下的社会责任管理评价体系,并进一步探讨了公司治理结构优化视角下企业社会责任管理的发展方向。

金立印(2006)从消费者角度出发,构建了包含回馈社会、赞助教育文化等社会公益事业、保护消费者权益、保护自然环境和承担经济方面的责任等五个维度的企业社会责任测评指标,运用探索性因素分析和验证性因素分析的方法,开辟了一条社会责任研究的新思路。基于金立印的研究思路,卢东等(2010)直接运用结构方程模型理论对企业社会责任绩效进行评价。近几年,越来越多的学者开始用结构方程模型进行企业社会责任评价。例如,王晓巍和陈慧(2011)运用结构方程模型确定财务绩效的权重,分析了社会责任与企业价值的关系。王璇和辛春林(2013)结合利益相关者理论构建了石化行业企业社会责任绩效评价体系,同时用结构方程模型理论中的验证性因素分析方法确定了各指标的权重。这些理论研究是将结构方程模型用于重污染行业社会责任绩效评价的一次重要探索。

2.5.3 内部管理绩效评价文献综述

Peter F. Drucker(2002)在评价并购与整合在企业并购中的地位时曾指出,公司收购并非单纯的财务活动,也非一蹴而就,后期的有效整合才是决定收购成功的关键,否则会导致业务和财务上的双重失败。并购专家 Bruce Wasserstein(1998)明确指出并购成功与否不是仅依靠被并购企业创造价值,而是在更大程度上要依靠并购后的整合。我国并购的高失败率也表明“并购虽易,整合不易”。并购后对整合的忽略或者整合不力是导致并购失败的重要原因。因此,企业并购后如何实现资源的合理配置、管理体制的有效变革也应该纳入并购效果的评价体系。

在并购后整合体系的架构方面，部分学者从理论和实证层面全面分析了并购后整合效果具体应该包含的内容。Marks 和 Mirvis(2010)建议并购后的整合应该从经营、管理、组织和社会文化四个领域进行。Louise Esola (2006)认为应该把并购后的重点放在人力资源风险防范上。拉杰科斯(2002)认为并购后的整合应该包括资源整合(包括保留和整合人力资源、整合金融资源及有形资源、整合商誉及其他无形资源)、流程整合(包括整合管理系统、报酬计划、技术与创新)、公司责任的整合(包括履行对顾客和供应商的承诺、履行对股东和债券持有者以及贷款者的承诺、履行对雇员和社区的承诺)等主要方面。

王利晶(2011)认为企业并购后整合至少应该包括战略整合、市场整合、人力整合、文化整合和组织结构整合五个方面。围绕协同效应在价值链各职能活动(采购、研发、生产、营销服务和其他支持性活动)上的作用机理，文章分别选取了采购集中度、固定资产周转率等 15 个指标构建并购后整合效果指标体系，运用主成分分析法计算了并购后整合效果的综合得分，并实例分析了潍柴动力并购湘火炬的案例。

望梦(2013)认为并购时主并公司在资本、技术、市场结构、财务方面的调整，只是在形式上确保获得了控制权；而企业文化方面的非正式的制度或规则对企业的经营业绩和控制权问题有着重大影响。因此，加强企业并购的文化整合是提高企业并购效率的重要方面。文章通过问卷调查的形式探讨了企业并购后文化整合的影响因素，针对我国企业文化整合中存在的问题提出了建议。

李善民和刘永新(2014)从市场活动、系统、销售团队等六个方面构建整合程度和整合速度的测量指标，对整合程度和整合速度分别从 1～7 给予赋值。从产品与市场开发、市场广告费、人力资源、安全投入和资本投入等八个方面构建成本节约额指标。采用调查问卷的方式分析了 2000～2006 年中国液化气行业的 43 个并购事件样本内部资源整合的情况。

也有部分学者就企业并购后整合效果评价的某一方面进行深入研究。例如，项喧(2014)以并购后企业的产业链整合为切入点，分析了重组式整合模式、吸收式整合模式、共生式整合模式和保护式整合模式四种产业链整合的适用条件，指出只有完善并购后产业链的内部整合，才能有效降低交易费用，提升企业业绩。谢纪刚和胡联国(2014)从并购后的文化整合角度，张洁梅(2010)、南星恒(2014)从并购后的知识整合角度分别分析了并购整合后的效果。

2.5.4 企业并购整合绩效的影响因素

一方面，政府在经济中的作用深刻影响着企业并购整合活动的进程乃至最后的结果。另一方面，企业并购整合后竞争力的获取，随着政府规制程度以及企业应对策略的变化而变化。因此，只有在政府和市场方面合理分配好资源，企业才能得到理想的竞争力优势，而这种优势最终决定了企业整合后的经营绩效。

2.5.4.1　政府规制与并购整合绩效

综观国内外现有研究，学者们就并购交易特征、公司特征等对企业并购绩效的影响进行了丰富的理论和实证研究。但无论是公司特征还是交易特征，都是基于并购事件本身的分析，没有考虑到政府规制的宏观环境。而实际上，经验研究的样本对象都是植根于某一具体制度环境之中的。因此，必须把并购宏观环境作为一个重要潜在解释变量，尤其是对我国这样的新兴且处于转轨期的市场来讲，由于渐进式改革，现有上市公司大多都是由原来的国有企业转化而来，为了保障公有制的主体地位，大部分上市公司都选择了绝对控股或者相对控股的模式，这就决定了企业在作出决策时，必然受到政府规制的影响。

政府规制企业并购行为的动因主要包括克服市场失灵、调整产业结构、"支持或掏空"企业、实现政治目标、保护优质"壳"资源等。袁天荣和焦跃华(2006)指出在市场失灵或者企业发起并购是为了获得垄断地位时，无法促使企业通过并购实现价值增值，企业的并购很可能因损害企业价值而最终导致整个社会的经济效益降低。此时，政府可以通过法律、政策并利用自身信息优势有效干预企业并购行为，从而使市场经济趋于合理。在吸收了 Johnson 等(2000)和 Shleifer(2000)以及 Friedman、Johnson 和 Mitton(2003)等对集中所有权结构所提出的"掏空与支持"理论，李增泉等(2005)结合我国特殊的制度背景，从股票收益和会计收益两个维度衡量上市公司并购绩效并进行实证研究，研究结果表明我国上市公司对非上市公司的并购行为实质上为地方政府和控股股东对上市公司的"掏空与支持"行为。陈信元和黄俊(2007)、潘红波等(2008)、王菁和田满文(2010)指出地方政府官员出于政策性负担或政治目标，通过并购活动来支持或掠夺其控制的企业。孙烨和罗党论(2011)则明确指出地方政府间的晋升锦标赛迫使政府官员寻求一切可能的方式为完成政绩，争夺和保护地区的优势资源，人为地干预资本资源配置。文章以国有企业的"壳资源"在辖区内外转让的独特视角，研究地方政府的地方保护主义行为。研究结果表明，地方政府基于"肥水不流外人田"的心理，将质量好的"壳资源"在辖区内互相转让，而将质量较差的"壳资源"转让出去，以维持地方经济。政府控制国有企业的现象在世界上很多国家都普遍存在(Bortolotti et al.,2009)。学者们通过研究认为政府在企业并购中扮演着"支持之手"、"掠夺之手"和"中立"的角色，与之相应，政府规制对并购绩效的影响呈现出正相关、负相关和不相关三种。

支持政府扮演"支持之手"角色的学者认为政府规制"支持之手"能有效提高并购企业的经济绩效。例如：沈冬梅和刘静(2011)研究发现：中央政府控制企业较之地方政府控制企业有着更好的并购整合绩效；金字塔层级在短期内存在“保护效应”，在长期内存在“掏空效应”。柳传蕾(2014)以煤炭行业的并购为样本，分析了企业并购路径、政府规制和并购绩效之间的关系，实证结果表明政府支持之手无论是在跨行业、跨所有制并购路径还是在跨产权并购路径下，均与并购绩效正相关。张鹏冲(2014)通过案例分析也认为政府规制是利大于弊的。

支持政府扮演“掠夺之手”角色的学者认为政府规制“掠夺之手”会掠夺企业并购的绩效。夏立军和方轶强(2005)通过对政府控制、制度环境与公司价值的实证分析，发现政府控制尤其是县级和市级政府控制对公司价值产生了负面影响。吴雪娇(2012)实证考察了政府规制、行业特征与企业并购价值创造的关系，研究结果表明，地方政府规制对并购价值的影响需要区分企业的盈利状况进行讨论，政府对盈利企业进行明显的“掏空”，扮演“掠夺之手”的角色，但在亏损企业中不显著；但行业特征会调节政府规制与并购价值创造的相关关系。当企业所处的行业为政府绝对控制战略行业时，政府规制将对亏损企业的负向不显著作用调节为负向显著作用。这一结论在一定程度上解释了“并购绩效”悖论，与方军雄(2007)的研究结论一致。

支持政府在企业并购中处于“中立角色”的学者认为政府规制不会对并购绩效产生影响。孙自愿、卫慧芳和梁庆平(2014)从资源基础理论视角出发，实证检验了政府规制对不同产权性质、不同行业特征并购公司的差别对待，实证结果表明政府对并购公司物质资源、无形资源和财务资源配置的干预具有“国有偏好”和“行业偏好”，三项资源的配置优劣成为公司并购扩张的核心，公司资源的数量与质量最终决定了并购扩张的价值创造，政府规制与并购绩效无直接的关系。臧秀清和苗利利(2011)通过构建结构方程模型来检验相关因素间的作用路径，研究结果表明政府规制程度对并购价值创造影响不显著。

2.5.4.2　并购路径与并购整合绩效

按并购双方的行业相关度可以将企业并购路径分为横向并购、纵向并购和混合并购三类。现有研究结果普遍认为三种并购路径的并购绩效排序为：纵向并购绩效最好，横向并购绩效次之，混向并购绩效最差。

Maquieire、Megginson 和 Nail(1998)对 1963～1996 年间发生的 260 起并购事件进行了研究，结果表明：横向或纵向式并购有利于提高企业的财务协同效益和企业效率，而混合式并购交易则会损害股东的财富。方芳(2002)认为横向并购带来的规模效应和纵向并购带来的交易成本的结余可以使得企业绩效在长期内获得提升，但在短期内企业绩效可能小幅下降，这种现象主要是因为并购整合需要时间和成本。与之相反，由于缺乏规划的快速扩张导致混合并购企业的绩效在短期有所增加，但长期来看会有大幅下降。周士元(2012)研究发现上市公司发生纵向并购的整体绩效呈现出先降后升的态势。总体来说，纵向并购与横向并购的绩效要优于混合并购。刘欢(2012)对我国煤炭上市公司的并购模式与并购绩效之间的相关关系进行了理论及实证研究，研究结果表明，煤炭企业的并购重组能够提高其经营绩效；并且相对而言，纵向并购的价值效应要显著强于横向并购的价值效应。因此，对政府而言，应鼓励煤炭企业推进上下游产业一体化发展，促进煤炭企业与电力、煤化工等下游企业的并购。

也有学者得出了不同的结论。张文军(2009)认为并购路径的选择会影响并购绩效，从趋势来看，横向并购对绩效的提升作用更明显，纵向并购对绩效的提升效果并不理想，且会导致业绩下滑。纵向并购对绩效略有正向效应，但不如横向并购显著。杨学楠(2011)运用因子分析法证实了并购会带来经济绩效的下降，提出了纵向规模不经济的理论猜想。不同并购路径之间不是完全独立的，并购路径间存在传染效应。魏乐(2014)提出某些企业横向并购可能是其他企业横向并购的动机和结果，即“企业并购是其他企业并购的驱动力”，丰富了企业并购动机理论，同时证明横向并购在关联产业之间进行了纵向传染。

2.5.4.3 其他影响因素研究

除政府规制、并购路径外，国内外学者讨论公司治理对并购绩效影响的研究主要集中在董事会特征、股权结构两个方面。

Byrd 和 Hickman(1992)认为公司董事既有权利又有义务去监督和评估管理层的决议，从而实现对公司股东财富的提升。Cotter(1997)的研究分别证实公司外部董事作用的发挥有助于降低其被敌意收购的可能性，且能够增加敌意收购后目标公司的回报率。我国学者冯根福和吴江林(2001)通过实证研究认为第一大股东持股比例越高，公司并购当年的绩效也越高，但是这种关系无法推演到并购后的第二年和第三年。于东智和池国华(2004)证实，公司董事会规模与公司绩效间呈现倒 U 形的非线性关系，且这一关系受到高级管理层薪酬的影响(江风，2013)。

2.6 研究述评

综上可见，国内外学者虽然对企业并购整合中的政府与企业关系相关问题进行了研究，但现有研究尚存在不足之处。

2.6.1 研究切入点不够明确

政企关系中蕴含着错综复杂的权力配置因素。政府和企业是资源整合中政企关系的两个关键主体，各自诉求的不同导致各自的行为及经济后果不同。国内外一般是单独考察政府规制或企业内部人控制对企业并购整合的影响，针对资源产业并购整合的研究领域基本未予触及。孙自愿等(2014)基于不完全契约理论，将国有企业涉及的权力分为政府"经济干预权"和管理层"内部人控制权"，并以此为切入点对煤炭资源整合中的国有企业扩张及其整合效率问题进行剖析。基于此思路，本书以政府与企业关系为切入点，一方面从煤炭资源整合中的"政府投资意愿"入手；另一方面从煤炭资源整合中企业应对政府规制的"企业政治基础"切入；既充分考虑政府在煤炭资源整合活动中的影响力，又兼顾企业通过自身行为寻求与政府建立有利于自己的政企关系的利益诉求。

2.6.2 研究框架有待拓展

在中国特殊的制度背景下，脱离煤炭企业支撑运转所在的内外部环境来研究并购整合问题是不系统和不全面的，也很难得出正确结论。国内外学者关于企业"内部人控制权"对并购决策的影响有较多探究，但对政府与企业的关系如何影响企业整合决策的研究尚处于起步阶段，在政府与企业互动关系的框架下来研究并购整合的文献更是少之又少。因此，有必要引入政企关系变量，系统研究其对煤炭企业并购整合中的路径选择以及价值效应等方面的影响机理，这对我国煤炭企业的并购整合实践、公司治理结构的完善和政府行为的规范都具有重要意义。

而且很多研究都忽略了一个问题——企业应对政府行为的"度"和"代价"。企业将资源用于建立政企关系时，必将减少应对市场的投入，增加企业为了实现地区财政收入及地区生产总值增长的"发展成本"、为了安排员工充分就业而承担的"冗员成本"以及因权力寻租而导致的"代理成本"，这些对企业的并购整合绩效都会产生一定影响。这也是现有文献在企业与政府关系对企业并购整合绩效的影响方面没有得到一致结论的原因所在。

2.6.3 研究内容有待深化

企业并购整合须以价值创造为指导和前提，从整体上判定企业并购整合是否可行。但现有并购整合中政企关系的研究存在一个缺陷——没有明确政企互动关系影响并购整合价值效应的逻辑主线。所以本书将论证在资源整合过程中，政府以自身效用最大化决定资源整合的进程；而政府宏观规制程度、企业政治行为及专有性投资关系会影响政府效用函数。这种基于双重视角的理论模型与我国煤炭行业政府管控严格、国有企业林立的现状十分契合，可通过数理推导揭示煤炭资源整合的具体运作机理及其价值体现。随后通过相关并购整合数据的验证，分析、归纳中国 A 股上市公司和煤炭企业的具体整合实施过程，揭示煤炭资源整合中政企关系对整合行为动因、运作过程及整合后果的影响。

企业并购整合绩效受多方面因素的影响，在重点分析政企关系、并购路径对并购整合绩效的影响后发现，目前针对政府在并购中是"支持之手"、"掠夺之手"还是"中立之手"的争论仍未停歇，且并购路径对绩效的影响也没有得到一致性结论。除此之外，现有针对整合绩效影响因素的研究仅仅局限于经济绩效评价，忽略了政府规制、整合路径、公司特征、治理结构等因素对社会绩效、内部管理绩效的影响。因此，本书在构建绩效评价指标的基础上，拟重点分析政企关系、并购路径选择对企业并购后的经济、社会、内部管理绩效的影响，并将公司特征、治理结构等因素作为控制变量纳入回归方程。

2.6.4 研究方法有待改进

企业并购绩效的研究方法主要有事件研究法和财务指标法，两种方法各有利弊，且大多仅局限于实证研究领域，分析性数理推导较少。20 世纪 80 年代至今，很多学术界学者利用异常收益法验证协同效应对并购双方股东权益的影响，发现并购可以改善被并方企业的经营效率，但主并方企业的并购价值是否实现并没有一致性的研究结论（王霞 等，2014）。关于并购整合后收购公司的企业价值，学者们主要有三种不同的看法：一是并购提高了经营业绩，二是并购使经营管理效率下降，三是并购与经营绩效没有显著的关系。

经济绩效评价方面，学者们在理论分析的基础上构建了包括累计超额收益、经济增加值等绩效评价指标，运用事件研究法、财务指标法等对并购绩效进行了评价。然而，两种方法下企业并购绩效的研究结论却不尽相同。同时，经济绩效的研究中很少考虑行业整体发展趋势，单纯以经济指标进行全行业样本回归或单一行业样本回归会导致研究结论受到宏观环境的干扰，致使研究结论无法真正反映并购的实际效果。因此，在煤炭行业形势整体下滑趋势下，本书对样本企业净资产收益率——ROE 值做扣除行业平均水平的标准化处理。

社会绩效评价方面，利益相关者理论是目前社会责任评价运用最广泛的理论基础，学者们运用专家打分法、隶属度分析法、层次分析法等方法构建了不同的社会责任效果评价体系。但是，由于我国企业社会责任评价起步较晚且社会绩效的指标难以衡量，目前对社会效果的评价局限于理论体系的架构，很少有学者进行经验实证（包括煤炭企业），这让社会绩效评价成为空中楼阁，失去了实用价值。

内部管理绩效评价为企业并购整合绩效评价提供了新的思路。但目前对并购后企业整合情况的研究还不多见，部分学者通过长期经济绩效来反应整合情况也有失偏颇；单纯用内部控制水平反映内部管理绩效也无法反映企业的整体情况。本书希望从全面视角出发，分析政企关系对并购整合环节的各个成本、收益的整合效果，以期望能够对整合绩效有一个理性的认识。

综上所述，现有文献大多从政府规制视角研究并购路径及对绩效的作用，但很少有文献研究政企之间的互动关系对并购路径选择的影响，更少有文献将政企关系、并购路径结合起来研究对煤炭企业资源整合效果的影响。有鉴于此，本书将立足于煤炭企业的“政府投资意愿调整”和“企业政治基础”，深入研究政企关系、管理层政治基础对煤炭产业并购整合的契约安排及影响机理，并通过理论和实证分析政企关系对并购整合中路径选择及价值创造的影响。

第3章

政府与企业关系对煤炭资源整合的影响机理分析

兴起于2008年的政府主导下的煤炭资源整合，采纳何种整合路径更能有效提高企业价值，实现政府与煤炭企业的双赢？2010年10月16日，国务院办公厅转发《关于加快推进煤矿企业兼并重组的若干意见》，明确提出：支持优势企业开展跨地区、跨行业、跨所有制兼并重组(简称“三跨”整合)。2012年3月18日国家发展改革委下发的《煤炭工业发展“十二五”规划》也明确支持具有资金、技术、管理优势的大型企业跨地区、跨行业、跨所有制整合路径，促进规模化、集约化发展。但是“三跨”整合应着眼于改变我国煤炭行业集中度低、经济效益不佳以及资源浪费现象严重等行业发展瓶颈性问题，而不是仅仅关注简单的划拨产权关系和形式上的整合。

3.1 政府与企业关系对煤炭资源跨所有制整合的影响机理

公有还是私有，“国进民退”还是“国进民不退”，整合中多种企业产权形式的安排是煤炭资源整合中不容回避的现实问题。由于政府有“支持之手”和“掠夺之手”之分，政府对不同所有制企业的不同待遇差异极容易造成“所有制歧视”弊端。在资源整合过程中，基本原则虽然是“政府宏观调控、市场化运作、依法推进”，但在操作过程中地方政府一般会自主设定整合主体的标准，需要注意运用经济手段推进整合工作，优先从整合矿区内产生整合主体，并且需要保护被整合矿业权人的合法权益。在煤炭资源整合进程中，政府之所以能够将民营煤炭企业“逼退”，是因为在设定整合主体的标准上，政府制定了让民营煤炭企业永远无法达到的“产能标准”(事实上，中小型民营煤炭企业的资源保有量根本无法满足不断提升的最低产能新标准)。在整合主体设定的基础上，政府通过明确“一个矿区只存在一个兼并主体”的整合规则，为国有煤炭企业能够以最低对价获得民营煤炭企业投资者的矿业权奠定“整合”基础。如果最终控制人为中央政府控股企业，则其不仅可以利用央企规模大的权威背景满足地方政府整合主体最低产能的规制要求，而且在整合过程中与地方政府议价能力更强。如果最终控制人为地方政府控股的企业，则其将更容易得到地方政府支持，建立大型企业集团。而且，政府对企业边界扩张的直接控制，也有益于官员满足个人晋升等私利。

假设 3-1：煤炭企业并购前 $T=0$ 时控制资源量为 R_1，在并购后 $T=1$ 时控制资源量为 R_s，R_ξ 是企业控制资源量 R_1 和资源量 R_s 中间的某一资源规模，且 $0\leqslant R_1\leqslant R_\xi\leqslant R_s$。$\Delta R$ 用来表示煤炭企业并购前后控制资源量的变化，即 $\Delta R=R_s-R_1$。

假设 3-2：政府的宏观经济规制系数为 $K(0\leqslant K\leqslant 1)$，其中，$K=0$ 表示政府完全不规制煤炭资源整合经济活动，$K=1$ 表示政府完全规制煤炭资源整合经济活动，假设并购前后的规制系数 K 相同。

假设 3-3：政府和煤炭企业内部控制人之间的投资专有性系数为 $\mu(0\leqslant\mu\leqslant 1)$，$\mu=0$ 表示双方投资是完全非专有性关系，$\mu=1$ 表示双方投资是完全专有性关系，假设并购整合前后的系数 μ 相同。

假设 3-4：在以国有产权为主导的煤炭资源整合进程中，政府和管理层是企业关键资源的实际控制者，“所有者缺位”导致管理层委托代理成本的产生。政府的委托代理成本函数分别为 $C(R)$，在 $T=0$ 和 $T=1$ 时政府的委托代理成本分别为 $C(R_1)$ 和 $C(R_s)$，且函数关于企业并购前后控制的资源 R_1 和 R_s 连续可导。主并企业通过跨所有制并购获取的资源增量 ΔR 越大，管理层为此支付的寻租成本或应付政府规制要求的社会成本也就越大。因此，假设管理层为了获取并购资源而支付的寻租等成本为 $C(\Delta R)$，且 $\lim\limits_{\Delta R\to 0}C(\Delta R)=0$，$\dfrac{\partial C(\Delta R)}{\partial \Delta R}>0$，$\dfrac{\partial^2 C(\Delta R)}{\partial \Delta R^2}<0$。

假设 3-5：政府控制煤炭资源整合活动，有利于维护经济发展秩序、政治和社会稳定，因此我们认为煤炭企业并购能够带来政治效益 P，主并企业通过跨所有制并购获取的资源增量 ΔR 越大，政府获取的政治利益越大。因此，假设煤炭资源带来的政治利益为 $P(\Delta R)$，且 $\lim\limits_{\Delta R\to 0}P(\Delta R)=0$，$\dfrac{\partial P(\Delta R)}{\partial \Delta R}>0$。

首先，我们分析煤炭企业的效用函数。由前文假设可知，在 $T=0$ 时，政府规制下煤炭企业控制的资源为 R_1，政府宏观规制系数为 K，这就使得煤炭企业实际拥有的资源为 $(1-K)R_1$，由于专有性投资关系系数 μ 的存在，企业能够控制的最终效用为 $\mu(1-K)R_1$，企业获取政府给予的整合授权收益为 $\mu C(R_1)$。由此可知在 $T=0$ 时，企业的效用函数 U_{10} 为：

$$U_{I0}=\mu(1-K)R_1+\mu C(R_1) \tag{3-1}$$

同理，我们给出企业在 $T=1$ 时的效用函数。在 $T=1$ 时，煤炭资源整合后企业拥有的资源为 R_s，但由于政府宏观经济规制系数 K 和专有性投资系数 μ 的影响，使得煤炭企业实际拥有的资源为 $\mu(1-K)R_s$。煤炭企业控制的资源量增量为 $\Delta R=R_s-R_1$，企业为了获得 ΔR 的资源需要支付的寻租等成本为 $C(\Delta R)$，由于投资关系专有系数 μ 越高，企业支付的成本越少，因此煤炭企业为获得 ΔR 的资源最终需要支付的成本为 $(1-\mu)C(\Delta R)$。因此可知 $T=1$ 时，企业的效用函数 U_{I1} 为：

$$U_{I1}=\mu(1-K)R_s+\mu C(R_s)-(1-\mu)C(\Delta R) \tag{3-2}$$

综合式(3-1)和式(3-2)可以得到企业并购资源整合增量效用函数 ΔU_I：

$$\Delta U_I=U_{I1}-U_{I0}=\mu(1-K)\Delta R+\mu C(R_s)-\mu C(R_1)-(1-\mu)C(\Delta R) \tag{3-3}$$

根据前面的假设，由拉格朗日中值定理可知：

$$C(R_s)-C(R_1)=\frac{C(R_s)-C(R_1)}{R_s-R_1}\cdot(R_s-R_1)=C'(R_\xi)\Delta R \tag{3-4}$$

将式(3-4)带入式(3-3)中，化简整理得：

$$\Delta U_I=\mu(1-K)\Delta R+\mu C'(R_\xi)\Delta R-(1-\mu)C(\Delta R) \tag{3-5}$$

对式(3-5)关于 ΔR 求一阶导数和二阶导数：

$$\frac{\partial \Delta U_I}{\partial \Delta R}=\mu(1-K)+\mu C'(R)_\xi-(1-\mu)C'(\Delta R) \tag{3-6}$$

$$\frac{\partial^2 \Delta U_I}{\partial \Delta R^2}=-(1-\mu)C''(\Delta R) \tag{3-7}$$

由前面的假设可知，式(3-7)中 $\frac{\partial^2 \Delta U_I}{\partial \Delta R^2}=-(1-\mu)C''(\Delta R)\geqslant 0$ 恒成立，即企业的边际效用函数是单调递增的。当式(3-6)等于零时，可以确定企业跨所有制并购最大效用增加值时的资源整合增量。

在政府宏观经济规制系数 K 一定的前提下，当关系专有性系数 $\mu-0$ 时，式(3-6)变形为：$\frac{\partial \Delta U_I}{\partial \Delta R}=\mu(1-K)+\mu C'(R)_\xi-(1-\mu)C'(\Delta R)=-C'(\Delta R)\leqslant 0$ 恒成立，即企业资源整合增量效用函数 ΔU_I 为严格单调递减函数，此时企业没有动力进行企业规模的扩张，会保持现有规模或者在政府允许的空间内进行企业规模的缩减。现实情况是，关系专有性系数 μ 一般不会为零。当关系专有性系数 $\mu=1$ 时，式(3-6)变形为：$\frac{\partial \Delta U_I}{\partial \Delta R}=\mu(1-K)+\mu C'(R)_\xi-(1-\mu)C'(\Delta R)=1-K+C'(R)_\xi\geqslant 0$ 恒成立，即企业资源整合增量效用函数 ΔU_I 为严格单调递增函数，此时煤炭企业会积极的扩大并购整合规模，以最大化自身效益。因此，借

助专有性投资系数 μ 和企业资源整合增量效用函数 ΔU_1，就能够很好地解释煤炭资源整合初期，煤炭企业普遍存在的“投资饥渴”现象和煤炭资源企业积极扩张的动因。

接下来分析政府的效用函数。在 $T=0$ 时，对于企业控制的资源 R_1，政府通过专有性投资关系转移部分企业控制的资源，且两者成正比例变动。由此，煤炭企业掌控的资源给政府带来的效用为 $(1-\mu)R_1$。政府规制同样会造成效用损失，效用损失额度为 $K(1-\mu)R_1$。所以企业控制的资源最终给政府带来的效用为 $(1-K)(1-\mu)R_1$。煤炭企业控制资源可以增强政府的经济掌控能力和维护社会政治稳定能力，给政府带来 $P(R_1)$ 的政治效用。但是，企业内部的专有性投资使得政府遭受绑架，利用企业获取政治效用的能力降低，且效用降低额度与专有性投资系数成正比。因此，煤炭企业给政府带来的政治效用最终为 $(1-\mu)P(R_1)$。由于国有企业缺乏有效的所有权监督体系，在煤炭企业并购后委托代理人管理企业必然导致 $C(R_1)$ 的代理成本效用损失。通过分析最终可以确定政府在 $T=0$ 时的效用函数 U_{p0}：

$$U_{p0}=(1-K)(1-\mu)R_1+(1-\mu)P(R_1)-C(R_1) \tag{3-8}$$

同样，我们给出政府在 $T=1$ 时的效用函数 U_{p1} 和政府在跨所有制并购前后控制资源量变化的效用函数 ΔU_p：

$$U_{p1}=(1-K)(1-\mu)R_s+(1-\mu)P(R_s)-C(R_s) \tag{3-9}$$

$$\Delta U_p=(1-K)(1-\mu)\Delta R+(1-\mu)[P(R_s)-P(R_1)]-[C(R_s)-C(R_1)] \tag{3-10}$$

根据前面的假设，由拉格朗日中值定理可知：

$$P(R_s)-P(R_1)=\frac{P(R)_s-P(R_1)}{R_s-R_1}\cdot(R_s-R_1)=P'(R_\xi)\Delta R \tag{3-11}$$

$$C(R)_s-C(R_1)=\frac{C(R_s)-C(R_1)}{R_s-R_1}\cdot(R_s-R)_1=C'(R)_\xi\Delta R \tag{3-12}$$

将式(3-11)和式(3-12)带入式(3-10)化简整理可得政府的效用变化函数：

$$\Delta U_p=(1-K)(1-\mu)\Delta R+(1-\mu)P'(R_\xi)\Delta R-C'(R_\xi)\Delta R \tag{3-13}$$

在式(3-13)中，对政府的效用变化函数 ΔU_p 关于 ΔR 求一阶导数：

$$\frac{\partial \Delta U_p}{\partial \Delta R}=(1-K)(1-\mu)+(1-\mu)P'(R_\xi)-C'(R_\xi) \tag{3-14}$$

分析式(3-14)可知，当函数等于零时，可以确定使政府效用并购整合前后变化最大值的并购资源规模。政府按照自身效用最优化原则确定资源整合方向：当并购资源规模 R_s 大于 R_1 时，政府倾向于扩大煤炭企业的规模及其控制的资源量；反之，政府则会推动煤炭企业缩减规模及其控制的资源量。

此外，当专有性投资关系系数 $\mu=1$ 时，效用变化函数 ΔU_p 关于 ΔR 的一阶导数小于零恒成立，即政府效用函数严格单调递减。此时，煤炭企业关系专有性投资完全抵消了企业对政府政治效益的提升作用，政府在专有性约束下被迫缩小或者保持企业的规模不变。当 $\mu=0$ 时，政府效用最优化的企业并购规模由边际政治效用和边际代理成本负效用以及政府的宏观规制系数之间的相互博弈综合决定。

另外，当煤炭资源企业控制的并购资源量一定时，政府的宏观经济规制系数 K 越小，政府在煤炭企业并购前后的效用变化 ΔU_p 越大，这表明政府的效用变化函数关于规制系数 K 单调递减。特殊情况是，当系数 $K=1$ 时，即政府完全规制煤炭资源整合经济活动时，这时无论以何种方式运营企业的资源，均无法给政府带来经济价值效用的增加。此时，政府效用完全由专有投资系数、边际政治效益和边际代理成本综合决定。

3.2 政府与企业关系对煤炭资源跨行业整合的影响机理

横向整合、纵向整合和混合整合是最基本的企业整合行业模式。固定资产的不可分割性和固定成本的可分摊性是规模经济的理论基础。当煤炭资源横向整合经过资源赎回或收回、重新设置新采矿权和重新配置新采矿权三个环节，达到一定规模，就会引起平均固定成本降低，形成生产规模扩大条件下的成本节约。当然，产量也不能无限制扩大下去，超过合理的规模后，基于收益递减规律，规模收益会递减，出现“规模不经济”现象。Eckbo 和 Thorburn 认为纵向整合会增加整合公司进行关系专用性投资的激励及规避潜在要挟问题引起的契约非效率问题。纵向整合模式带来的范围经济及交易费用的节约，会降低目标公司进行关系专用性投资的激励、增加组织内部的官僚主义管理成本。此外，更为复杂的组织结构将引发价值损毁效应，整合引起的成本和收益权衡会在很大程度上影响公司边界和煤炭企业整合效果。

假设 3-6：假设煤炭资源整合过程转移的资源为 ΔR，如果被收购方主业与并购方主业相关的并购称为相关多元化并购，与并购方主业不相关的并购称为非相关多元化并购，则煤炭企业主业与被并购方主业的相关程度可以采用行业相关度 $i(0\leqslant i\leqslant 1)$ 进行跨行业的界定，$i=0$ 表示完全非相关多元化，$i=1$ 表示完全相关多元化。

假设 3-7：政府的宏观经济规制系数为 $K(0\leqslant K\leqslant 1)$，$K=0$ 表示政府完全不干涉经济活动，$K=1$ 表示政府完全规制经济活动，假设并购整合前后政府宏观经济规制系数 K 不变。政府和企业之间投资的专有性系数为 $\mu(0\leqslant \mu\leqslant 1)$，$\mu=0$ 表示双方投资是完全非专有性关系，$\mu=1$ 表示双方投资是完全专有性关系，假设投资专有性系数 μ 在并购前后不变。

假设 3-8：并购方对并购资源的整合能力与行业相关度 i 正相关，即行业相关度越大，企业对相关行业的资源整合效率越高；并且企业对并购资源的整合能力与 ΔR 负相关，即并购规模越大，企业越难实现对其进行有效整合。假设并购方对并购资源的整合能力为 $A(i,\Delta R)$，且 $0\leqslant A(i,\Delta R)\leqslant 1$，$\frac{\partial A(i,\Delta R)}{\partial i}>0$，$\frac{\partial A(i,\Delta R)}{\partial \Delta R}<0$。

假设 3-9：根据多元化并购的相关理论，煤炭企业进行跨行业并购实行多元化战略时，在将多种经营业务内化到企业边界范围内的过程中会发生交易整合等费用。这些交易整合费用与所并购企业的行业相关度 i 负相关，与并购所控制的资源 ΔR 正相关。假设企业的整合并购资源所发生的费用为 $C(i,\Delta R)$，并且 $C(i,\Delta R)>0$，$\frac{\partial C(i,\Delta R)}{\partial i}<0$，$\frac{\partial A(i,\Delta R)}{\partial \Delta R}>0$。

跨行业整合决策主要由企业主导，政府并不会对此进行过多干预，所以本章主要分析煤炭企业的效用函数 ΔU_{I}。由前面假设可知，煤炭企业跨行业并购可获得被并购企业控制的资源 ΔR，企业对并购资源的整合能力为 $A(i,\Delta R)$，则企业通过本次并购整合获取的资源为 $\Delta RA(i,\Delta R)$。政府宏观规制系数为 K，这就使得煤炭企业实际拥有的资源为 $(1-K)\Delta RA(i,\Delta R)$。由于专有性投资关系系数 μ 的存在，企业能够控制的最终效用为 $\mu(1-K)\Delta RA(i,\Delta R)$。

同样，煤炭企业跨行业并购可获取多元化经济收益。通过将外部市场内部化，企业可以节约交易费用，这可视为企业进行多元化整合的收益。多元化经济收益与行业相关度正相关。假设多元化经济收益为 $M(i)$，且 $\frac{\partial M(i)}{\partial i}>0$。

并购整合并非一蹴而就的，要实现对并购资源的有效整合，煤炭企业需要支付将多种经营业务内化到企业边界范围内所发生的交易整合等费用。由假设可知，煤炭企业的整合并购资源所发生的费用为 $C(i,\Delta R)$。由此，我们可以得出煤炭企业跨行业并购整合的效用函数 ΔU_{I}：

$$\Delta U_{\mathrm{I}}=\mu(1-K)\Delta RA(i,\Delta R)+M(i)-C(i,\Delta R) \tag{3-15}$$

分析式(3-15)可知，当 $K=1$ 或者 $\mu=0$ 时，此时的企业效用函数值的正负取决于多元化并购经济收益与整合成本的相对大小。也就是说，在政府完全的宏观经济规制或政府与企业投资是完全非专有性关系的情况下，当多元化并购经济收益大于整合成本时，煤炭企业从并购效用角度出发会选择进行多元化并购。当 $K=0$ 时，即在政府完全不干涉资源整合活动时，并购整合后的资源、多元化经济收益与整合成本三者形成的综合效用会影响企业并购决策。

对式(3-15)关于 i 和 ΔR 分别求导：

$$\frac{\partial \Delta U_{\mathrm{I}}}{\partial i}=\mu(1-K)\Delta R\frac{\partial A(i,\Delta R)}{\partial i}+\frac{\partial M(i)}{\partial i}-\frac{\partial C(i,\Delta R)}{\partial i} \tag{3-16}$$

$$\frac{\partial \Delta U_{\mathrm{I}}}{\partial \Delta R}=\mu(1-K)\left[A(i,\Delta R)+\Delta R\frac{\partial A(i,\Delta R)}{\partial \Delta R}\right]-\frac{\partial C(i,\Delta R)}{\partial \Delta R} \tag{3-17}$$

分析式(3-16)，因为 $\Delta R\frac{\partial A(i,\Delta R)}{\partial i}>0$，$\frac{\partial M(i)}{\partial i}>0$，而$\frac{\partial C(i,\Delta R)}{\partial i}<0$，所以$\frac{\partial \Delta U_{\mathrm{I}}}{\partial i}>0$ 恒成立。也就是说，煤炭企业主业与被并购方主业越相关，则煤炭企业与被并购企业协同程度越高，整合越容易，效用越好。此时政府规制的影响越小，企业多元化并购的效用变化越明显。

分析式（3-17），因为 $\Delta R\frac{\partial A(i,\Delta R)}{\partial \Delta R}<0$，而 $A(i,\Delta R)>0$，所以 $\mu(1-K)\left[A(i,\Delta R)+\Delta R\frac{\partial A(i,\Delta R)}{\partial \Delta R}\right]$的正负无法判断，进而导致并购规模对企业效用的影响也不一定。这与现实情况相符，主要原因在于多元化并购规模扩大带来更大协同效益的同时也可能导致“并购整合不经济”。

通过上述分析，同时结合纵向整合的相关理论，我们得出如下结论：在煤炭行业的纵向整合过程中，通过建立完善的产业链和政府规制的相关制度，不仅可以降低交易费用，而且将改变企业在产品市场和价格博弈上的不利局面，实现“范围经济”效应，从而提升企业的经济效益。因此，与煤炭企业主业相关的纵向整合更能促进企业价值的实现。煤炭企业所在地区政府在考虑自身以及企业利益的情况下，往往希望煤炭企业进行跨行业的纵向并购，将市场交易转变为企业内部交易，从而节约交易费用、降低市场交易成本。

3.3 政府与企业关系对煤炭资源跨地区整合的影响机理

当前多数地区经济发展仍然具有典型的“靠山吃山、靠水吃水”的特征，并且地方政府存在“肥水不流外人田”的倾向。尤其是在煤炭资源储量丰厚的地方，地方政府承担了诸如增加财政收入、促进就业、增加税收等经济、社会性事务责任。因此，地方政府更有动力对本辖区煤炭企业整合重组进行干预，更愿意鼓励本地政府控制的公司整合本地的优质煤炭企业；而向外地公司对本地优质煤炭企业的整合设置较高门槛。由于地方政府承担了较多的政策性负担，同时考虑到其自身的政治晋升目标，因而地方政府有动机和能力通过并购整合活动来掠夺或支持其控制的公司，并且排斥外来企业对本地企业的整合。因此对跨地区整合的研究，本章主要从政府的效应函数入手，分析政府与企业关系对煤炭资源跨地区整合的影响机理。

假设 3-10：根据煤炭主并企业与被收购企业所属省级行政区域将并购分为跨地区并购和同地区并购，若并购前煤炭主并企业与被收购企业同属于一个经济地区则属于同地区并购；否则属于跨地区并购。假设存在三家企业 X、Y_1、Y_2，其中 X、Y_1 属于同一省级行政区域内的企业，Y_2 是另一省级行政区域内的企业。煤炭企业并购控制的资源规模为 ΔR。

假设 3-11：政府的宏观经济规制系数为 $K(0<K<1)$，$K=0$ 表示政府完全不干涉经济活动；$K=1$ 表示政府完全规制经济活动；假设并购前后政府宏观经济规制系数 K 不变。

假设 3-12：基于“政治晋升锦标赛”假说，现阶段的地方政府官员综合政绩考核主要包括地区生产总值增长率、财政盈余、就业率等指标，并且地区生产总值增长率占主导地位。财政盈余代表地方政府“经济利益”，地区生产总值增长率和就业率与政治晋升相挂钩，属于“政治利益”。地方政府官员基于经济利益和政治利益的综合考量，主动干预地方企业跨地并购的决策从而达到行政壁垒以及市场分割的目的。ρ 表示政府对经济利益的偏好程度 $\rho(0<\rho<1)$，$1-\rho$ 表示政府对政治利益的偏好。

假设 3-13：政府的效用受到行政区域内经济增长、税收增加、社会稳定等因素的影响，因此政府在企业跨地区并购过程中可以获取经济和政治两方面的利益，并会为此付出相应的成本费用。因此，我们假设政府获取经济利益的效用函数为 $f(\Delta R)$，政府获取政治利益的效用函数为 $h(\Delta R)$，为获取两种利益而支付的成本为 S。$f(\Delta R)$ 和 $h(\Delta R)$ 都是关于并购整合中并购资源 ΔR 的函数，且政府的效用和企业的经营业绩、资源规模紧密相关。因此政府的基本效用函数 ΔU_{p} 为：

$$\Delta U_{\mathrm{p}}=\rho f(\Delta R)+(1-\rho)h(\Delta R)-S \tag{3-18}$$

对式(3-18)政府的效用函数 ΔU_{p} 求解关于并购资源 ΔR 的一阶导数：

$$\frac{\partial \Delta U_{\mathrm{p}}}{\partial \Delta R}=\rho\frac{\partial f(\Delta R)}{\partial \Delta R}-(1-\rho)\frac{\partial h(\Delta R)}{\partial \Delta R} \tag{3-19}$$

假设发生异地并购，即煤炭资源企业 X 并购企业 Y_2，当企业进行跨区域并购时，在本地资本向外流动的同时，企业获取了对异地资源的使用权。虽然地方政府辖区内的社会政治问题并没有因此而得到很好的解决，但是本地企业进行异地并购带来的协同效应在使企业做大做强的同时有可能使得本地政府获得税收等经济利益补偿。此时，政府的目的主要是为了获取经济利益，即 $\rho>1-\rho$，$\frac{\partial f(\Delta R)}{\partial \Delta R}>\frac{\partial h(\Delta R)}{\partial \Delta R}$。

但是在现实情况中，煤炭企业所在地区的政府往往承担了较多的财政压力、政策性负担以及自身地方官员的政治晋升目标，因此地方政府更在意自身的政治利益。对于地方政府来说，煤炭企业跨区域并购给其他辖区的政府带去了政治利益，但本辖区政府的社会政治问题没有得到解决，此时其主要目标是自身的政治利益，即 $\rho<1-\rho,\frac{\partial f(\Delta R)}{\partial \Delta R}<\frac{\partial h(\Delta R)}{\partial \Delta R}$。地方政府更偏重政治利益而不是经济利益，因而会推动企业进行同地区并购来为其解决就业、社会稳定、政治晋升等方面的问题。此时相较于获取短期的经济利益，地方政府更看重同地区并购为其带来的社会利益。在这种情况下，一方面，地方政府从自身效用出发，希望通过同地并购整合来解决本地辖区内的经济和社会问题。另一方面，地方政府相对于驱使外地上市公司实施本地区的并购，更易于让本地企业就范，即更容易向本地企业伸出"掠夺之手"。政府作为煤炭资源整合进程中关键资源的掌控者，受到当地财政经济增长、社会稳定、提高就业率和仕途晋升等压力的影响，会利用自己掌握的资源对煤炭企业的异地并购活动进行规制（甚至是限制），并且具有明显地区偏好的特征，相较于跨地区并购，其对同一地区并购整合的支持性政府规制程度更强。

3.4 本章小结

3.4.1 政府与企业关系对煤炭资源跨所有制整合的影响机理

煤炭资源跨所有制整合一般是以国有煤矿作为主并购方。数理分析发现，政府会以自身效用最大化决定煤炭资源整合中产权契约边界的设置；但政府效用最大化的并购整合规模由政治成本、代理成本以及政府的宏观规制系数等多因素综合决定。

煤炭企业通过专有性投资影响政府效用函数，对整合中产权契约设置产生影响。当产权边界保持不变时，政府规制程度越低，政府效用越大，这启示政府对煤炭企业并购的规制要以必要程度为限。但随着 2008 年以来"国进民退"跨所有制并购整合范围的增大，政府在煤炭企业跨所有制并购整合中的目标具有多元化的特征：既有提高财政盈余的经济考虑，也有推动当地经济发展与地区生产总值增长、保障人员就业与安全生产的社会稳定诉求；既有支持本地国有煤炭企业做大做强的强烈愿望，也有某些政府官员借煤炭资源整合与企业管理层寻租谋利的可能，导致"支持之手"与"掠夺之手"互现。

3.4.2 政府与企业关系对煤炭资源跨行业整合的影响机理

跨行业并购产生的规模经济为国有煤炭企业提供了多元化收益。煤炭企业主业与被并购方主业越相关，主并煤炭企业所掌控的资源的增加会为其赚取正的效用；而且效用对资源的敏感度呈上升趋势，即主并企业与被并购企业协同程度越高，并购效用越好。由于跨行业并购会产生规模经济，煤炭主并企业效用最大化的并购规模和政府效用最大化的并购规模往往无法达成一致。政府贪大求全容易导致主并企业规模过大引起的“并购整合不经济”现象。仅仅通过“大矿吃小矿”扩大规模的横向整合路径无法为企业带来持续的经济利益的提升。而产业链纵向整合，不仅可以降低交易费用，还能改变企业在产品市场和价格博弈上的不利局面，实现“范围经济”效应，带来企业并购效用的提升。

3.4.3 政府与企业关系对煤炭资源跨地区整合的影响机理

虽然异地并购整合在使煤炭企业做大做强的同时，可能使得本地政府获得税收等经济利益补偿，但煤炭企业所在地区政府也承担了较多的政策性负担，并且要考虑政府官员的政治晋升目标和社会稳定等问题。因此，相对于经济利益的提升，政府有动机和能力通过政府规制对煤炭企业跨地区的经济活动施加影响以实现社会利益最大化。一方面，煤炭资源国有的性质决定了政府是煤炭企业关键资源的掌控者，主并企业所在地区政府受到增加财政盈余、促进当地经济发展、提高就业率等压力的影响，并不希望主并企业进行跨地区并购，政府也不鼓励煤炭企业被跨地区并购，所以政府对资源整合的干预容易造成“地区市场分割”的局面。另一方面，虽然政府因控制着自然资源和国有企业而有利于政治稳定和创造政绩，但是政治效益的增加是以牺牲市场效率和资源经济价值为代价的。政府尤其是地方政府不应以打造龙头企业为名，而应以经济效用提升为目标，以创造政绩工程为实，因为在行政区域内进行“拉郎配”式的整合工程无益于煤炭企业的可持续发展。

第二篇

实证分析

Empirical Analysis

政府与企业是并购整合中政企关系的两个关键主体，各自利益诉求的不同导致政府与企业的效用函数不同。政府与企业建立政企关系主要是基于美化当地的政绩考核指标、增加地方政府的财政收入、增加社会就业等诸多目标。政府基于自身利益与企业建立政企关系，包括通过以股东身份参与企业经营等方式，将自身利益诉求内部化到企业身上。

企业“官员型”董事在政企关系的建立上起到了“牵线搭桥”的作用。政府通过“官员型”董事影响甚至控制企业并购决策和资源配置方向；企业也可以利用“官员型”董事建立的政治基础，获得政府投资机会及政府在整合进程中政策和资源配置上的政治庇护。

本篇将分别研究政企关系在A股上市公司和煤炭类上市公司不同并购路径选择下的调整路径，及不同并购路径选择对并购企业整合效果的影响。A股上市公司是共性分析，煤炭类上市公司是特性分析。本篇通过不同的数据来源，验证政府投资意愿、企业政治基础、政企关系调整、并购路径选择与并购企业整合效果之间的作用关系，分析全行业样本与煤炭行业样本有何异同，找出并购整合中政企关系的一般性规律和行业性规律。

第4章

A股上市公司并购整合中的政企关系实证研究

政企关系的建立是一个动态调整的过程，地区宏观环境的变化驱使政府不断改变对企业的态度，进而影响企业的经营绩效；而企业也可以通过自身经营等行为影响政府，寻求与政府建立政企关系，或者脱离政企关系对企业的束缚。

4.1 样本选择和数据来源

本章实证所界定的并购整合是指收购公司通过股权收购或资产收购等方式获取被并公司的资源、控制权或者直接通过吸收合并的方式实现公司的快速整合。其中并购方是指通过实施并购获取交易标的方股权或资产的公司，被并方是指出售资产或股权的公司。

本章所选取的并购样本均来自于国泰安《中国上市公司并购重组研究数据库》2008～2013年并购数据库系统。而解释变量、控制变量等财务指标均来自于国泰安数据库、CCER经济金融研究数据库以及国家统计局网站等。国泰安《中国上市公司并购重组研究数据库》只提供了并购的区域属性，没有直接提供并购的行业属性和产权属性。依据中国证监会提供的我国上市公司行业分类标准(2001)以及被并方的主要经营范围，本章将被并方的主营业务范围与并购方所处行业相同的划分为同业并购，否则为跨行业并购。对于并购的所有制属性，本章将并购方和被并方产权特征不同的并购划分为跨所有制并购，否则为同种所有制并购。

根据本章对并购整合的定义及研究需要，在已有样本的基础上按照以下标准对样本进行进一步筛选：① 剔除交易未成功的样本；② 剔除交易类型为股权收购、资产收购和吸收合并之外其他类型的样本；③ 剔除并购方所处行业为金融、保险业的样本；④ 剔除审计师出具拒绝意见或否定意见的样本；⑤ 剔除并购方为 ST、* ST 等的异常样本;⑥ 剔除并购事件属于关联交易的样本;⑦ 剔除并购当年上市的样本;⑧ 对于同一公司在同一年度内发生多起并购类型相同的并购交易,以规模较大的为主;⑨ 剔除同一公司在同一年度内发生多起不同类型并购交易的样本;⑩ 剔除并购信息不完整的样本。通过以上筛选过程,本章实证最终有效样本为 629 个。

4.2 变量选取和定义

4.2.1 被解释变量

4.2.1.1 政企关系变量的定义

在我国社会主义市场经济体制发展的过程中,政府扮演了社会管理者和经济参与者的双重角色,因而政府除了可能通过政策制定、行政审批等行政手段对地区经济发展产生影响之外,也可能以股东的身份参与到微观企业的经济活动中。政府通过与企业建立政企关系来获取经济利益和私有收益,因考虑到外部行政手段对企业的影响往往具有普遍性,所以政府对微观企业的投资意愿更能凸显同一地区不同企业与政府关系的密切程度。本章选取企业的国有股比例作为政企关系的衡量指标,同时以并购前后国有股比例的变化值代表并购年度政企关系的动态调整。

此外,随着地区经济的不断发展,政府与企业之间的关系并非一成不变。政府基于自身利益诉求,主导政企关系建立与否的同时,企业本身所具备的政治基础也会影响政府与企业关系的建立与调整。本章借鉴罗党论和刘晓龙(2009)、邓建平和曾勇(2009)的研究,选取企业董事会成员中具备政府背景的人数比例作为企业建立政企关系的政治基础的衡量指标。一般来说,企业的政治基础越好,获取政府投资的机会和渠道也会越多,政企关系的建立越容易。

4.2.1.2 经营绩效变量的定义

本章将企业的经营绩效分为市场经营绩效和内部经营绩效两个方面,分别用来表示市场对企业与政府建立政企关系的反应以及政府投资意图的变化对企业内部经营运作产生的影响。本章分别以托宾 *Q* 值变化率和每股 *EVA* 变化值来衡量企业的市场绩效和内部经营绩效。

4.2.2 解释变量

4.2.2.1 政绩诉求变量的定义

自 1978 年我国实行财政分权改革以来,财政权力的下放使得地方政府拥有了更大的财政自主权，但同样也使其面临增加财政收入的经济利益诉求（Qian et al.，1997；陶然 等，2009）；同时，我国目前实行的以地区生产总值增长率为核心的政绩考核体系也使得地方政府官员面临提高当地地区生产总值增长率的政治晋升诉求（周黎安，2007）。因此，本章借鉴钱先航（2011）、逯东等（2014）的研究，选取地方财政赤字作为政府与企业建立政企关系的经济动机之一，反映政府面临的财政压力。同时，我国目前普遍存在的政治晋升锦标赛现象，也使得地方政府官员迫切关注地方的经济增长率。因而，我们选取各地区的地区生产总值增长率作为政府官员与企业建立政企关系的政治晋升动机。该指标主要与官员个人期望通过建立政企关系为其晋升铺路相关。此外，作为社会管理者，政府在促进当地经济发展的同时，同样需要维持社会稳定，而且地区稳定问题往往在地方政府政绩考核中处于“一票否决”的地位，由此政府存在着通过建立政企关系，让辖区内企业解决当地失业问题的动机（薛云奎 等，2008），而失业率则与地区社会稳定直接相关，所以本章选择失业率作为地方政府建立政企关系的社会管理动机。综上所述，本章选择了财政赤字、地区生产总值增长率和失业率作为地方政府政绩诉求的衡量指标。

4.2.2.2 并购模式变量的定义

本章的解释变量为以区域属性、行业属性和所有制属性为划分标准的三种并购路径哑变量。

（1）跨区域变量（*Area*）

按照并购方与被并方是否同属于相同的省、自治区、直辖市管辖来界定并购跨区域与否。如果并购方与被并方同属于相同的省、自治区或直辖市管辖，则为跨区域并购，*Area* 取值为 1；反之，为 0。

（2）跨行业变量（*Industry*）

根据证监会发布的上市公司行业分类标准（2001），将并购方所属的行业按照行业代码的首字母和数字前两位进行重新分类。如果并购方主要经营范围与并购方进行重新分类后的行业相同，则为同行业并购，*Industry* 取值为 0，否则取值为 1，即跨行业并购。

（3）跨所有制变量（*Own*）

按照 Porta 等（1999）提出的终极产权原则，根据上市公司第一大股东最终控制人类型、性质的不同，上市公司可以分为政府控制（包括中央政府控制和各级地方政府控制）和非政府控制（包括民营控股、外资控股、集体控股、社会团体控股和职工持股控股等）两大类。如果并购方与被并方最终控制人不同，则此次并购事件为跨所有制并购，那么 $Own=1$，反之 $Own=0$。

4.2.3 控制变量

在控制变量的选择上，由于本章是通过研究政府对企业投资意愿的变化来影响政企关系的建立过程，而企业所处的行业特征可能在一定程度上决定了政府是否必须以股东身份参与企业经营，由此，我们引入了是否为战略性行业这个变量作为控制变量。2006年，中央国资委将“军工、石油石化、电网电力、煤炭、电信、民航、航运”七大行业划分为绝对控制战略性行业，同时将“装备制造、钢铁、汽车、电子信息、建筑、有色金属、化工、勘察设计、科技”九大行业定义为较强控制战略行业。本章采用刘星和吴雪姣(2011)的做法，将绝对控制战略行业和较强控制战略行业统称为战略性行业，其余为非战略性行业。

同时，借鉴已有研究，本章分别从公司内部的治理结构、经营状况、管理者代理问题以及企业的资源禀赋等方面分别选取了独立董事比例、公司规模、财务风险、管理层持股比例、股权集中度、现金持有量、物质资源禀赋和无形资源禀赋等反映公司业绩、主营业务收入增长率的指标来对可能影响政企关系建立及调整的因素进行控制。各变量定义，见表4-1。

表4-1　　变量定义表

变量类型	变量名称	变量符号	变量定义
被解释变量	投资意愿调整	ΔGIW	并购年度的国有股比例－并购前一年的国有股比例
	市场经营绩效	ΔTBQ	(并购当年托宾Q值－并购前一年托宾Q值)/并购前一年托宾Q值
	内部经营绩效	ΔEVA	并购当年每股EVA－并购前一年每股EVA
解释变量	产权性质	*Private*	实际控制人为非政府机构时，取值为1；反之为0
	跨区域并购	*Area*	主并方与被并方属于同一省时，取值为1；反之为0
	跨行业并购	*Industry*	按照2001年证监会行业分类，主并方与被并方主营业务不同时，取值为1；反之为0
	跨所有制并购	*Own*	主并方与被并方的实际控制人不同时，取值为1；反之为0
	地区生产总值增长率	ΔGDP	并购前一年的地区生产总值增长率
	财政赤字	*FD*	并购前一年中的亿元财政收入与亿元财政支出差额的绝对值
	失业率	*Unemp*	国家统计局网站上的各省、自治区、直辖市所登记的失业率
	企业政治基础	*EPB*	具有政府任职经历的董事人数/董事会总人数

续表 4-1

变量类型	变量名称	变量符号	变量定义
控制变量	独立董事比例	*IND*	独立董事人数/董事会规模
	公司规模	*Lnsize*	总资产的自然对数
	财务风险	*Lev*	资产负债率,即总负债/总资产
	管理层持股比例	*M-share*	管理层持股数/总股数
	股权集中度	*CR_5*	公司前 5 位大股东持股比例之和
	现金持有量	*Cash*	公司亿元现金流的自然对数
	物质资源禀赋	*MR*	(固定资产+存货)/总资产
	无形资源禀赋	*IR*	无形资产/总资产
	大股东控制力	*ZI*	*Z* 指数,即公司第一大股东与第二大股东持股比例的比值
	上市年龄对数	*Lnage*	*LN*(并购年份-上市年份)
	行业特征	*Strategic*	按照 2001 年证监会行业分类,主并方所处行业为战略性行业时,取值为 1;反之为 0

4.3 描述性统计

4.3.1 样本描述性统计

本章分别按照并购的区域属性、行业属性以及产权属性对样本进行了描述性统计,并分别按照产权性质和企业的政治基础高低进行了分组统计。样本主要分布特征,如表 4-2 所示。

表 4-2 样本描述性统计表 单位:个

并购属性	并购类型	全样本	民营样本	国有样本	"官员型"董事比例较低组	"官员型"董事比例较高组
区域属性	跨区域并购	315	175	140	152	163
	同区域并购	314	95	219	195	119
行业属性	跨行业并购	221	121	100	98	123
	同行业并购	408	149	259	249	159
产权属性	跨所有制并购	234	15	219	118	116
	同所有制并购	395	255	140	229	166

从并购的区域属性来看，企业跨区域并购的样本数量与同区域并购的样本数量基本相同；但从产权属性来看，国有企业跨区域并购的企业样本数量明显少于民营企业样本数量，这从一定程度上揭示出政府基于自身私利，并不支持国有企业进行跨区域并购。从对“官员型”董事的比例进行分组统计来看，“官员型”董事比例较高的企业样本中，跨区域并购的企业数量要多于“官员型”董事比例较低的企业数量，这说明企业中的政治基础可以帮助企业建立相对密切的政企关系、获得在政策和资源等方面的优势，从而在一定程度上突破政府在行政审批上的限制。

从并购的行业属性来看，企业跨行业并购的样本数量明显少于同行业并购。这表明多数企业仍然是注重行业内的资源整合，试图通过同行业并购来扩大企业主营业务的市场份额，在市场上寻求立足之本。从产权性质的分组来看，民营企业跨行业并购的企业数量要多于国有企业，主要原因可能在于没有政府作为支撑，民营企业管理层更有动机通过跨行业并购整合来获取行业间的协同效应，分散经营风险，寻求规模扩张；从“官员型”董事比例的分组统计来看，政治基础较好的企业往往更加容易进行跨行业并购，主要原因可能仍然在于“官员型”董事在中间的桥梁作用。

从并购的产权属性来看，企业的跨所有制并购明显少于同产权并购样本，且多集中于国有企业的跨所有制并购，这在一定程度上佐证了我国企业并购整合中“国进民退”现象的存在。从“官员型”董事比例的分组统计来看，“官员型”董事比例较高组和较低组的企业在跨所有制并购数量上并没有显著差别。这说明企业的跨所有制并购行为主要取决于其产权性质，与政企关系并无显著关联。

4.3.2 主要变量描述性统计

主要变量描述性统计结果，见表 4-3。

表 4-3　　主要变量描述性统计表

变量类型	变量	N	极小值	极大值	均值	标准差	偏度
政企关系	ΔGIW	629	−0.728 2	0.701 7	−0.032 4	0.126 1	−1.638 0
政绩诉求	ΔGDP	629	0.005 9	0.322 7	0.158 1	0.056 2	−0.155 0
	FD	629	0.010 7	0.296 6	0.097 6	0.057 7	0.848 0
	$Unemp$	629	1.300 0	4.600 0	3.279 7	0.770 6	−0.795 8
经营绩效	ΔTBQ	629	−0.802 1	2.910 3	−0.010 2	0.447 2	1.566 9
	ΔEVA	629	−2.247 6	4.019 4	−0.036 0	0.449 2	0.682 9

由此可以看出，国有股比例变化值的极大值和极小值之间存在显著差异。这表明政府对企业的投资意愿在企业间存在显著差别，且各地区的地区生产总值增长率、财政赤字水平和失业率也存在显著差别，这又进一步说明了政府对企业的投资意愿可能与地区所处的经济发展水平和社会稳定情况存在某些必然联系。此外，并购企业的市场经营绩效和内部经营绩效也存在较大差异，也从侧面反映了研究政府政绩诉求、企业并购行为与政企关系调整、企业经营绩效之间作用路径的必要性。

4.4 政府政绩诉求与政企关系调整及传导的实证分析

4.4.1 模型构建

本章分别建立了模型(4-1)、模型(4-2)和模型(4-3)，用来研究政府政绩诉求与政企关系调整及企业政治基础与政企关系调整之间的互动关系。具体模型构建如下：

$$\Delta GIW_t=\beta_0+\beta_1\cdot\Delta GDP_{t-1}+\beta_2\cdot FD_{t-1}+\beta_3\cdot Unemp_{t-1}+\beta_4\cdot IND_{t-1}+\beta_5\cdot Lnsize_{t-1}+\beta_6\cdot Lev_{t-1}+\beta_7\cdot M\text{-}share_{t-1}+\beta_8\cdot Strategic+\beta_9\cdot CR\_5_{t-1}+\varepsilon \quad (4\text{-}1)$$

$$\Delta GIW_t=\beta_0+\beta_1\cdot EPB_t+\beta_2\cdot Lnsize_t+\beta_3\cdot Lev_t+\beta_4\cdot CR\_5_t+\beta_5\cdot M\text{-}share_t+\beta_6\cdot Strategic+\varepsilon \quad (4\text{-}2)$$

$$\Delta GIW_t=\beta_0+\beta_1\cdot EPB_t+\beta_2\cdot EPB_t\cdot Private+\beta_3\cdot Lnsize_t+\beta_4\cdot Lev_t+\beta_5\cdot CR\_5_t+\beta_6\cdot M\text{-}share_t+\beta_7\cdot Strategic+\varepsilon \quad (4\text{-}3)$$

其中，β_0 表示截距；$\beta_1\sim\beta_n$ 表示系数($n=1,\cdots,9$)；ε 为残差。

模型(4-1)表示政府政绩诉求与政企关系调整的关系，模型(4-2)表示企业的政治基础与政企关系调整的关系，模型(4-3)加入企业政治基础与是否为民营企业的交叉项，主要目的在于对比不同产权性质的企业中，政治基础与政府投资意愿调整之间的关系。

4.4.2 政绩诉求与政企关系调整实证分析

根据模型(4-1)可求得政府政绩诉求与政企关系调整的实证回归结果，见表4-4。

从表4-4的回归结果可以看出，地区生产总值增长率和财政赤字水平分别在10%和5%的水平上与政府投资意愿调整显著相关。这表明从整体来说，政府与企业建立政企关系是基于官员政治晋升激励和增加地区收入的财政激励两

表 4-4 政绩诉求与政企关系调整的实证结果

变量	全样本	民营企业样本	国有企业样本
ΔGDP	−0.17*	−0.032	−0.195
	(−1.799)	(−0.652)	(−1.245)
FD	19.932**	0.001*	0.003
	(2.102)	(1.733)	(1.586)
Unemp	−0.699	−0.456	−1.433
	(−0.916)	(−1.07)	(−1.16)
IND	−5.854	2.597	−7.913
	(−0.908)	(0.575)	(−0.851)
Lnsize	−1.237***	0.182	−1.3*
	(−2.635)	(0.674)	(−1.674)
Lev	7.861***	0.41	14.329***
	(2.925)	(0.309)	(3.097)
M-share	0.125*	0.023	−0.044
	(1.955)	(1.011)	(−0.11)
Strategic	−1.726*	0.362	−2.065
	(−1.737)	(0.7)	(−1.215)
CR_5	−6.119**	−0.843	−10.993**
	(−2.071)	(−0.6)	(−2.105)
Constant	29.165***	−4.2	31.374*
	(2.795)	(−0.706)	(1.783)
$Adj\text{-}R^2$	0.04	−0.002	0.043
F-Values	3.897***	0.928	2.789***
N	629	270	359

注：*** 表示显著性水平为 1%，** 表示显著性水平为 5%，* 表示显著性水平为 10%，括号里是 t 值。

个方面，即政府主要基于其经济利益的驱动，而失业率所替代的政府的社会管理动机则对政企关系调整的激励性相对不明显。

从相关性上看，地区生产总值增长率在 10% 水平上与政府投资意愿调整显著负相关。这表明政府官员在面临较小的政治晋升压力时，往往会选择出让企业国有股权，减少对企业控制，这与唐雪松等(2010)通过研究得出的结论一致。财政赤字则在 5% 的水平上与政府投资意愿调整显著正相关，则表明地区财政赤字水平越高，政府对企业投资意愿越强，即政府在面临较大的财政困境时，往往会通过增加对企业国有股的持股比例来获得更大的收益权，进而缓解其面临的财政压力。这与王红领等(2001)、朱恒鹏(2004)提出的地方政府会通过转让国有企业控制权来增加收入以缓解其面临的财政困境这一结论存在差异。主要原因在于，本章研究政企关系的一个基本出发点是政府通过以股东身份参与企业经营而享有收益权，而不是获得企业的控制权，这与王红领、朱恒鹏等人的研究前提不同。本章进一步对样本按照产权性质分组，从分组实证结果可以看出，财政赤字对政府投资意愿的促进作用在民营企业样本中更为显著，这更进一步证明了政府是为了通过增加对企业的收益权而不是控制权来缓解其财政压力，这与王红领等(2001)、朱恒鹏(2004)等人的研究结论并不相悖。

4.4.3 政企关系传导实证分析

政企关系的建立并不是政府或者企业其中一方所能够左右的，而是由于在我国特殊的经济发展大环境下，政府作为实际资源的掌控者和宏观经济政策的制定者，政府与企业之间的利益关系链条更多是由政府主导，企业的政治基础则是政企关系的进一步延伸。为了更进一步地检验政企关系建立过程中政府与企业的传导，本章建立了企业政治基础与政府投资意愿调整的实证模型，表 4-5 列示了该模型的实证回归结果。

表 4-5　　政企关系传导的实证结果

变量	模型(4-2)	模型(4-3)
EPB	3.538*	0.245
	(1.812)	(0.106)
EPB·Private		7.388***
		(2.679)
Lnsize	−0.904*	−0.656
	(−1.860)	(−2.243)
Lev	5.499*	5.663**
	(1.931)	(1.997)
CR_5	−6.112**	−6.865**
	(−1.996)	(−2.243)
M-share	0.134**	0.110*
	(2.126)	(1.745)

续表 4-5

变量	模型(4-2)	模型(4-3)
Strategic	−1.517	−1.303*
	(−1.514)	(−1.302)
Constant	16.773*	11.503
	(1.695)	(1.145)
$Adj\text{-}R^2$	0.023	0.033
F-Values	3.456***	4.017***
N	629	629

注：*** 表示显著性水平为 1%，** 表示显著性水平为 5%，* 表示显著性水平为 10%，括号里是 t 值。

从表 4-5 中模型(4-2)的回归结果可以看出，企业"官员型"董事比例与政府投资意愿变化整体在 10%的水平上显著正相关。这表明企业的政治基础越好，越容易获得政府投资，建立政企关系的机会也就越多。此外，从模型(4-3)的回归结果可以看出，是否民营与"官员型"董事比例的交叉项在 1%的水平上显著正相关。这表明相比于国有企业，政治基础对民营企业与政府建立政企关系的促进作用更明显。出现上述结果的主要原因可能在于，国有企业的产权特性天然地决定了其更容易在政策和资源方面获得政府偏袒和庇护，而民营企业则需要更多地借助于有政府任职经历的高层管理人员（下文简称：高管）在企业与政府之间牵线搭桥，帮助其获取更多政府投资的机会，以较低的成本建立政企关系。

4.5 并购路径、企业政治基础与政企关系调整的实证分析

政企关系的建立是一个动态调整的过程，企业通过与政府建立关系来寻求政策和资源方面的优势，但同时，企业的经营行为也会影响政府对企业的投资意愿。并购作为企业经营过程中的一项重大投资决策，也是政府比较关注的重点所在。本章在研究政企关系调整与政企互动的基础上，进一步研究了并购企业的并购模式选择对政企关系调整的影响。

4.5.1 模型构建

本章分别按照并购的区域属性、行业属性和产权属性对企业的并购行为进行区分，并建立模型(4-4)用来研究企业并购行为对政企关系调整的影响。具体

模型构建如下：

$$\Delta GIW_t = \beta_0 + \beta_1 \cdot Area/Industry/Own + \beta_2 \cdot Lnsize_t + \beta_3 \cdot Lev_t + \beta_4 \cdot CR\_5_t + \beta_5 \cdot Strategic + \beta_6 \cdot M\text{-}share_t + \varepsilon \quad (4\text{-}4)$$

其中，β_0 表示截距；$\beta_1 \sim \beta_6$ 表示系数；ε 为残差。

4.5.2 并购路径选择与政企关系调整实证分析

根据模型(4-4)可求得并购路径选择对政企关系调整的实证回归结果，见表4-6。

表 4-6 并购路径选择与政企关系调整实证结果

变量	区域属性	行业属性	产权属性
Area	2.503**		
	(2.515)		
Industry		−0.073	
		(−0.069)	
Own			−1.992*
			(−1.892)
Lnsize	−0.883*	−0.814*	−0.778
	(−1.824)	(−1.661)	(−1.599)
Lev	5.104*	5.318*	5.399*
	(1.801)	(1.862)	(1.898)
CR_5	−5.295*	−5.836*	−5.909*
	(−1.742)	(−1.904)	(−1.936)
Strategic	−1.560	−1.695*	−1.591
	(−1.564)	(−1.683)	(−1.592)
M-share	0.119*	0.054**	0.116*
	(0.06)	(2.31)	(1.830)
Constant	15.862	15.739	15.704
	(1.606)	(1.565)	(1.586)
$Adj\text{-}R^2$	0.028	0.019	0.023
F-Values	3.978***	3.075***	3.507***
N	629	629	629

注：*** 表示显著性水平为1%，** 表示显著性水平为5%，* 表示显著性水平为10%，括号里是 t 值。

从全样本回归结果可以看出，跨区域并购与国有股比例在5%的水平上显著正相关，即企业的跨区域并购会使得政府增大对企业的持股比例。出现上述结果的主要原因在于，政府是基于促进当地经济增长、缓解地区财政压力的原因与企业建立政企关系；出于担心辖区内企业通过跨区域并购转移地区经济资源，进而影响官员个人的政治晋升及地区财政收入，从而选择增加对跨地区并购企业的持股比例来提高对企业经营决策的影响力，进而干涉企业经营资源的分配。

同时，企业的跨行业并购行为与国有股比例变化值之间的关系并不显著，即并购的行业属性并不会对政府的投资意愿产生显著影响。这一问题的主要原因在于与西方并购协同效应理论不同。我国资本市场上存在着"多元化折价"现象，众多学者对我国企业的多元化价值效应研究均得出了"多元化折价"的结论，进而使得政府并不会因为企业的跨行业并购行为而对其态度产生明显改变。但全行业样本中跨行业并购与政府投资意愿的相关系数为负向，在一定程度上也表明了政府忌惮"多元化折价"对政府及官员个人利益造成的不良影响。尤其是在"官员型"董事比例较高的企业样本中，这种负向效应变得更大，这在一定程度上表明在面临个人利益可能受损的情形时，具备政治关联的管理人员会迎合政府的选择。

此外，企业的跨所有制并购行为与国有股比例的增加值在10%的水平上显著负相关，这表明跨所有制并购会使得政府减少对企业国有股权的持股比例。出现上述结果的主要原因在于，由于国有企业和民营企业在治理结构、企业文化等方面的差异，使得企业在并购之后的整合过程中需要付出更多的时间和资源等成本，短期内可能无法取得良好的反馈。政府基于其自身收益的考量，会减少对跨所有制并购企业的持股比例。

4.5.3 企业政治基础对并购路径与政企关系调整的影响分析

在上述实证研究的基础上，为了检验企业的政治基础在并购路径选择与政府投资意愿之间的调节作用，本章以"官员型"董事比例的中位数为分界线，将样本按照企业政治基础(*EPB*)状况分为两组，分别进行了实证回归，结果见表4-7。

从并购区域属性的分组回归结果可以看出，在政治基础比较薄弱的企业样本中，跨区域并购行为是在5%的基础上与国有股比例变化值显著正相关，这表明政府更加关注可控性较弱的企业的跨区域并购行为。上述结果的主要原因在于，在政企关系的建立与维持过程中，"官员型"董事实质上是政府对企业经营行为进行监管的"眼睛"。企业的"官员型"董事比例越低，企业对于政府而言的可控性也就越弱。基于"肥水不流外人田"的动机，政府会选择增持企业股权的方式来控制经济资源的外流。

表 4-7 企业政治基础对并购路径与政企关系调整的调节作用的实证结果

变量	EPB 较低组			EPB 较高组		
	区域属性	行业属性	产权属性	区域属性	行业属性	产权属性
Area	3.394**			1.881		
	(2.401)			(1.332)		
Industry		1.489			−1.483	
		(1.001)			(−0.991)	
Own			−3.092**			−0.788
			(−2.144)			(−0.514)
Lnsize	−1.175*	−0.904	−0.91	−0.623	−0.703	−0.641
	(−1.819)	(−1.389)	(−1.412 4)	(−0.862)	(−0.964)	(−0.883)
Lev	6.699*	6.526*	7.059*	3.606	3.913	3.787
	(1.746)	(1.672)	(1.833)	(0.869)	(0.944)	(0.91)
CR_5	−8.535*	−9.355**	−9.083**	−3.449	−3.672	−3.575
	(−1.880)	(−2.04)	(−2.001)	(−0.825)	(−0.874)	(−0.848)
Strategic	−0.561	−0.498	−0.473	−2.453*	−2.873**	−2.565*
	(−0.4)	(−0.352)	(−0.336)	(−1.738)	(−2.015)	(−1.817)
M-share	0.098	0.047	0.095	0.146	0.062*	0.147
	(1.143)	(1.519)	(1.107)	(1.587)	(1.798)	(1.582)
Constant	21.719	17.362	19.023	10.862	14.104	12.429
	(1.652)	(1.296)	(1.445)	(0.737)	(0.946)	(0.845)
Adj-R²	0.042	0.028	0.038	0.013	0.012	0.008
F-Values	3.039***	2.311**	2.835**	1.747	1.719	1.489
N	347	347	347	282	282	282

注：*** 表示显著性水平为 1%，** 表示显著性水平为 5%，* 表示显著性水平为 10%，括号里是 *t* 值。

此外，从并购产权属性的分组回归结果可以看出，在"官员型"董事比例较低的企业样本中，企业的跨所有制并购行为与国有股比例的增加值在 5%的水平上显著负相关，而在"官员型"董事比例较高的企业样本中则不显著。这进一步说明政府及其官员在基于自身利益调整与企业的关系时，也会受企业政治基础的影响。对于政治基础薄弱的企业来说，因缺少在政企关系建立过程中起到桥梁作用的管理人员，企业与政府沟通的机会也相应减少，使得政府在主导政企关系的建立及调整过程中，更多地关注自身可获取的利益，而并不会考虑企业的未来发展状况。

4.6 政企关系调整与市场绩效的实证分析

政府基于政治晋升激励和增加财政收入的经济激励与企业建立政企关系，通过增持或减持企业国有股权的方式参与企业经营，不断调整与企业关系的亲疏程度；企业基于寻求政治庇护、获取政策和资源优势的动机，以具备政府任职经历的管理人员作为中间人，不断争取政府投资机会，与政府建立政企关系，以追求企业发展和规模扩张。政府与企业在利益诉求上的差异往往会导致企业管理层在寻求建立政企关系的过程中，在政治利益与企业自身利益中作出抉择，而政府过度介入企业经营也可能导致企业的经营效率受损。为了进一步验证政企关系调整对企业经营绩效的影响，以及企业政治基础、并购路径选择的调节作用，本章分别对政企关系调整、并购路径选择、企业政治基础与企业经营绩效之间的关系进行了实证检验。

为了更加全面的衡量企业的经营绩效，本章分别从外部市场绩效和内部经济绩效两方面研究政企关系调整对企业经营绩效的影响。其中，首先研究的是政企关系调整、并购路径选择与市场绩效的关系。

4.6.1 模型构建

本章分别建立模型(4-5)和模型(4-6)表示政企关系调整对企业市场绩效的影响以及企业并购行为的调节作用。具体模型构建如下：

$$\Delta TBQ_t = \beta_0 + \beta_1 \cdot \Delta GIW_t + \beta_2 \cdot Lnsize_t + \beta_3 \cdot Lnage_t + \beta_4 \cdot Cash_t + \beta_5 \cdot Strategic + \beta_6 \cdot ZI_t + \beta_7 \cdot Lev_t + \varepsilon \tag{4-5}$$

$$\Delta TBQ_t = \beta_0 + \beta_1 \cdot \Delta GIW_t + \beta_2 \cdot Area/Industry/Own \cdot \Delta GIW_t + \beta_3 \cdot Lnsize_t + \beta_4 \cdot Lnage_t + \beta_5 \cdot Cash_t + \beta_6 \cdot Strategic + \beta_7 \cdot ZI_t + \beta_8 \cdot Lev_t + \varepsilon \tag{4-6}$$

其中，β_0 表示截距；$\beta_1 \sim \beta_8$ 表示系数；ε 为残差。

4.6.2 政企关系调整、并购路径选择与市场绩效实证分析

表 4-8 列示了政企关系调整、并购路径选择与企业市场经营绩效的实证结果。

从表 4-8 所列示的模型(4-5)的全样本回归结果可以看出，国有股比例变化值与企业的市场经营绩效在 1%的水平上显著负相关，表明市场对企业建立更加密切的政企关系并不看好；跨区域并购与国有股比例的交叉项在 10%的水平上显著正相关，表明跨区域并购会显著弱化市场对政府增持国有股权的负向反

表 4-8 政企关系调整、并购路径选择与企业市场经营绩效的实证结果

变量	模型(4-5)	模型(4-6)区域属性	模型(4-6)行业属性	模型(4-6)产权属性
ΔGIW	−0.004***	−0.005***	−0.003**	−0.002
	(−2.609)	(−3.146)	(−2.021)	(−1.176)
Area·ΔGIW		0.497*		
		(1.752)		
Industry·ΔGIW			−0.076	
			(−0.264)	
Own·ΔGIW				−0.327
				(−1.202)
Lnsize	−0.087***	−0.086***	−0.087***	−0.081***
	(−3.001)	(−2.969)	(−2.996)	(−2.704)
Lnage	−0.057**	−0.059**	−0.058**	−0.069***
	(−2.349)	(−2.428)	(−2.362)	(−2.660)
Strategic	0.069*	0.069*	0.069*	0.063*
	(1.938)	(1.940)	(1.939)	(1.758)
控制变量	控制	控制	控制	控制
Constant	1.868***	1.847***	1.867***	1.815***
	(3.196)	(3.165)	(3.193)	(3.087)
Adj R^2	0.041	0.044	0.04	0.039
F-Values	4.843***	4.635***	4.24***	4.179***
N	629	629	629	629

注：*** 表示显著性水平为 1%，** 表示显著性水平为 5%，* 表示显著性水平为 10%，括号里是 t 值。

馈；在跨行业并购及跨所有制并购的企业样本中，政府投资意愿调整与市场绩效的关系为负，但结果并不显著，表明跨行业并购行为以及跨所有制并不会显著影响市场对企业建立更加密切的政企关系的负向反馈。

4.6.3 企业政治基础对政企关系调整与市场绩效影响的实证分析

为了进一步检验“官员型”董事在自身政治利益与企业经济利益之间如何抉择，本章以“官员型”董事比例的中位数为分界线，将样本按照企业政治基础（EPB）状况分为两组，分别进行了实证回归，结果见表 4-9。

表 4-9　企业政治基础对政企关系调整与市场绩效影响的实证结果

变量	全样本	*EPB* 较低组	*EPB* 较高组
ΔGIW	−0.004***	−0.005**	−0.003*
	(−2.609)	(−2.071)	(−1.727)
Lnsize	−0.087***	−0.126***	−0.061*
	(−3.001)	(−2.692)	(−1.669)
Lnage	−0.057**	−0.137***	−0.005
	(−2.349)	(−3.269)	(−0.178)
Strategic	0.069*	0.031	0.113**
	(1.938)	(0.532)	(2.514)
控制变量	控制	控制	控制
Constant	1.868***	2.813***	1.237*
	(3.196)	(2.973)	(1.694)
$Adj\text{-}R^2$	0.041	0.063	0.029
F-Values	4.843***	3.681***	2.479**
N	629	347	282

注：*** 表示显著性水平为 1%，** 表示显著性水平为 5%，* 表示显著性水平为 10%，括号里是 *t* 值。

从表 4-9 的回归结果可以看出，国有股比例变化值与企业的市场经营绩效在 1%的水平上显著负相关，表明市场对企业建立更加密切的政企关系并不看好；在考虑企业政治基础的中介作用后，“官员型”董事比例较低的企业样本中，政府增持企业股权对市场经营绩效带来的抑制作用要显著强于政治基础比较好的企业样本。这一结果的主要原因是在政治基础比较薄弱的企业中，“官员型”董事并不能有效协调政府与企业在利益诉求上的差异，导致企业的外部经营绩效受损；而在政治基础比较好的企业样本中，国有股比例增加值与市场绩效之间的负相关系数要小于全样本及政治基础薄弱的企业样本中的回归系数，表明在政企关系建立过程中，企业的“官员型”董事能够调节政府与企业在利益诉求上的差异，“官员型”董事利益的天平并不会过分偏向于自身的政治利益。

4.6.4　企业政治基础对并购路径选择、政企关系调整与市场绩效影响的实证分析

为了检验企业的并购行为对政企关系与市场绩效之间的调节作用，本章在上述实证的基础上加入了跨区域并购与国有股比例的交叉项。实证结果见表 4-10。

表 4-10 企业政治基础对政企关系调整、政企关系调整与市场绩效影响的实证结果

变量	EPB 较低组			EPB 较高组		
	区域属性	行业属性	产权属性	区域属性	行业属性	产权属性
ΔGIW	−0.008***	−0.005*	−0.006*	−0.004*	−0.003	0
	(−2.715)	(−1.921)	(−1.659)	(−1.906)	(−1.108)	(−0.361)
Area·ΔGIW	0.825*			0.294		
	(1.749)			(0.841)		
Industry·ΔGIW		−0.115			−0.08	
		(−0.158)			(−0.243)	
Own·ΔGIW			0.188			−0.568*
			(0.397)			(−1.713)
Lnsize	−0.125***	−0.126***	−0.129***	−0.06*	−0.061*	−0.053
	(−2.677)	(−2.667)	(−2.630)	(−1.653)	(−1.675)	(−1.440)
Lnage	−0.139***	−0.137***	−0.141***	−0.007	−0.006	−0.024
	(−3.326)	(−3.267)	(−3.018)	(−0.24)	(−0.212)	(−0.775)
Strategic	0.033	0.031	0.027	0.112**	0.113**	0.104**
	(0.575)	(0.537)	(0.465)	(2.495)	(2.512)	(2.339)
控制变量	控制	控制	控制	控制	控制	控制
Constant	2.788***	2.801***	2.882***	1.226*	1.246*	1.2
	(2.957)	(2.945)	(2.972)	(1.678)	(1.701)	(1.647)
$Adj\text{-}R^2$	0.07	0.06	0.055	0.028	0.026	0.036
F-Values	3.628***	3.212**	3.027***	2.256**	2.171**	2.646***
N	347	347	347	282	282	282

注：*** 表示显著性水平为 1%，** 表示显著性水平为 5%，* 表示显著性水平为 10%，括号里是 t 值。

在按照并购区域属性进行分组回归时，“官员型”董事比例较低的企业样本中，是否跨区域并购和国有股比例增加值的交叉项与市场绩效在 10% 的水平上显著正相关，且跨区域并购样本的回归系数为正(0.825−0.008=0.817)，表明企业的跨区域并购会显著弱化政治基础比较薄弱的企业的政企关系对市场绩效的抑制作用。这一结果的主要原因为在“官员型”董事比例较低的企业中，企业管理层的在职消费现象及代理问题较少，进而这些企业的管理层更能从企业本身的经济利益出发，利用跨区域并购谋求企业发展，而不是以牺牲企业经济利益为代价，单纯追求政治庇护和自身政治利益。

从并购行业属性的分组回归结果可以看出，是否跨行业并购和国有股比例增加值的交叉项与市场绩效的回归结果均为负，且政治基础较薄弱的企业的负向作用要强于政治基础比较好的企业，但结果并不显著，表明企业并不能通过跨行业并购行为显著改善市场对政府投资意愿调整的消极反应。

从并购产权属性的分组回归结果可以看出，在“官员型”董事比例比较高的企业样本中，是否所有制并购与国有股比例增加值的交叉项与市场绩效在10%的水平上显著负相关，表明对于政治基础比较好的企业来说，企业的跨所有制并购行为使得市场的消极反应更加明显，主要原因可能在于，高政治关联的企业的管理层代理问题往往更加突出，加之政府参与企业经营程度的提高、跨所有制并购在整合过程中可能面临更多文化冲突等方面的“软障碍”，使得市场并不看好这类企业的发展前景，进而导致其市场绩效更加恶化。

4.7 政企关系调整与内部经营绩效的实证分析

本部分实证研究的是政企关系调整对企业内部经济绩效的影响，以及企业政治基础和并购行为的调节作用。

4.7.1 模型构建

本章分别建立模型(4-7)和模型(4-8)表示政企关系调整对企业内部绩效的影响以及企业并购行为的调节作用。具体模型构建如下：

$$\Delta EVA_t=\beta_0+\beta_1\cdot\Delta GIW_t+\beta_2\cdot Lnsize_t+\beta_3\cdot M\text{-}share_t+\beta_4\cdot CR\_5_t+\beta_5\cdot Lev_t+\beta_6\cdot Growth_t+\beta_7\cdot Cash_t+\varepsilon \tag{4-7}$$

$$\Delta EVA_t=\beta_0+\beta_1\cdot\Delta GIW_t+\beta_2\cdot Area/Industry/Own\cdot\Delta GIW_t+\beta_3\cdot Lnsize_t+\beta_4\cdot M\text{-}share_t+\beta_5\cdot CR\_5_t+\beta_6\cdot Lev_t+\beta_7\cdot Growth_t+\beta_8\cdot Cash_t+\varepsilon \tag{4-8}$$

其中，β_0 表示截距；$\beta_1\sim\beta_8$ 表示系数；ε 为残差。

4.7.2 政企关系调整、并购路径选择与企业内部绩效实证分析

表4-11列示了政企关系调整、并购路径选择与企业内部经济绩效的实证结果。

从模型(4-7)的回归结果可以看出，国有股比例增加值与每股 *EVA* 的增加值在5%的水平上显著负相关，表明政府投资意愿增加反而会导致企业的内部经营效率降低。从并购区域属性的回归结果可以看出，在跨区域并购的企业样本中，政府增持国有股权会导致企业的内部经营绩效变差，但结果并不显著。从

表 4-11 政企关系调整、并购路径选择与企业内部经营绩效的实证结果

变量	模型(4-7)	模型(4-8)区域属性	模型(4-8)行业属性	模型(4-8)产权属性
ΔGIW	−0.003**	−0.002	−0.003**	−0.001
	(−2.022)	(−1.420)	(−1.985)	(−0.718)
$Area \cdot \Delta GIW$		−0.119		
		(−0.414)		
$Industry \cdot \Delta GIW$			0.158	
			(0.542)	
$Own \cdot \Delta GIW$				−0.346
				(−1.258)
Growth	0.025***	0.025***	0.025***	0.025***
	(3.107)	(3.104)	(3.105)	(3.117)
控制变量	控制	控制	控制	控制
Constant	1.155*	1.161*	1.154*	1.104*
	(1.908)	(1.916)	(1.905)	(1.820)
$Adj\text{-}R^2$	0.021	0.02	0.02	0.022
F-Values	2.920***	2.573***	2.589***	2.755***
N	629	629	629	629

注：*** 表示显著性水平为 1%，** 表示显著性水平为 5%，* 表示显著性水平为 10%，括号里是 t 值。

并购行业属性的回归结果可以看出，是否跨行业并购和国有股比例增加值的交叉项与内部经济绩效的回归结果为正，但效果并不显著，表明跨行业并购的协同效应一定程度上可以抵消政府过度干涉企业经营给企业带来的效率损害。从并购产权属性的回归结果可以看出，企业选择进行跨所有制并购时，政府投资意愿对内部经营绩效的抑制效应系数(0.346)明显大于全样本中的抑制效应系数(0.003)。尽管回归结果并不显著，但也在一定程度上说明，跨所有制并购会使得企业在整合过程中付出更多地资源和成本，加之政府基于自身政绩诉求对企业经营行为的不恰当干涉，会使得内部经营绩效更加恶化。

4.7.3 企业政治基础对政企关系调整与内部绩效影响的实证分析

为了进一步检验“官员型”董事在自身政治利益与企业经济利益之间如何抉择，本章按照“官员型”董事比例将样本按照企业政治基础(EPB)状况分为两组，分别进行了实证回归，结果见表 4-12。

表 4-12　企业政治基础对政企关系调整与内部绩效影响的实证结果

变量	全样本	*EPB* 较低组	*EPB* 较高组
Δ*GIW*	−0.003**	−0.006***	−0.002
	(−2.022)	(−2.882)	(−0.905)
Lnsize	−0.061**	−0.025	−0.096**
	(−2.092)	(−0.613)	(−2.250)
Growth	0.025***	0.258***	0.022**
	(3.107)	(4.726)	(2.516)
控制变量	控制	控制	控制
Constant	1.155*	0.401	1.875
	(1.908)	(0.491)	(2.172)
$Adj\text{-}R^2$	0.021	0.079	0.017
F-Values	2.920***	4.420***	1.885*
N	629	347	282

注：*** 表示显著性水平为 1%，** 表示显著性水平为 5%，* 表示显著性水平为 10%，括号里是 *t* 值。

从表 4-12 的分组回归结果可以看出，在“官员型”董事比例较低的企业样本中，国有股比例增加对企业内部经营绩效的抑制作用显著强于政治基础比较好的企业样本，这与上述政府投资意愿对企业市场绩效的回归结果相同。这一结果的主要原因在于，政府在与企业建立政企关系时，为了实现自身政治利益和经济利益往往以牺牲企业的利益为代价，而政治基础薄弱的企业，为了维持政企关系需要付出更多地成本，且无法像政治基础较好的企业那样“近水楼台先得月”，能够以较低成本获得政府在政策和资源方面的支持，协调政府与企业在利益诉求上的差异。所以，政企关系调整对缺少“中间人”的企业的利益损害更加严重。

4.7.4　企业政治基础对并购路径选择、政企关系调整与内部绩效影响的实证分析

为了检验企业的并购行为对政企关系与市场绩效之间的调节作用，本章在上述实证的基础上加入了跨区域并购与国有股比例的交叉项。实证结果见表 4-13。

从表 4-13 的回归结果可以看出，是否跨区域并购和国有股比例增加值与内部经济绩效的回归系数为负，且“官员型”董事比例较低的企业样本中的负向回归系数要大于“官员型”董事比例较高的企业样本中的回归系数，但结果并不显

表 4-13　企业政治基础对政企关系调整、政企关系调整与市场绩效影响的实证结果

变量	*EPB* 较低组			*EPB* 较高组		
	区域属性	行业属性	产权属性	区域属性	行业属性	产权属性
Δ*GIW*	−0.005*	−0.006**	−0.009***	−0.002	−0.002	0.001
	(−1.874)	(−2.565)	(−2.807)	(−0.687)	(−0.857)	(0.422)
Area·Δ*GIW*	−0.29			−0.053		
	(−0.717)			(−0.131)		
Industry·Δ*GIW*		−0.413			0.103	
		(−0.664)			(0.275)	
Own·Δ*GIW*			0.467			−0.739*
			(1.155)			(−1.936)
Growth	0.261***	0.260***	0.264***	0.022***	0.022***	0.022**
	(4.760)	(4.748)	(0.287)	(2.512)	(2.512)	(2.550)
控制变量	控制	控制	控制	控制	控制	控制
Constant	0.416	0.362	0.589	1.877**	1.860**	1.892**
	(0.508)	(0.441)	(0.707)	(2.171)	(2.148)	(2.2)
$Adj\text{-}R^2$	0.078	0.077	0.08	0.015	0.015	0.025
F-Values	3.925***	3.915***	4.039***	1.646	1.654	2.13**
N	347	347	347	282	282	282

注：*** 表示显著性水平为 1%，** 表示显著性水平为 5%，* 表示显著性水平为 10%，括号里是 *t* 值。

著。这也从侧面表明了在跨区域并购过程中，企业政治基础的好坏对企业付出的各项政府交易成本存在着一定的影响。

从并购行业属性的回归结果可以看出，在“官员型”董事比例较低的企业样本中，是否跨行业并购和国有股比例增加值与内部经济绩效的回归系数为负；而在“官员型”董事比例较高的样本中，该回归系数则为正，但并不显著。上述结果表明，企业可以利用其具备任职经历的管理层成员作为桥梁，从政府获得关于产业结构调整方面的政策和资源优势。相比于“官员型”董事比例较低的企业，这类企业能够在行业整合过程中以较低的成本获取资源协同效应。

从并购产权属性的回归结果可以看出，对于“官员型”董事比例较高的企业来说，跨所有制并购会促进政企关系对内部经营绩效的抑制作用，且回归结果在10%的水平上显著。产生这一结果的主要原因在于，能够比较容易进行跨所有制并购的企业多数为国有企业，政府掌握着国有企业管理层的“生杀大权”。因而，具备政治任职经历的管理人员在寻求政企关系建立过程中，会为了追求自身政治利益而去迎合政府需求，企业的在职消费现象比较严重，加之不同产权性质的企业在整合过程中面临的“软障碍”，使得跨所有制并购更加促进了政企关系对企业内部经济效率的侵蚀。

4.8 本章小结

政企关系的建立是一个动态调整的过程，一方面，地区宏观环境的变化驱使政府不断改变对企业的态度，进而影响企业的经营绩效；另一方面，企业也可以通过自身经营等行为影响政府，寻求与政府建立政企关系或是脱离政企关系对企业的束缚。本章通过对企业并购过程中的政企关系调整与政企互动的实证研究，主要有如下七项发现。

（1）政府与企业建立政企关系更多是基于官员的政治晋升激励和增加地区财政收入的经济发展激励。而政府的社会管理责任，如缓解当地失业率水平等，并不会明显影响政府对建立政企关系的态度。

（2）基于我国特殊的市场经济体制，政府作为关键资源的掌控者，在政企关系建立过程中无疑居于主导地位。但企业的“官员型”董事往往在政企关系建立过程中起到了“牵线搭桥”的作用。企业可以通过“官员型”董事影响甚至是控制企业的经营活动和资源配置方向，也可以利用“官员型”董事的政治关系，获得政府投资及政府在政策和资源配置上的庇护。

（3）由于我国地区分割现象的存在，政府为了防止区域经济资源的流失，通常会增加对跨区域并购企业的国有股持股比例，以增强对企业在资源分配过程中的掌控力，这种变化在“官员型”董事比例较低的企业中体现得尤为明显。

（4）基于我国经济发展环境的特殊性，多元化并购的协同效应在我国并没有得到很好的印证，反而一些企业存在“多元化折价”现象。多元化并购成效的不确定性使得政府对企业的跨行业并购行为基本持观望态度，即政府并不会因为企业的跨行业并购行为而改善政企关系的亲疏程度。

（5）尽管当前我国资本市场并购整合中存在明显地“国进民退”现象，政府大力支持国有企业并购民营企业，但由于不同所有制企业在治理结构、经营战略、企业文化方面存在的诸多不确定性，所以跨所有制并购的企业往往需要付出更多的时间和成本进行并购后的整合。政府为了保障短期内的私有收益，往往会在并购当期减持企业国有股权，疏远与企业之间的利益关系。

（6）政府基于自身经济利益与企业建立政企关系。政府通过以股东身份参与企业经营的方式，将自身利益诉求内部化到企业身上。但政府过度参与企业经营，往往会损害企业的市场绩效和内部经营绩效，即政府与企业建立政企关系，对企业表现出的更多是一种“掠夺”。尤其是对于“官员型”董事比例较低的企业来说，政治基础薄弱使得企业在政企关系维持过程中承担了过多的政治成本，相比于政治基础比较好的企业，其经营效率损害更为严重。

（7）相比于跨行业并购和跨所有制并购，跨区域并购更能帮助企业逃避政府的掠夺，实现经营效率的提高，获得良好的市场反馈。

第5章

政企关系与煤炭资源整合行为的实证研究

第4章对A股上市公司政企关系的驱动因素及政企关系传导机制进行了研究，并实证分析了政企关系、并购整合路径对企业外部市场绩效和内部经济绩效的影响，得出了全行业普遍性的结论。但是作为我国的传统资源产业，煤炭仍占据着我国一次能源供应的绝对主导地位，它为保障能源供应、维持地区经济增长和维护社会稳定等方面作出了极大的贡献。毋庸置疑的是，煤炭产业仍是诸多资源型富集地区的经济支柱之一。在我国转轨型市场经济体系下，“大政府、小市场”的社会属性构建了煤炭企业整合重组的外在环境。另外，自然资源国有的法律属性，使得政府掌握了诸多资源。这就决定了煤炭企业必须与政府处好关系才能在激烈的竞争中不被淘汰甚至占据竞争优势。以上诸因素都决定了煤炭行业在资源整合中，政企关系的复杂性和特殊性，也说明全行业政企关系在并购整合的影响特征并不一定适用于煤炭行业，因此有必要以煤炭上市公司为研究对象，进行一系列关于政企关系对煤炭资源整合活动的实证分析，后面两章研究思路如图5-1与图5-2所示。

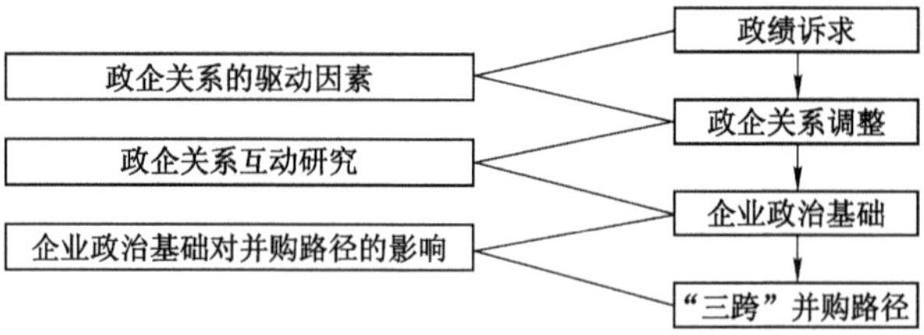

图5-1　政企关系与煤炭资源整合行为的实证研究路线图

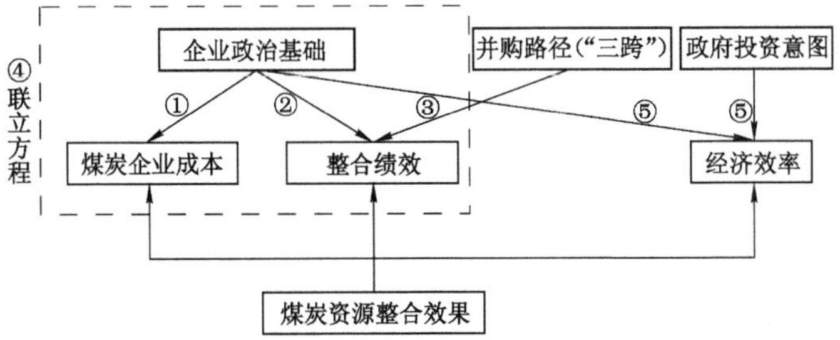

图 5-2　政企关系与煤炭资源整合效果的实证研究路线图

5.1　样本选择

依据 Wind 数据库的行业分类，选取 39 家煤炭上市公司 2008～2013 年间发生的并购整合事件，并按照以下五条标准进行筛选。

(1) 因为研究中涉及并购上一年的数据，因此要求所选样本公司在并购上一年已经上市。

(2) 样本公司在 2008～2013 年间的主营业务一直是煤炭开采或分选。

(3) 对于同一公司在同一年度连续发生并购的企业，选取并购规模最大的一笔确定并购路径。

(4) 剔除在并购上一年、当年和并购后一年为 ST 或者 * ST 的样本。

(5) 剔除并购信息不完整、财务数据缺失和异常的样本。

根据上述筛选标准，最终得到 91 个并购样本，各年样本年度分布如表 5-1 所示。

表 5-1　　样本年度分布表　　单位：个

年份	2008 年	2009 年	2010 年	2011 年	2012 年	2013 年	合计
并购样本	17	14	13	18	19	10	91

5.2　变量选取和定义

5.2.1　政企关系变量

本书认为煤炭企业资源整合过程中的政企关系主要体现在两个方面：一是

政府对企业的投资意愿调整，反映政府与企业的密切程度；二是企业的政治基础，即企业具有的政治关系可以作为与政府建立关系的渠道。

5.2.1.1　政府投资意愿调整

政府对煤炭企业的影响不仅仅在于制定政策、行政审批等干预手段，也可能以股东的身份参与到企业的经营管理活动中，通过与企业建立政企关系来实现政绩目标和获取私有收益。因为政府出于经济利益和政治利益的考虑，可能会增大或减少对煤炭企业的投资意愿，所以用国有股比例衡量其投资意愿的大小无法看到政府对企业并购活动所持的“支持”抑或“不支持”的态度。因此，为深入研究政绩诉求变化和企业并购整合行为所导致的政府投资意愿变化，本书选择用国有股比例变化值衡量在发生并购后政府对煤炭企业投资的意愿调整。

5.2.1.2　企业政治基础

现有的文献中对企业政治基础变量的衡量主要有以下几种：① 公司至少有一个高管（实际控制人或董事会成员）现在或曾经在政府部门任职或者担任党代表、人大代表或政协委员，则取值为1；否则，取值为0。② 董事会成员中有政府背景的董事比例。③ 高管中具有政治关系的人数占该家企业高管总人数的比重。本书借鉴罗党论（2009）的做法，选取具有政府任职背景的董事（即“官员型”董事）比例作为政企关系的衡量指标。

董事会中出现具有地方任职背景的董事，可能是由于地方政府对煤炭企业拥有控制权而直接任命或委派，也可能是煤炭企业为建立与地方政府之间的关系主动邀请有政治关系的人担任董事，上述两种情况都反映了政府与企业之间存在密切的关系。因此，本书选择董事会中现在或曾经在政府机构任职或担任人大代表、政协委员的董事比例衡量政治关系。该比例越大，政府与煤炭企业的关系越密切，政府对煤炭企业并购整合等经济活动干预的影响也越强。

5.2.2　政绩诉求变量

本书认为政企关系主要体现在两个方面：一是政府对企业的投资意愿，二是企业自身的政治基础，二者之间存在互动的关系。政府是否愿意对企业进行投资，除考虑企业规模、公司成长性、盈利能力等企业自身特征之外，财政赤字、地区生产总值增长率和失业率等反映地方政府政绩诉求的宏观指标也极有可能影响政府对煤炭行业施加影响力的重要因素。本节政绩诉求变量的选取与前文4.2.2所述一致，主要是反映经济利益的财政赤字和反映政治利益的地区生产总值增长率和失业率。

5.2.3 “三跨”路径变量

本书所指“三跨”路径选择变量与第 4 章的 4.2.2 一致，是以区域属性、行业属性和所有制属性为划分标准的三种哑变量。如果并购方与被并方同属于相同的省、自治区或直辖市管辖，则为同区域并购，取值为 0；反之，为 1。如果并购方主要经营范围与被并方进行重新分类后的行业相同，则视为同行业并购，取值为 0；反之，为 1。如果并购方与被并方的最终控制人相同，则此次并购事件为同产权并购，取值为 0；反之，为 1。

5.3 数据来源

由于煤炭企业并购整合的安全责任和生态责任绩效指标数据收集和处理收集最为困难。综合来看，本书的数据来源包括以下两个方面。

(1) 本书所选取的并购整合样本来自于国泰安《中国上市公司并购重组研究数据库》，主要财务数据来自于 CSMAR 数据库和 CCER 数据库，地区发展的宏观数据则来自于国家统计局网站。

(2) 国泰安《中国上市公司并购重组研究数据库》提供了并购的区域属性，没有直接提供并购的行业属性和产权属性。依据中国证监会提供的《我国上市公司行业分类指引(2001)》以及被并方的主要经营范围，本书将被并方的主营业务范围与并购方所处行业相同的划分为同行业并购；反之，划分为跨行业并购。对于并购的所有制属性，本书将并购方和被并方产权特征不同的并购划分为跨所有制并购；反之，划分为同产权并购。

5.4 政府政绩诉求、政企关系调整及传导的实证研究

5.4.1 模型构建

为研究地方政府的政绩诉求与政府投资意愿调整之间的关系，本章建立了以下模型，其中因变量是国有股比例变化值，自变量是地区生产总值增长率、财政赤字和失业率，为避免可能存在的内生性问题，对自变量和控制变量均取滞后一期值。

$$\Delta GIW_t = \partial_0 + \partial_1 FD_{t-1} + \partial_2 \Delta GDP_{t-1} + \partial_3 Unemp_{t-1} + \partial_4 Growth_{t-1} + \partial_5 Cash_{t-1} + \partial_6 Indep_{t-1} + \partial_7 Dual_{t-1} + \partial_8 Top1_{t-1} + \varepsilon \qquad (5\text{-}1)$$

本书所建模型中，∂_0 表示截距；$\partial_1 \sim \partial_n$ 表示相关系数($n=1,\cdots,9$)；ε 为残差。

模型(5-1)中相关变量的符号及定义如表 5-2 所示。

表 5-2　　研究变量一览表

变量类别	变量名称	变量符号	变量定义
被解释变量	投资意愿调整	ΔGIW	并购当年国有股比例－并购前一年国有股比例
解释变量	地区生产总值增长率	ΔGDP	主并企业所在地前一年的地区生产总值增长率
	财政赤字	FD	并购前一年的亿元财政收入与亿元财政支出差额的绝对值
	失业率	$Unemp$	国家统计局网站上的主并企业所在地各省、自治区、直辖市登记失业率
控制变量	公司成长性	$Growth$	公司营业收入增长率
	货币资金占比	$Cash$	货币资金/总资产
	独立董事人数	$Indep$	董事会中独立董事人数
	董事长与总经理兼任	$Dual$	董事长与总经理兼任，取值为 1；否则，取值为 0
	大股东控制力	$Top1$	第一大股东持股比例

为了验证政企关系两个指标之间的互动关系，构建基本模型(5-2)，同时为检验不同产权性质企业在政企关系的互动上是否不同，建立了模型(5-3)。

$$EPB=\partial_0+\partial_1\Delta GIW+\partial_2 Growth+\partial_3 Cash+\partial_4 Size+\partial_5 Indep+\partial_6 FR+\partial_7 IR+\partial_8 ZI+\varepsilon \tag{5-2}$$

$$EPB=\partial_0+\partial_1\Delta GIW+\partial_2 Private\cdot\Delta GIW+\partial_3 Growth+\partial_4 Cash+\partial_5 Size+\partial_6 Indep+\partial_7 FR+\partial_8 IR+\partial_9 ZI+\varepsilon \tag{5-3}$$

其中，EPB 表示企业的政治基础；ΔGIW 表示政府投资意愿调整；$Private\cdot\Delta GIW$ 表示是否为民营企业与政府投资意愿调整的交叉项。为保证研究的可靠性，本章选择如下公司成长性、公司规模、无形资源等控制变量。上述相关变量定义，见表 5-3。

表 5-3　　研究变量一览表

变量类别	变量名称	变量符号	变量定义
被解释变量	企业政治基础	EPB	董事会中现在或曾经在政府部门、人大、政协等任职的董事人数/董事会规模，即“官员型”董事比例
解释变量	投资意愿调整	ΔGIW	并购当年国有股比例－并购前一年国有股比例
控制变量	公司成长性	$Growth$	公司营业收入增长率
	货币资金占比	$Cash$	货币资金/总资产
	公司规模	$Size$	总资产的自然对数
	独立董事人数	$Indep$	董事会中独立董事人数
	无形资源	IR	无形资产/总资产
	股权制衡度	ZI	Z 指数，公司第一大股东/第二大股东持股比例
	财务资源	FR	(长期借款＋应付债券)/总资产

5.4.2 政府政绩诉求与政企关系调整的实证结果及分析

模型(5-1)的回归结果，如表5-4所示。财政赤字变量的回归系数显著为正，说明地方政府面临的财政赤字越大，对煤炭企业的投资意愿越强。地区生产总值增长率变量的回归系数显示，经济发展越快的地区，其煤炭企业的国有股比例越会增加，经济发展越慢的地区，其煤炭企业的国有股比例越会减少。失业率指标显示，失业率越高的地区，其煤炭企业的国有股比例越会减少；失业率越低的地区，其煤炭企业的国有股比例越会增加。如果当地的经济比较发达，企业能够创造更多的利润为政府增加收入，政府官员在看中经济利益指标(财政盈余)的情况下很可能增加对企业的投资，以实现与个人晋升相关的政绩目标。而如果当地的经济不是很发达，企业不仅没有创造利润反而不断亏损，政府则很可能减少持有的国有股比例，转而把损失转嫁到企业身上。

表5-4 政绩诉求与政府投资意愿调整的实证结果

变量	模型(5-1)
Constant	0.106
	(−0.604)
FD	0.880**
	(2.02)
Δ*GDP*	0.278
	(0.76)
Unemp	−2.226
	(−0.638)
Growth	−0.007
	(−1.143)
Cash	0.516***
	(2.945)
Indep	−0.062**
	(−2.509)
Dual	0.121
	(1.384)
*Top*1	−0.002
	(−1.352)

续表 5-4

变量	模型(5-1)
Year	已控制
N	91
Adj-R^2	0.172
F-Values	3.307
D-W	2.125

注：*** 表示显著性水平为 1%，** 表示显著性水平为 5%，* 表示显著性水平为 10%，括号里是 *t* 值。

三个政绩诉求目标中只有财政赤字变量的系数在 5%的水平上显著，这表明提高地方政府的财政收入、减轻财政压力是政府对煤炭企业投资最重要的出发点。政府官员在政治利益与经济利益之间会优先关注当地的财政收支情况，而把社会就业等问题放在次要的位置。当面临严重的财政赤字时，地方政府可以通过增加对地方煤炭企业的投资，强化对煤炭企业的控制权来获得收益以扭转不利的财政状况。

5.4.3 政企关系传导的实证结果及分析

从表 5-5 中模型(5-2)的回归结果可以看出，政府投资意愿调整与企业政治基础的系数为正，但不显著。考虑到不同产权属性的企业在政企关系传导中可能存在差异，我们将煤炭上市公司区分为国有企业与非国有企业，并引入产权性质与政府投资意愿调整的交叉项进行进一步检验。

表 5-5　　政企关系传导的实证结果

变量	模型(5-2)	模型(5-3)
Constant	0.085	0.123
	(0.312)	(0.458)
Δ*GIW*	0.056	0.052
	(0.823)	(0.777)
Private · Δ*GIW*		2.003*
		(1.723)
Growth	0.005	0.004
	(1.111 0)	(1.075)
Cash	−0.156	−0.164
	(−1.155)	(−1.231)

续表 5-5

变量	模型(5-2)	模型(5-3)
Size	0.01	0.009
	(0.815)	(0.727)
Indep	−0.044***	−0.045***
	(−2.629)	(−2.769)
FR	0.431**	0.422**
	(2.083)	(2.067)
IR	−0.135	−0.134
	(−0.865)	(−0.866)
ZI	0.001*	0.001*
	(1.859)	(1.838)
Year	已控制	已控制
N	91	
$Adj\text{-}R^2$	0.122	0.228
F-Values	2.563	2.663
D-W	2.327	2.32

注：*** 表示显著性水平为 1%，** 表示显著性水平为 5%，* 表示显著性水平为 10%，括号里是 *t* 值。

模型(5-3)的回归结果显示，产权性质与政府投资意愿的交叉项在 10%的水平上显著为正，说明相比于国有企业，非国有企业的政府投资意愿更加容易导致企业政治基础的正向变动。可见，在我国转型升级经济背景下，国有煤炭企业与非国有煤炭企业在与政府的关系方面存在显著差异。政府投资意愿调整与企业政治基础同为政企关系的衡量指标，应分别从政府和企业两个角度研究二者之间的互动关系。研究结果表明政府对企业的投资意愿越大，企业中有政治关系的董事会成员越多，也就意味着企业与政府的关系越为密切，这种互动机制在民营企业中体现得尤为明显。

煤炭产业作为我国国民经济的支柱产业之一，政府把其当作促进经济发展、提高地方政府收入、解决就业问题的工具，有的政府官员也将其视为满足利益私欲、获得政治晋升机会的渠道。不管是出于哪方面的考虑，政府都希望能够更多地利用煤炭企业的各种资源及创造的财富价值。政府在加大对煤炭企业的投资力度、作为企业的所有者享有剩余收益权的同时，还要任命能够影响公司重大决策的管理层以加强对企业的控制权。当经济增长下滑时，政府将要求企业承担更多的社会责任，把政府的压力转嫁到企业身上以摆脱当前困境。因而，企业也十分愿意建立与政府的良好关系。同时，由于具备政府任职经历的董事会成员更加熟悉政府的运作规则，了解政府的政策动向，与政府官员的沟通更为方便有效，所以具有政治关系的企业很有可能获得更多的政府资源，比如税收优惠、产业扶持政策等，从而获得政府的"支持之手"。由于我国煤炭企业的实际控制人绝大部分是政府机构，再加上管理层的政治背景，导致国有企业与政府之间的关系存在先天性的优势，通常可以无偿占有土地、矿山等资源，且更容易取得贷款等优惠待遇。民营企业在先天优势缺失的情况下，需要付出更多努力以维持与政府的紧密关系，当政府对其投资意愿增强，非国有企业与政府的互动关系就会越强，"官员型"董事的增加便是建立政企关系的信号。

5.5 企业政治基础对煤炭企业"三跨"路径选择的实证分析

5.5.1 模型构建

为研究煤炭企业不同的并购路径受企业政治基础的影响程度，本章构建了以下三个回归模型：

$$Logit(Own)=\partial_0+\partial_1 EPB+\partial_2 Private+\partial_3 Lev+\partial_4 IND+\partial_5 H_5+\partial_6 IR+\varepsilon \tag{5-4}$$

$$Logit(Industry)=\partial_0+\partial_1 EPB+\partial_2 Private+\partial_3 Lev+\partial_4 IND+\partial_5 H_5+\partial_6 IR+\varepsilon \tag{5-5}$$

$$Logit(Area)=\partial_0+\partial_1 EPB+\partial_2 Private+\partial_3 Lev+\partial_4 IND+\partial_5 H_5+\partial_6 IR+\varepsilon \tag{5-6}$$

其中各变量的具体定义和计算，见表 5-6。

表 5-6　　研究变量一览表

变量类型	变量名称	变量定义	变量说明
并购整合路径变量	*Area*	跨区域	跨区域并购，取值为 1；反之，为 0
	Industry	跨行业	跨行业并购，取值为 1；反之，为 0
	Own	跨所有制	跨所有制并购，取值为 1；反之，为 0
企业政治基础变量	*EPB*	企业政治基础	现在或曾经在政府部门、人大、政协等任职的董事人数/董事会规模，即"官员型"董事比例

续表 5-6

变量类型	变量名称	变量定义	变量说明
控制变量	*Private*	产权性质	最终控制人为非政府机构时，取值为 1；为政府机构时，取值为 0
	Lev	财务杠杆	并购当年年末总负债/并购当年年末总资产
	IND	独立董事比例	独立董事人数/董事会规模
	H_5	股权集中度	并购当年前五大股东持股比例的平方和
	IR	无形资源禀赋	企业的无形资产/总资产

5.5.2 描述性统计

5.5.2.1 样本描述性统计

本章按照并购的年度属性、产权属性、行业属性对样本进行了描述性统计。样本的主要分布特征，如表 5-7 所示。

表 5-7　　样本的描述性统计　　单位：个

并购路径 \ 年份		2008 年	2009 年	2010 年	2011 年	2012 年	2013 年	合计
产权属性	跨所有制并购	5	4	5	7	4	3	91
	同所有制并购	12	10	8	11	15	7	
行业属性	跨行业并购	5	5	3	7	7	3	91
	同行业并购	12	9	10	11	12	7	
区域属性	跨区域并购	5	5	5	5	7	3	91
	同区域并购	12	9	8	13	12	7	

5.5.2.2 主要变量描述性统计

煤炭企业选择各种路径进行并购整合的情况，如表 5-8 所示。

表 5-8　　煤炭企业“三跨”路径的描述性统计

变量	样本数	最小值	最大值	平均数	标准差	方差
Own(所有制)	91	0	1	0.31	0.464	0.215
Industry(行业)	91	0	1	0.34	0.477	0.227
Area(区域)	91	0	1	0.33	0.473	0.223
EPB(“官员型”董事比例)	91	0	0.556	0.176	0.152	0.023

从表 5-8 中可以看出：煤炭企业选择同产权并购整合的概率为 69%，这说明相对于跨所有制并购来说，煤炭企业更加热衷于同产权之间的并购整合（主要是国有产权之间的整合）。产生这一结果的原因可能是企业具有政治背景的董事从政府方面考虑将国有煤炭企业做大做强，响应国有企业收购国有企业的政策，而且没有过多的产权交易束缚。同产业之间并购整合的概率为 66%，这说明煤炭产业内的并购整合浪潮超越了跨行业并购整合，这可能跟近年来政府大力推行煤炭企业矿区与矿区之间的并购整合有关。同区域并购整合的概率为 67%，这说明相对于跨区域的并购整合，煤炭企业有 67%的概率会选择在同区域内进行并购整合。原因可能是因为相对于跨区域并购，同区域之间的并购会减少政府管理成本和政治成本。企业政治基础的标准差比较小，可见煤炭行业寻求政府庇护已是常态。煤炭企业与政府之间的密切程度差别不明显，原因可能是煤炭行业作为我国能源行业中不可或缺的一员，其行业内的企业多为国有企业，最终控制人为政府，与政府之间自然存在紧密的联系。

5.5.3 实证结果及分析

5.5.3.1 企业政治基础对跨所有制并购模式选择的影响

表 5-9 中模型(5-4)的实证结果显示了企业政治基础对跨所有制并购模式的回归结果。企业政治基础与跨所有制并购呈正相关关系，说明具有政治关系的企业支持跨所有制进行并购重组。产生这一结果的原因可能是因为国有煤炭企业为了得到政府的更多支持，而与政府的“国进民退”政策相一致。系数不显著的原因可能是由于煤炭企业的经理在面对是否进行跨所有制并购选择时，不只是盲目的受政府宏观政策调控的影响，还可能考虑了并购后企业绩效是否会提升等影响自己仕途变化的因素。如果经理人判断此次并购并不会带来企业经济绩效的提升，甚至会降低当前的绩效，那么“官员型”董事会尽可能地阻止此次并购。

表 5-9　企业政治基础对煤炭企业“三跨”并购路径选择的实证结果

变量	模型5-4 产权(*Own*)	模型(5-5) 行业(*Industry*)	模型(5-6) 区域(*Area*)
EPB	0.643	2.961*	−1.489
	(0.159)	(3.186)	(−0.668)
Private	−1.747	2.181**	0.778
	(−2.005)	(3.856)	(0.657)

续表 5-9

变量	模型5-4 产权(Own)	模型(5-5) 行业(Industry)	模型(5-6) 区域(Area)
Lev	−0.236	−2.313	−4.193**
	(−0.018)	(−1.723)	(−5.516)
IND	−7.576	2.337	1.74
	(−2.000)	(0.428)	(0.241)
IR	−0.669	−6.993**	4.931*
	(−0.055)	(−5.042)	(3.293)
H_5	−0.429	−1.451	−2.558
	(−0.047)	(−0.484)	(−1.318)
Constant	2.301	0.154	0.839
	(1.124)	(0.008)	(0.232)
N	91	91	91
Nagelkerke R^2	0.105	0.197	0.213

注：*** 表示在 1%水平(双侧)上显著相关；** 表示在 5%水平(双侧)上显著相关；* 表示在 10%水平(双侧)上显著相关；括号里面为 t 值。

5.5.3.2　企业政治基础对跨行业并购模式选择的影响

表 5-9 中模型(5-5)给出了企业政治基础对跨行业并购的影响结果。从实证结果可以看出，企业政治基础变量在 10%的水平上与跨行业并购呈显著正向关系，这说明企业的政治关系支持煤炭企业进行纵向并购。整合后主并煤炭企业掌握资源的增加，但由于规模不经济的存在，仅仅通过扩大规模的横向整合路径并不能为企业带来经济利益的持续提升。而产业链纵向一体化有利于降低交易费用，改变企业在产品市场和价格博弈上的不利局面，煤炭企业通过跨行业并购，实现范围经济效应，获得的多元化收益增多。

5.5.3.3　企业政治基础对跨区域并购模式选择的影响

从表 5-9 中模型(5-6)的回归结果可以看出，企业政治基础与跨区域并购呈负向关系。这说明在跨区域并购模式的选择上，“官员型”董事的比例越大，就越支持煤炭企业进行同区域的整合，即企业的政治基础越强，越容易获取同区域政府的并购整合支持。

享有“黑色黄金”之称的煤炭，毋庸置疑是诸多资源型地区的经济支柱之一，这就势必造成煤炭企业不但承担着地区经济增长的任务，还承担着维持社会稳定等本应该由政府承担的社会性任务。所以从区域政策保护方面分析，相对于跨区域的并购整合，政府更加希望目标企业被本地企业所并购。“官员型”董事大多是由政府任命，在并购模式的选择上大多会迎合政府的需求，促使煤炭企业经营并购趋于政府官员的目标，所以为避免大量的员工失业，维持本地区社会稳定，预防资源外流而支持同区域并购。另外，相对于同区域经营来说，跨区域并购会面临大量的政策性负担，加大企业的运输成本、管理成本，导致企业承担太多的额外负担，所以企业更愿意选择同区域并购。

5.6 本章小结

本章通过“政府政绩诉求-政企关系调整-企业政治基础-并购路径”这一思路对煤炭企业并购整合过程中的政府政绩诉求与政企关系、政企关系与并购路径之间的关系进行了研究，主要有如下五项发现。

(1) 政府与煤炭企业建立政企关系主要是以增加地方政府的财政收入为主要目标，而提高当地的地区生产总值增长率和社会就业等政治目标并不是政府建立政企关系考虑的第一因素。

(2) 政府和企业是政企关系的两个主体，建立和维持政企关系并不是其中一方能单独决定的。政府基于自身的经济利益和政治利益，会加强对企业的投资和控制。企业通过“官员型”董事的政治关系和行政背景获得政府的各种资源及投资机会，其中非国有企业通过“官员型”董事与政府建立良好关系的互动机制尤为明显。

(3) 煤炭企业的并购整合表现出“国进民退”的特征，这与政府大力支持国有煤炭企业并购民营企业是一致的。因此，政治关系越强的煤炭企业越有可能受到宏观调控政策的影响，从而获得政府支持跨所有制并购重组。

(4) “官员型”董事为实现范围经济效应、降低交易费用而支持跨行业并购，但绝大部分煤炭企业从自身发展的角度出发选择了同行业并购。

(5) “官员型”董事大多是由政府任命，在并购模式的选择上，大多会迎合政府的需求促使煤炭企业的并购整合目标趋于政府官员的目标，所以为防止资源外流，避免大量的员工失业，维持本地区社会稳定而支持同区域并购。

第6章

政企关系与煤炭资源整合效果的实证研究

6.1 样本选择

本章所选取的并购样本来自于国泰安《中国上市公司并购重组研究数据库》2008～2013年并购数据库。同样按照5.1所述的筛选标准对样本进行筛选，最终得到91个符合本书研究内容的并购样本。

6.2 变量选取和定义

6.2.1 政企关系

本书的政企关系包含两个变量：政府投资意愿调整和企业政治基础。本书采用国有股比例变化值衡量政府投资意愿调整，采用“官员型”董事比例衡量企业政治基础。各变量的具体含义与前文5.2所述一致。

6.2.2 煤炭企业成本

6.2.2.1 寻租代理成本

通过对我国煤炭企业的董事背景进行考察，发现很多董事现在或曾经在政府机构部门任职或者担任人大代表等，往往具有政治背景和行政级别。我国企业的实际控制权一般取决于最高决策者，因此董事长及其他董事对并购决策及企业经营的影响不容忽视。具有政治关系的董事面临着政治地位和个人利益的多种选择，很可能在并购模式的选择上和并购活动实施过程中给企业带来更多的代理成本。因此，本书采用“超额管理费用”作为寻租代理成本的代理变量来研究给企业带来的负面影响。超额管理费用的估计模型如下：

$$MExpense = \partial_0 + \partial_1 LnSale + \partial_2 Lev + \partial_3 Growth + \partial_4 BS + \partial_5 H_5 + \partial_6 Staff + \partial_7 Sj + \partial_8 Age + \partial_9 Magin + \varepsilon \quad (6\text{-}1)$$

模型(6-1)中，因变量($MExpense$)表示管理费用率，即管理费用除以当期营业收入；$LnSale$ 表示当期营业收入的自然对数；Lev 表示资产负债率；$Growth$ 表示营业收入增长率；BS 表示董事会规模；H_5 表示公司前五大股东的赫芬达尔指数；$Staff$ 表示员工人数；Sj 表示审计师的规模，若公司的审计事务所为普华永道、毕马威、安永和德勤，则取值为 1，否则为 0；Age 表示上市年龄；$Magin$ 表示毛利率，体现公司的盈利能力。依据上述模型，根据每个观测值管理费用的实际金额，估计模型的系数。利用估计出的系数，将具体观测值的财务数据代入模型(6-1)，通过最小二乘法得到期望的超额管理费用。超额管理费用是实际值与期望值的差额。

6.2.2.2　社会就业成本

煤炭企业大多是国有企业，而国有企业的管理层任命往往带有行政色彩，尽管国有企业高管职位和政府官职存在着差异，但来自组织任命的管理层也存在着一定的政治晋升渠道。因此，有着政治背景的董事们会因为希望获得更多的政治支持，为维持当地社会稳定追求充分就业而执行偏离企业价值最大化的经营行为，进而损害公司的经营效率。我们把这部分效率损失称为企业承担的社会就业成本，即冗员数。要得到冗员数，首先通过模型(6-2)估计正常的员工总数。估算出正常的员工数后，计算出实际员工数与正常员工数之间的差额，即可得到冗员数。

$$Staff = \partial_0 + \partial_1 LnSize + \partial_2 Capital + \partial_3 AssetGrowth + \partial_4 Growth + \varepsilon \quad (6\text{-}2)$$

模型(6-2)中，$Staff$ 代表每万元总资产的员工人数；$LnSize$ 表示公司规模，即总资产的自然对数；$Capital$ 等于固定资产与总资产的比值；$AssetGrowth$ 代表资产成长性，即当期对固定资产、无形资产及其他长期资产的投资支出与期末总资产的比值；$Growth$ 表示企业的营业收入增长率，用于衡量公司成长性。

6.2.3　并购整合绩效

企业的社会责任不仅包括提供产品和服务、促进经济增长的内圈责任，还包括承担增加就业、保护环境的中圈责任，以及更大范围内促进社会进步的外圈责任。本书结合美国智库“经济发展委员会”(Committee for Economic Development，简称 CED)的“三个同心责任圈”模型，按照煤炭企业并购整合的“内部管理责任-经济责任-安全责任-生态环保责任-公共责任”评价思路，构建煤炭企业并购整合效果评价的“五个同心责任圈”模型,形成集“内部绩效评价-经济绩效评价-社会绩效评价”于一体的并购整合评价体系,见图 6-1。

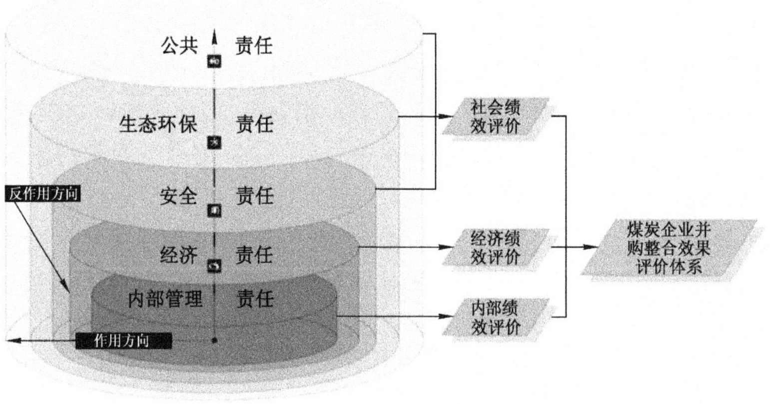

图 6-1　煤炭企业并购整合绩效评价体系

6.2.3.1　经济绩效评价体系设计

煤炭在我国能源发展中的重要战略地位决定了煤炭企业应承担的首要责任是为国民经济发展提供基本的能源保障。而企业生存与发展的动力和保障是利润。因此,煤炭企业要承担的经济责任就是要以低成本、高效率的生产经营来满足国家经济社会发展对各类煤炭产品的需求,在满足市场需求的同时,追求企业利润最大化或企业价值最大化。

目前多数经济绩效的评价没有考虑整合行业的经济发展情况,而单纯考虑经济绩效和并购整合的关系会导致研究结果失去意义。因为,当整个行业经济不景气时,并购带来的企业绩效水平的提高会与行业形势下滑产生的绩效衰退对冲抵消,反映在并购整合与绩效的关系上可能是并购不会带来绩效的显著提升或者落入并购“赢者诅咒”(Winner's Curse)的怪圈。

自 2010 年起,煤炭行业的形势急转直下,在结束了飞速发展的“黄金十年”后进入了漫长的“寒冬期”。研究煤炭企业并购整合的效果必须考虑行业发展背景。因此,本书选用净资产收益率这一指标作为经济绩效衡量的替代变量,并作扣除行业平均发展水平的标准化处理。具体标准化处理方法如式(6-3)所示:

$$AdjROE_{it}=\frac{1+ROE_{it}}{1+\overline{ROE}_{t}}-1 \tag{6-3}$$

其中,$AdjROE_{it}$ 为 i 公司第 t 年调整后的净资产收益率;ROE_{it} 为 i 公司第 t 年的净资产收益率;$\overline{ROE}_{t}$ 为 i 公司所处行业第 t 年平均净资产收益率。

6.2.3.2 社会责任绩效评价体系设计

现有关于社会责任评价的构建模型，无论是三重底线理论、卡罗尔的四层次理论还是利益相关者理论，虽然对责任的划分都十分清晰，但是直接运用到煤炭行业并购行为的评价中却存在两大问题：一是没有充分考虑到煤炭企业特殊的行业背景，忽略了安全责任的重要性；二是政府作为煤炭关键资源的所有者，通过“有形之手”规制并购行为是为了达到其政治目标，会向企业转嫁其提供就业、增加捐赠、加强创新、增加税收等政策负担。因此，并购后企业承担的公共责任也应该作为社会责任绩效的重要指标。结合利益相关者理论和煤炭行业的特点，本书计划从安全责任、公共责任、生态责任三方面构建煤炭企业并购整合社会责任绩效评价的理论模型。上述具体指标的选择，如表 6-1 所示。

表 6-1 煤炭企业并购整合社会责任绩效评价指标

	类别	评价指标	计算方法
社会责任绩效（CSR）	安全责任（S）	安全生产投入率	安全费用本期使用额/本期营业收入×100%
		百万吨死亡率	年度事故死亡总人数/年度原煤生产百万吨数×100%
		煤炭开采机械化水平	机械开采原煤产量/本期原煤总产量×100%
		人均安全培训次数	年度安全培训总人数/员工总数
	公共责任（P）	捐赠支出比	本年社会捐赠额/净资产×100%
		工资福利比	支付给职工以及为职工支付的现金/本期营业收入×100%
		税收贡献率	本年度支付的各项税费/本期营业收入×100%
		科技创新投入率	当期研发支出/当期营业收入×100%
	生态责任（E）	万元产值综合能耗	能源消耗总量（吨标准煤）/工业产值（万元）
		生态环保投入率	本年度环保投入总额/本期营业收入×100%
		矿区回采率	采区采出煤量（百万吨）/采区动用资源储量（百万吨）×100%
		矿井水综合利用率	年度利用的矿井水量/年度产生的矿井水量×100%
		煤矸石综合利用率	年度利用的煤矸石量/年度产生的煤矸石量×100%

注：煤炭企业安全责任各项指标值（安全生产投入率、百万吨死亡率、煤炭开采机械化水平、人均安全培训次数）和生态责任各项指标值（万元产值综合能耗、生态环保投入率、矿区回采率、矿井水综合利用率、煤矸石综合利用率）通过上市公司社会责任报告、煤炭工业统计年报、中国煤炭企业 100 强分析报告、中国能源网、国家统计局网站等手工搜集而来。

6.2.3.3 内部管理绩效评价体系设计

并购产生的协同效益是企业并购的重要驱动力，而并购后的整合是企业并购能否获得协同效益、取得并购成功的关键因素。本书认为企业的生产经营是包括采购、生产、销售、研发、再生产的一条环式价值链。而企业并购打破了这一价值链条，将主并方与被并方在各个环节上的资源（包括人力资源、供货商资源、生产设备资源、营销渠道资源、客户资源等）进行重新组合分配。整合后的结果有两种：一是使得横向价值链上的资源重叠，增加了企业价值链的厚度，导致同类型的资源量增加，为企业扩大经营规模提供了可能；二是纵向价值链拓展延伸，不同价值链条间资源的交错大大节省了企业的交易成本，在拓展业务范围的同时节约了生产成本，这实质上就是整合产生的协同效应。

并购后企业整合的内容包括战略整合、组织整合、市场整合、文化整合、人力整合等方面。如何合理评价各方面整合的绩效是众多学者关注的重点。如前所述，并购整合协同效应的产生源自于价值链条的变化，本书以此为切入点，结合煤炭行业生产的特点，从生产环节、销售环节、日常管理环节来评价煤炭企业并购后整合的内部管理效果。煤炭企业并购整合内部管理绩效评价指标，如表 6-2 所示。

表 6-2　煤炭企业并购整合内部管理绩效评价体系

评价对象	评价环节	评价指标	计算方法
内部管理绩效评价体系	日常管理环节	管理费用占比	当期管理费用发生额/本期营业收入总额×100%
		内部控制指数	取自迪博(DB)数据库
	生产环节	固定资产周转率	本期销售收入/固定资产平均净值×100%
		员工生产效率	本期息税前利润/年度企业员工总人数
	销售环节	交易费用占比	当期销售费用发生额/本期营业收入总额×100%

6.2.3.4 评价体系权重的确定

本书依据层次分析法构建思路，确定并购整合绩效评价体系的权重。层次分析法大致包括四个步骤：构建层次评价体系、构造判断矩阵、计算相对权重、计算目标层取值。本节已经构建了煤炭企业并购绩效的层次评价体系，通过问卷调查的方式构造判断矩阵，确定指标间的相对权重。假定权重已经确定，且企业并购整合效果的评价指标为集合 $A=\{E,S,M\}$。其中，E 代表经济绩效指标集，S 代表社会绩效指标集，M 代表内部管理绩效指标集。$a=\{e,s,m\}$ 分别表示集合 A 中各指标集的权重，且 $e+s+m=1$，则煤炭企业并购整合效果的评价值为 $A=E\cdot e+S\cdot s+M\cdot m$。以此类推，可以确定各目标层的取值和权重，从而可以计算出各级目标层的得分。

由上述分析可以看出，权重的确定是运用层次分析法评价煤炭企业并购整合绩效的关键。本书通过调查问卷的方式确定权重，调查对象为煤炭企业管理者、煤炭企业并购研究学者与煤炭企业并购主管部门，每种调查对象各为 5 人。为使不同调查对象对指标权重赋值标准一致，本书引入如表 6-3 所示的标度。

表 6-3　　问卷调查分析的标度值

标度 a_{ij}	重要程度描述	解释
1	i,j 两个元素同等重要	对两个因素同样偏爱
3	元素 i 比 j 稍微重要	对一个因素稍微偏爱
5	元素 i 比 j 明显重要	对一个因素明显偏爱
7	元素 i 比 j 强烈重要	对一个因素强烈偏爱
9	元素 i 比 j 极端重要	对一个因素绝对偏爱
2,4,6,8	上述相邻判断的中值	

最终一级指标层、二级指标层、三级指标层及末级指标层的计算结果，如表6-4所示。

表 6-4　　煤炭企业并购绩效评价各项指标汇总表

一级指标层	权重	二级指标层	权重	三级指标层	权重	末级指标层
煤炭企业并购整合综合绩效	0.366 2	社会责任绩效(CSR)	0.499 8	安全责任(S)	0.490 6	安全生产投入率(S_1)
					0.096 7	百万吨死亡率(S_2)
					0.249 8	煤炭开采机械化水平(S_3)
					0.162 9	人均安全培训次数(S_4)
			0.200 3	公共责任(P)	0.298 7	捐赠支出比(P_1)
					0.150 5	工资福利比(P_2)
					0.288 8	税收贡献率(P_3)
					0.261 9	科技创新投入率(P_4)
			0.299 9	生态责任(E)	0.064 8	万元产值综合能耗(E_1)
					0.298 1	生态环保投入率(E_2)
					0.272 2	矿区回采率(E_3)
					0.164 3	矿井水综合利用率(E_4)
					0.200 7	煤矸石综合利用率(E_5)
	0.486 2	经济绩效(R)	1.000 0	调整后净资产收益率 $AdjROE(R)$		
	0.147 6	内部管理绩效(M)	0.298 1	管理费用占比(M_1)		
			0.064 8	固定资产周转率(M_2)		
			0.200 7	员工生产效率(M_3)		
			0.272 2	交易费用占比(M_4)		
			0.164 3	内部控制指数(M_5)		

6.2.4 并购整合的资源配置效率：全要素生产率(*TFP*)

全要素生产率(Total Factor Productivity，简称 *TFP*)最早由美国经济学家罗伯特·索洛提出，是资本和劳动等要素投入之外的技术进步和能力实现等导致的产出增加，往往通过总量生产函数加以估算，在规模收益不变和中性技术假设下，全要素生产率增长即是产出增长率减去资本劳动等要素增长率后的残差。本节采用索洛残值法对 *TFP* 进行估算，具体思路如下：

不失一般性，估算时采用柯布-道格拉斯生产函数（Cobb-Douglas Production Function，简称 C-D 生产函数）：

$$Y_{it}=A_{it}K_{it}^{\alpha}L_{it}^{\beta} \tag{6-4}$$

其中，Y 表示产出，用煤炭销售收入衡量；K 表示资本存量；L 表示劳动投入，用就业人数衡量；A 表示全要素生产率。

两边取自然对数后得到：

$$Ln(Y_{it})=Ln(A_{it})+\alpha Ln(K_{it})+\beta Ln(L_{it})+\mu_{it} \tag{6-5}$$

在规模收益不变的约束条件$\partial+\beta=1$下，有：

$$Ln\left(\frac{Y_{it}}{L_{it}}\right)=Ln(A_{it})+\alpha Ln\left(\frac{K_{it}}{L_{it}}\right) \tag{6-6}$$

这是一个双对数模型，对式(6-6)进行 OLS 回归，即可求出 α 和 β。

在规模收益不变和中性技术假设下，*TFP* 增长率为：

$$\frac{\Delta A_{it}}{A_{it}}=\frac{\Delta Y_{it}}{Y_{it}}-\alpha\frac{\Delta L_{it}}{L_{it}}-(1-\alpha)\frac{\Delta K_{it}}{K_{it}} \tag{6-7}$$

其中资本存量根据永续盘存法测算，测试公式为：

$$K_t=\frac{I_t}{P_t}+(1-\delta)K_{t-1} \tag{6-8}$$

基期资本存量的计算为：

$$K_0=\frac{I_0}{(g+\delta)} \tag{6-9}$$

式中，g 为投资的年平均增长率；δ 为综合折旧率；K_t表示 t 年的实际资本存量；K_{t-1}表示 $t-1$ 年的实际资本存量；I_t表示 t 年的名义投资。本书采用固定资产投资价格指数对资本进行价格平减，价格指数来自各个年份的《中国统计年鉴》，根据现有文献的做法，将折旧率设为 20%(周密，2012)。

6.3 数据来源

本章所选取的并购样本来自于国泰安《中国上市公司并购重组研究数据库》，财务指标等来自于国泰安数据库、CCER 经济金融研究数据库，地区发展的宏观数据则来自于国家统计局网站，固定资产投资、就业人数和煤炭销售收入等指标值通过上市公司年报、煤炭工业统计年报、中国煤炭企业 100 强分析报告等手工搜集而来。

6.4 企业政治基础与煤炭资源整合代理成本、社会成本的实证研究

6.4.1 模型构建

为验证企业政治基础与企业的寻租代理成本（*Rent*）、社会就业成本（*Exstaff*）之间的关系，本书构建了模型（6-5）和模型（6-6）进行多元线性回归。

$$Rent = \partial_0 + \partial_1 EPB + \partial_2 Private + \partial_3 Lev + \partial_4 Cash + \partial_5 Age + \partial_6 Indep + \partial_7 Pay + \partial_8 M\text{-}share + \varepsilon \quad (6\text{-}10)$$

$$Exstaff = \partial_0 + \partial_1 EPB + \partial_2 Private + \partial_3 Lev + \partial_4 Cash + \partial_5 Age + \partial_6 Indep + \partial_7 Pay + \partial_8 M\text{-}share + \varepsilon \quad (6\text{-}11)$$

考虑到上市公司的实际控制人类别不同造成的经济行为差异，我们把产权性质作为控制变量。企业高管与股东之间的信息不对称及自身效用的不同，导致企业需要花费一定的代理成本监督和约束管理者，而高管持股是对其进行股权激励的表现。因此，我们把高管报酬和高管持股比例加入到模型中作为控制变量。此外，控制变量还包括反映公司自身特征的上市年龄、财务风险和货币资金占比。各变量的具体定义和计算，见表 6-5。

表 6-5　研究变量一览表

变量类别	变量名称	变量符号	变量定义
被解释变量	寻租代理成本	*Rent*	超额管理费用
	社会就业成本	*Exstaff*	冗员数，即员工数/万元总资产
解释变量	企业政治基础	*EPB*	现在或曾经在政府部门、人大、政协等任职的董事人数/董事会规模

续表 6-5

变量类别	变量名称	变量符号	变量定义
控制变量	产权性质	*Private*	最终控制人为非政府机构时，取值为 1；为政府机构时，取值为 0
	财务风险	*Lev*	并购当年年末总负债/并购当年年末总资产
	货币资金占比	*Cash*	货币资金/总资产
	上市年龄	*Age*	上市年龄的自然对数
	独立董事人数	*Indep*	董事会中独立董事人数
	高管报酬对数	*Pay*	金额最高的前三名高管报酬的自然对数
	高管持股比例	*M-share*	高管持股数/总股数

6.4.2 实证结果及分析

表 6-6 中基于模型（6-10），首先考察企业政治基础（*EPB*）对寻租代理成本（*Rent*）的影响，回归结果表明企业政治基础与代理成本是正相关关系，但并不显著。由此表明，与不具有政治关系的企业相比，董事的政府背景使得企业的寻租成本增加。本书所选煤炭企业样本中有 80 个是国有企业，国有企业的所有者是政府。长期的所有者缺位问题促使企业内部缺少适当的激励机制和有效的约束机制，因而管理者不会为提升企业业绩竭尽全力。“官员型”董事作为企业的决策者，有足够的动机和权力追求更多的自身利益，增加在职消费，把资源配置在非生产活动上以谋取私利。企业超额管理费用的增加意味着产生了更多的代理成本，代理问题愈加严重。从控制变量上看，产权性质与寻租代理成本正相关，说明越是非国有企业，其超额管理费用越多，代理问题越严重，这可能是因为与国有企业相比，非国有企业需要花费更多的管理费用维持与政府的良好关系以获得政府的支持。

表 6-6 中基于模型（6-11），列示了企业政治基础（*EPB*）与社会就业成本（*Exstaff*）之间的关系，实证结果显示企业的政治基础与冗员在 10% 的水平上显著正相关，即政治基础越强，企业承担的社会就业成本越多。一方面，“官员型”董事可能是前任或现任的政府官员，政府任命他们担任企业的监督者和管理者，政府有强烈的动机对企业进行干预，所以企业的政治基础越强，政府对其影响力和控制力就越强。另一方面，“官员型”董事作为企业经营的决策者，在很大程度上能够决定企业的经营行为和投资行为，他们的决策则反映出政府对企业的期望。因此，政府在考虑当地就业维持社会稳定的情况下会要求企业接受更多的人员就业，企业承担的社会就业成本由此产生。从控制变量上看，企业年龄与冗员正相关，显著性水平为 1%，其原因可能在于企业上市的时间越长，承担

的冗员成本越高。煤炭企业在生产经营过程中想以更加便捷的方式获得更多的政府资源(如产业政策、融资便利和税收优惠),为维持与政府已建立的密切关系,自然需要承担本应由政府承担的维持社会稳定、解决当地就业的社会责任。

表 6-6　企业政治基础与企业成本的实证结果

变量	模型(6-10)寻租代理成本	模型(6-11)社会就业成本
Constant	−0.116	0.019
	(−1.064)	(0.483)
EPB	0.038	0.013*
	(1.329)	(1.829)
Private	0.004	−0.003
	(0.286)	(−0.773)
Lev	0.032	−0.019**
	(1.088)	(−2.556)
Cash	0.029	0.011
	(0.564)	(0.826)
Age	0.003	0.005***
	(0.517)	(2.718)
Indep	0.015***	0.002**
	(3.171)	(2.113)
Pay	0.001	−0.002
	(0.190)	(−1.246)
M-share	0.063**	−0.018**
	(2.173)	(−2.439)
N	91	91
$Adj\text{-}R^2$	0.167	0.157
F-Values	3.262	3.098
D-W	2.084	1.626

注:*** 表示显著性水平为 1%,** 表示显著性水平为 5%,* 表示显著性水平为 10%,括号里是 t 值。

6.5 企业政治基础与煤炭资源整合绩效的实证研究

6.5.1 模型构建

模型(6-12)、(6-13)和(6-14)分别表示的是企业政治基础(EPB)与整合经济绩效、内部管理绩效、社会绩效关系的回归模型。具体研究变量,见表 6-7。下述各变量定义,见前文 6.2.3。

$$Economy = \partial_0 + \partial_1 EPB + \partial_2 Growth + \partial_3 Lev + \partial_4 BS + \partial_5 H_5 + \partial_6 MR + \partial_7 M\text{-}share + \varepsilon \tag{6-12}$$

$$Manage = \partial_0 + \partial_1 EPB + \partial_2 Growth + \partial_3 Lev + \partial_4 BS + \partial_5 H_5 + \partial_6 MR + \partial_7 M\text{-}share + \varepsilon \tag{6-13}$$

$$CSR = \partial_0 + \partial_1 EPB + \partial_2 Growth + \partial_3 Lev + \partial_4 BS + \partial_5 H_5 + \partial_6 MR + \partial_7 M\text{-}share + \varepsilon \tag{6-14}$$

表 6-7 研究变量一览表

变量类别	变量名称	变量符号	变量定义
被解释变量	经济绩效	*Economy*	经调整后的净资产收益率
	内部管理绩效	*Manage*	内部管理绩效各分指标值与权重乘积的和
	社会绩效	*CSR*	社会绩效各分指标值与权重乘积的和
解释变量	企业政治基础	*EPB*	现在或曾经在政府部门、人大、政协等任职的董事人数/董事会规模
控制变量	公司成长性	*Growth*	公司的营业收入增长率
	财务风险	*Lev*	并购当年年末总负债/并购当年年末总资产
	董事会规模	*BS*	董事会的总人数
	股权集中度	H_5	并购当年前五大股东持股比例的平方和
	物质资源	*MR*	(固定资产+存货)/总资产
	高管持股比例	*M-share*	高管持股数/总股数

6.5.2 实证结果及分析

企业政治基础与并购整合绩效的实证结果,如表 6-8 所示。

表 6-8　　企业政治基础与并购整合绩效的实证结果

变量	模型(6-12) 并购整合经济绩效	模型(6-13) 并购整合内部管理绩效	模型(6-14) 并购整合社会绩效
Constant	−0.102*	0.462***	0.085
	(−1.937)	(5.027)	(0.714)
EPB	0.119**	0.018	0.281**
	(2.235)	(0.196)	(2.33)
Growth	0.005**	−0.005	0.003
	(2.473)	(−1.425)	(0.604)
Lev	−0.086	0.081	−0.102
	(−1.482)	(0.795)	(−0.772)
BS	0.009***	−0.015***	0.012*
	(2.852)	(−2.729)	(1.743)
H_5	0.208***	0.465***	0.003
	(3.226)	(4.119)	(0.02)
MR	−0.076	0.125	0.178
	(−1.303)	(1.218)	(1.334)
M-share	−0.07	−0.139*	0.284***
	(−1.589)	(−1.801)	(2.822)
Year	已控制	已控制	已控制
N	91	91	91
$Adj\text{-}R^2$	0.328	0.257	0.128
F-Values	7.283	5.454	2.892
D-W	1.901	2.143	1.579

注：*** 表示显著性水平为 1%，** 表示显著性水平为 5%，* 表示显著性水平为 10%，括号里是 *t* 值。

6.5.2.1　企业政治基础与并购整合经济绩效

模型(6-12)的回归结果显示，企业政治基础与并购后的经济绩效在 5% 的水平上呈显著正相关关系。这说明企业的政治关系有助于并购企业经济绩效的提升。在我国转轨制度体系下，政府环境构建了企业生存外在环境的主要部分，其掌握的许多资源决定了企业必须与政府处好关系才能在激烈的竞争中不被淘汰甚至占据优势。另外，煤炭企业以其对地方政府财政的贡献及其产业的主导地位影响着政府的绩效和官员的晋升。由于煤炭企业“官员型”董事与政府官员十分密切，在并购过程中会享有更多的关照、获取更多的政府支持，同时也会因为得到政府的帮助而使企业更加稳定。总体而言,具有政治基础的企业更容易在并购后实现经济绩效提升。

6.5.2.2 企业政治基础与并购整合内部管理绩效

模型(6-13)的回归结果显示,企业政治基础与并购整合后的内部管理绩效正相关,但不显著。这说明企业的政治关系可以提高但并不能显著提高内部管理绩效。对主并方企业而言,被并方企业的组织、文化、战略、人力、市场等资源与其存在差异,所以良好的内部管理绩效实现与否取决于煤炭企业对于并购后的整合是否制定了相应的整合措施、切实可行的整合方案以及具体举措的落实情况。因为并购后的整合不是一朝一夕能完成的,所以企业并购的内部管理绩效难以在短时间内实现。

6.5.2.3 企业政治基础与并购整合社会绩效

模型(6-14)的回归结果显示,企业政治基础与企业并购后的社会责任绩效在5%的水平下呈显著正相关关系。这说明并购交易当期,随着企业政治基础的强化,企业的社会责任绩效得到了提升。这是因为煤炭企业是典型的"高污染、高能耗、高危险"的行业,长期粗放发展方式带来的社会问题也逐渐严重,而随着社会的不断进步,人们在追求经济发展的同时对生态环境、社会福利的要求不断增强。因此,政府为了地区生态稳定,会要求煤炭企业在整合中不得不重视对社会环境造成的影响。政府会在煤炭企业资源整合、并购重组的过程中通过政治关系和政府规制的手段向企业灌输社会责任意识。社会绩效则是煤炭企业在生态环境日益严峻的特殊背景下,为了寻求政府的庇护,而竭力满足政府要求的反馈结果。

6.6 企业并购路径与煤炭资源整合绩效的实证研究

6.6.1 模型构建

结合构建的煤炭企业并购整合绩效评价体系,本章在计算样本并购绩效、分析并购整合路径选择对整合经济效果影响的基础上,加入企业政治基础变量,分析企业政治基础、并购路径选择对整合经济效果的影响,构建如下模型:

$$Economy/Manage/CSR=\partial_0+\partial_1 Own+\partial_2 Growth+\partial_3 Lev+\partial_4 BS+\partial_5 H_5+\partial_6 MR+\partial_7 M\text{-}share+\varepsilon \tag{6-15}$$

$$Economy/Manage/CSR=\partial_0+\partial_1 Industry+\partial_2 Growth+\partial_3 Lev+\partial_4 BS+\partial_5 H_5+\partial_6 MR+\partial_7 M\text{-}share+\varepsilon \tag{6-16}$$

$$Economy/Manage/CSR=\partial_0+\partial_1 Area+\partial_2 Growth+\partial_3 Lev+\partial_4 BS+\partial_5 H_5+\partial_6 MR+\partial_7 M\text{-}share+\varepsilon \tag{6-17}$$

$$Economy/Manage/CSR = \partial_0 + \partial_1 EPB + \partial_2 Own + \partial_3 Growth + \partial_4 Lev + \partial_5 BS + \partial_6 H_5 + \partial_7 MR + \partial_8 M\text{-}share + \varepsilon \quad (6\text{-}18)$$

$$Economy/Manage/CSR = \partial_0 + \partial_1 EPB + \partial_2 Industry + \partial_3 Growth + \partial_4 Lev + \partial_5 BS + \partial_6 H_5 + \partial_7 MR + \partial_8 M\text{-}share + \varepsilon \quad (6\text{-}19)$$

$$Economy/Manage/CSR = \partial_0 + \partial_1 EPB + \partial_2 Area + \partial_3 Growth + \partial_4 Lev + \partial_5 BS + \partial_6 H_5 + \partial_7 MR + \partial_8 M\text{-}share + \varepsilon \quad (6\text{-}20)$$

模型(6-15)至模型(6-17)分别是煤炭企业并购跨所有制、跨行业、跨区域路径选择与并购整合绩效关系的回归模型；模型(6-18)至模型(6-20)分别是企业政治基础、煤炭企业并购"三跨"路径与并购整合绩效关系的回归模型。为了保证研究结果可靠，在借鉴前人研究成果的基础上，本章控制了公司成长性(*Growth*)、财务风险(*Lev*)、董事会规模(*BS*)、股权集中度(H_5)、物质资源(*MR*)和高管持股比例(*M-share*)等因素对被解释变量的影响。各项变量的定义，见表6-9。

表 6-9 研究变量一览表

变量类别	变量名称	变量符号	变量定义
被解释变量	经济绩效	*Economy*	经调整后的净资产收益率，同表 6-7
	内部管理绩效	*Manage*	内部管理绩效各分指标值与权重乘积的和，同表 6-7
	社会绩效	*CSR*	社会绩效各分指标值与权重乘积的和，同表 6-7
解释变量	企业政治基础	*EPB*	现在或曾经在政府部门、人大、政协等任职的董事人数/董事会规模，同表 6-7
	跨区域	*Area*	跨区域并购取值为 1；反之，为 0
	跨行业	*Industry*	跨行业并购取值为 1；反之，为 0
	跨所有制	*Own*	跨所有制并购取值为 1；反之，为 0
控制变量	公司成长性	*Growth*	公司的营业收入增长率，同表 6-7
	财务风险	*Lev*	并购当年年末总负债/并购当年年末总资产，同表 6-7
	董事会规模	*BS*	董事会的总人数，同表 6-7
	股权集中度	H_5	并购当年前五大股东持股比例的平方和，同表 6-7
	物质资源	*MR*	(固定资产+存货)/总资产，同表 6-7
	高管持股比例	*M-share*	高管持股数/总股数，同表 6-7

6.6.2 描述性统计

不同并购路径的并购绩效描述性统计结果，如表 6-10 所示。

表 6-10 煤炭企业并购整合绩效的描述性统计

变量名称	样本数/个	最小值	最大值	平均数				标准差	方差
				全样本	跨所有制	跨行业	跨区域		
经济绩效	91	−0.42	0.268	0.012	0.032	−0.016	−0.02	0.091	0.008
内部管理绩效	91	0.107	0.902	0.537	0.012	0.533	0.479	0.151	0.023
社会责任绩效	91	0.01	0.867	0.292	0.011	0.327	0.264	0.181	0.033

分路径比较可以看出，跨所有制并购样本公司的经济绩效均值是0.032，高于全样本、跨行业和跨区域并购的均值，这在一定程度上说明跨所有制并购能够明显提高经济绩效，而在提高内部管理绩效和社会绩效上则明显不足。跨行业并购样本的内部管理绩效均值和社会责任绩效均值都大于跨行业和跨区域并购样本的均值，这说明煤炭产能过剩带来的规模不经济问题的改善已在煤炭企业内部管理方面有所贡献。

6.6.3 实证结果及分析

6.6.3.1 煤炭企业政治基础、并购路径对经济绩效影响的实证分析

企业政治基础、煤炭企业并购路径与并购经济绩效的实证结果，如表6-11所示。

表 6-11 企业政治基础、并购路径与经济绩效的实证结果

变量	模型(6-15)	模型(6-16)	模型(6-17)	模型(6-18)	模型(6-19)	模型(6-20)
Constant	−0.091*	−0.055	−0.042	−0.109**	−0.071	−0.065
	(−1.726)	(−0.971)	(−0.766)	(−2.084)	(−1.292)	(−1.167)
EPB				0.112**	0.128**	0.107**
				(2.127)	(2.425)	(2.04)
Own	0.033*			0.03*		
	(1.887)			(1.764)		
Industry		−0.026			−0.03*	
		(−1.406)			(−1.693)	
Area			−0.037**			−0.033*
			(−2.111)			(−1.907)
Growth	0.005**	0.006***	0.006***	0.005**	0.006***	0.005**
	(2.437)	(2.943)	(2.819)	(2.219)	(2.737)	(2.574)

续表 6-11

变量	模型(6-15)	模型(6-16)	模型(6-17)	模型(6-18)	模型(6-19)	模型(6-20)
Lev	−0.07	−0.081	−0.091	−0.087	−0.102*	−0.104*
	(−1.209)	(−1.368)	−1.548	(−1.509)	(−1.755)	(−1.799)
BS	0.008***	0.007**	0.008**	0.009***	0.007**	0.008***
	(2.682)	(2.17)	(2.557)	(2.923)	(2.387)	(2.795)
H_5	0.195***	0.181***	0.18***	0.203***	0.186***	0.189***
	(2.997)	(2.703)	(2.759)	(3.176)	(2.856)	(2.947)
MR	−0.072	−0.059	−0.093	−0.076	−0.061	−0.068
	(−1.225)	(−0.971)	(−1.555)	(−1.318)	(−1.034)	(−1.556)
M-share	−0.082*	−0.062	−0.066	−0.082*	−0.063	−0.094
	(−1.819)	(−1.378)	(−1.491)	(−1.865)	(−1.429)	(−1.611)
Year	已控制	已控制	已控制	已控制	已控制	已控制
N	91	91	91	91	91	91
$Adj\text{-}R^2$	0.317	0.304	0.324	0.345	0.343	0.349
F-Values	6.971	6.626	7.166	6.923	6.874	7.029
D-W	2.096	2.012	1.936	2.018	1.938	1.866

注：*** 表示显著性水平为 1%，** 表示显著性水平为 5%，* 表示显著性水平为 10%，括号里是 *t* 值。

(1) 煤炭企业政治基础、跨所有制并购路径与整合经济效果关系分析。在模型(6-15)和模型(6-18)中列示了企业政治基础、煤炭企业跨所有制并购与整合经济绩效的实证结果。由此结果可以看出煤炭企业跨所有制并购与经济绩效在 10%的水平下显著正相关，表明企业选择跨所有制并购路径进行规模扩张会给企业带来绩效的增加。在跨所有制并购样本中，主并企业是国有企业，但被并企业绝大多数是非国有企业，这也反映了“国进民退”现象的存在。“官员型”董事在一定程度上能够体现政府的意愿，有政治关系的煤炭企业支持跨所有制并购，这表明政府基于自身目的将推进国有煤炭企业作为某一地区的唯一收购整合体，从而把其他国有企业和非国有企业的资源整合在国有企业内部，使政府能够享有资源整合所创造的价值和利润。

(2) 煤炭企业政治基础、跨行业并购路径与整合经济效果关系分析。从表 6-11 和模型(6-16)中可以看出，企业跨行业并购与并购整合经济绩效负相关，但不显著。模型(6-19)加入企业政治基础变量后，煤炭企业跨行业并购路径选择对整合经济绩效呈现负相关关系，且在 10%水平下显著。这说明煤炭企业在作出跨行业并购决策时并不是为了提高企业的经营业绩，更多的是受到产业政策调整目标的影响。同产业的整合相比跨产业的并购执行起来更为便利，相同生产链条上各个环节资源的有效整合能够增加价值链的厚度，便于后期整合的顺利进行，所以并购样本中有69%的企业从自身发展的角度出发选择同行业并购。

(3) 煤炭企业政治基础、跨区域并购路径与整合经济效果关系分析。模型(6-17)和模型(6-20)实证分析了企业政治基础、煤炭企业跨区域并购路径选择对整合经济绩效的影响。从表6-11中可以看出，跨区域并购与并购整合经济绩效在5%的水平上呈现显著正相关关系，加入企业政治基础变量后，二者之间仍然是显著负相关，也就是说同区域并购的整合经济绩效会更好。与跨区域并购相比，同区域并购双方的地理位置相近，这为整合阶段节省了大量的管理成本，而且政府为了“肥水不流外人田”而十分支持同区域并购，这为并购后企业整合获得了大量的政府资源，省去了说服被并方地方政府的交易成本。这也说明地方政府在推进煤炭企业大规模并购时存在地方保护主义，为防止资源外流，而支持同区域内资源整合。但是，企业进行同区域整合需要承担本应由政府承担的诸如增加就业、维持地区稳定等政治成本。

6.6.3.2 煤炭企业政治基础、并购路径对内部管理绩效影响的实证分析

结合构建的煤炭企业并购绩效评价体系，本章在计算样本公司并购内部管理绩效的基础上，将煤炭企业政治基础、并购路径分别作为解释变量，分析其对内部管理绩效的影响，其实证结果如表6-12所示。

表6-12　企业政治基础、并购路径与并购内部管理绩效的实证结果

变量	模型(6-15)	模型(6-16)	模型(6-17)	模型(6-18)	模型(6-19)	模型(6-20)
Constant	0.459***	0.452***	0.52***	0.457	0.451***	0.52***
	(5.063)	(4.686)	(5.489)	(4.944)	(4.604)	(5.348)
EPB				0.012	0.015	0.001
				(0.133)	(0.156)	(0.007)
Own	0.026			0.026		
	(0.857)			(0.839)		
Industry		0.012			0.011	
		(0.381)			(0.361)	
Area			−0.051*			−0.051*
			(−1.703)			(−1.681)

续表 6-12

变量	模型(6-15)	模型(6-16)	模型(6-17)	模型(6-18)	模型(6-19)	模型(6-20)
Growth	−0.006	−0.005	−0.005	−0.006	−0.005	−0.005
	(−1.534)	(−1.457)	(−1.404)	(−1.53)	(−1.456)	(−1.384)
Lev	0.082	0.089	0.053	0.08	0.087	0.053
	(0.82)	(0.878)	0.523	(0.79)	(0.839)	(0.516)
BS	−0.015***	−0.014**	−0.015***	−0.015	−0.014**	−0.015***
	(−2.747)	(−2.577)	(−2.874)	(−2.706)	(−2.547)	(−2.841)
H_5	0.459***	0.473***	0.436***	0.46	0.473***	0.436***
	(4.089)	(4.108)	(3.891)	(4.066)	(4.087)	(3.858)
MR	0.126	0.119	0.097	0.125	0.119	−0.135*
	(1.229)	(1.149)	(0.953)	(1.217)	(0.258)	(−1.769)
M-share	−0.15*	−0.142*	−0.135*	−0.15	−0.142*	0.097
	(−1.918)	(−1.829)	(−1.78)	(−1.907)	(−1.819)	(0.947)
Year	已控制	已控制	已控制	已控制	已控制	已控制
N	91	91	91	91	91	91
$Adj\text{-}R^2$	0.263	0.258	0.282	0.255	0.249	0.273
F-Values	5.599	5.477	6.051	4.844	4.739	5.231
D-W	2.143	2.132	2.203	2.143	2.131	2.203

注：*** 表示显著性水平为 1%，** 表示显著性水平为 5%，* 表示显著性水平为 10%，括号里是 *t* 值。

分并购路径比较可以看出，跨所有制和跨行业并购路径与企业整合后的内部管理绩效正相关，跨区域并购与内部管理绩效在 10%的水平下呈负相关关系。但同时也反映出两个问题：第一，与同区域并购相比，跨区域并购后的内部管理绩效不仅没有提升反而下降。这说明不同地区的企业并购在整合方面有一定的难度，不仅是因为企业各项资源之间存在差异，还在于代表政府意愿的企业管理层的不配合，这一点在前文 5.5.3“官员型”董事不支持跨地区并购中有所体现。第二，不管有没有企业政治基础的影响，跨所有制和跨行业并购路径对企业整合后的内部管理绩效的影响都不显著且系数没有明显变化，同时跨区域并购的回归结果也没有变化。这说明企业是否具有政治基础并不会改变并购路径与内部管理绩效之间的关系。企业内部管理绩效的实现取决于良好的整合安排和整合后的管理水平效率而非并购路径的选择。

从控制变量上看，前五大股东持股比例指标与内部管理绩效显著正相关。

这说明股权越集中，越有利于内部管理水平的提高。董事会规模与内部管理绩效呈显著负相关，其主要原因在于在董事会的权力使他们在并购决策中谋取私有收益的动机更加强烈，故很可能把企业资源配置在非生产活动上，从而增加了企业的费用化支出。

6.6.3.3 煤炭企业政治基础、并购路径对社会绩效影响的实证分析

从并购路径来看，跨所有制、跨行业和跨地区与整合后的社会绩效都不显著。加入企业政治基础后，“三跨”路径与社会绩效仍然不显著。这说明并购路径与企业的社会责任绩效不存在必然联系，并购路径对并购绩效的影响体现在外在的经济绩效上，社会责任绩效的提升不在于并购路径的选择，而依赖于政府政策的规制和企业的社会责任意识。但企业政治基础与企业并购后的社会责任绩效在5%的水平下呈显著正相关关系，则可能是因为政府为了防止煤炭资源支配权的外落而对煤炭企业的董事长等管理层人员进行行政任命。企业“官员型”董事与地方政府乃至中央政府有着千丝万缕的联系，这一特殊的政企关联背景为煤炭企业在并购热潮下展开政策资源争夺战创造了条件。上述实证结果，见表6-13。

表6-13 企业政治基础、并购路径与并购社会责任绩效的实证结果

变量	模型(6-15)	模型(6-16)	模型(6-17)	模型(6-18)	模型(6-19)	模型(6-20)
Constant	0.14	0.081	0.187	0.093	0.046	0.132
	(1.15)	(0.63)	(1.464)	(0.778)	(0.365)	(1.035)
EPB				0.289	0.269**	0.267**
				(2.389)	(2.217)	(2.199)
Own	−0.029			−0.036		
	(−0.719)			(−0.913)		
Industry		0.048			0.039	
		(1.152)			(0.940)	
Area			−0.052			−0.042
			(−1.265)			(−1.037)
Growth	0.005	0.003	0.004	0.003	0.002	0.003
	(0.993)	(0.684)	(0.92)	(0.731)	(0.447)	(0.638)
Lev	−0.059	−0.037	−0.091	−0.101	−0.081	−0.125
	(−0.438)	(−0.272)	−0.672	(−0.767)	(−0.608)	(−0.933)
BS	0.01	0.013*	0.01	0.012	0.014*	0.012*
	(1.466)	(1.735)	(1.444)	(1.722)	(1.917)	(1.688)

续表 6-13

变量	模型(6-15)	模型(6-16)	模型(6-17)	模型(6-18)	模型(6-19)	模型(6-20)
H_5	−0.01	0.021	−0.043	0.01	0.031	−0.021
	(−0.07)	(0.136)	(−0.287)	(0.065)	(0.209)	(−0.139)
MR	0.188	0.162	0.159	0.178	0.158	0.287***
	(1.369)	(1.173)	(1.154)	(1.331)	(0.246)	(2.853)
M-share	0.299***	0.275***	0.291***	0.298	0.274***	0.156
	(2.856)	(2.659)	(2.83)	(2.927)	(2.711)	(1.151)
Year	已控制	已控制	已控制	已控制	已控制	已控制
N	91	91	91	91	91	91
$Adj\text{-}R^2$	0.077	0.086	0.089	0.127	0.127	0.129
F-Values	2.072	2.207	1.542	2.629	2.637	2.667
D-W	1.57	1.598	2.253	1.566	1.591	1.553

注：*** 表示显著性水平为 1%，** 表示显著性水平为 5%，* 表示显著性水平为 10%，括号里是 t 值。

6.7 企业政治基础、煤炭企业成本与煤炭资源整合绩效的实证研究

6.7.1 模型构建

表 6-6 表明“官员型”董事的政治关系给企业带来了寻租代理成本和社会就业成本，这很可能会损害公司的业绩；但同时“官员型”董事也可以利用政治关系为企业的发展寻求庇护。可见，政府对具有政治关系的企业可能存在“掠夺之手”，也可能存在“支持之手”。因此，本节建立模型(6-21)检验在控制上述两种成本对企业业绩影响的前提下，“官员型”董事的政治关系对企业并购业绩存在正面影响还是负面影响。模型中 *Per* 分别表示企业并购整合的三种绩效：经济绩效(*Economy*)、社会绩效(*CSR*)和内部管理绩效(*Manage*)。

考虑到企业成本与企业业绩可能存在的内生性问题，本节把寻租代理成本和社会就业成本作为因变量构建了模型(6-22)和模型(6-23)。此两个模型与模型(6-21)共同组成联立方程组模型来验证上述分析。本节主要研究的是政企关系对企业双重成本和企业业绩的多种影响以及三者之间的内在反馈机制，因此反映政企关系的企业政治基础在联立方程组中是最主要的解释变量。同时，前

文中模型(6-10)的回归结果显示独立董事比例及高管持股比例对企业寻租代理成本有显著影响。模型(6-11)的回归结果表明资本结构、独立董事比例、企业年限和高管持股比例显著影响社会就业成本,同时为了减少数据缺失的影响,需要把寻租代理成本和社会就业成本的主要影响因素纳入整体的研究框架中。

$$Per=\partial_0+\partial_1 Rent+\partial_2 Exstaff+\partial_3 EPB+\partial_4 Growth+\partial_5 H_5+\partial_6 BS+\varepsilon \tag{6-21}$$

$$Rent=\partial_0+\partial_1 Per+\partial_2 Exstaff+\partial_3 EPB+\partial_4 Lev+\partial_5 IND+\partial_6 M\text{-}share+\varepsilon \tag{6-22}$$

$$Exstaff=\partial_0+\partial_1 Per+\partial_2 Rent+\partial_3 EPB+\partial_4 Lev+\partial_5 IND+\partial_6 Age+\varepsilon \tag{6-23}$$

在进行估计方法选择前,首先要进行模型的识别。根据联立方程的阶检验原则,当联立方程的内生变量(M)个数和外生变量个数(K)减去单个方程中内生变量(m)和外生变量(k)的个数之和的值大于或等于总的内生变量个数减1($M-1$)时,方程可以识别。且识别分为过度识别和恰好识别。其中,当$M+K-(m+k)>M-1$时,为过度识别;当$M+K-(m+k)=M-1$时,为恰好识别。模型(6-21)、(6-22)和(6-23)的阶检验结果表明,方程为过度识别。

根据联立方程模型识别的秩条件,很容易知道模型(6-21)、(6-22)和(6-23)都是过度识别的。对于过度识别的联立方程模型,可以采用两阶段最小二乘法(2SLS)或三阶段最小二乘法(3SLS)估计,但是3SLS估计量考虑了模型系统中不同结构方程的随机误差项之间的相关性,比2SLS估计量更有效。

6.7.2 实证结果及分析

本节构建了企业政治基础、寻租代理成本和社会就业成本与并购整合绩效的联立方程模型,通过"企业政治基础-煤炭企业成本-并购整合绩效"这一影响路径,重点考察了在寻租代理成本及社会就业成本可能对业绩产生影响的情况下,企业政治基础和并购整合绩效的内在关系。因此,本节采用三阶段最小二乘法进行模型估计,估计结果如表6-14、表6-15和表6-16所示。

表6-14　联立方程组的实证结果(*Per*表现为经济绩效)

变量	模型(6-21)	模型(6-22)	模型(6-23)
Constant	−0.231***	−0.055**	−0.008
	(−4.760)	(−2.107)	(−0.819)
Rent	−1.127**		−0.044
	(−2.373)		(−0.808)

续表 6-14

变量	模型(6-21)	模型(6-22)	模型(6-23)
Exstaff	−0.474	0.413	
	(−0.234)	(0.453)	
Economy		0.104	0.022
		(1.301)	(1.005)
EPB	0.131**	0.019	0.007
	(2.348)	(0.668)	(0.881)
Growth	0.004**		
	(2.226)		
BS	0.014***		
	(3.182)		
H_5	0.211***		
	(3.423)		
Lev			−0.016**
			(−2.132)
IND		0.122*	0.019
		(1.882)	(0.993)
Age			0.004**
			(2.024)
M-share		0.078***	
		(3.387)	

注：*** 表示显著性水平为 1%，** 表示显著性水平为 5%，* 表示显著性水平为 10%，括号里是 *t* 值。

表 6-15　　联立方程组的实证结果(*Per* 表现为社会绩效)

变量	模型(6-21)	模型(6-22)	模型(6-23)
Constant	0.178*	−0.082**	0.045
	(1.700)	(−2.437)	(1.317)
Rent	2.512**		0.294**
	(2.373)		(2.041)
Exstaff	−10.751**	1.777**	
	(−2.528)	(2.057)	

续表 6-15

变量	模型(6-21)	模型(6-22)	模型(6-23)
CSR		0.196**	−0.105**
		(2.307)	(−2.055)
EPB	0.276**	−0.033	0.026*
	(2.102)	(−0.967)	(1.772)
Growth	−0.001		
	(−0.223)		
BS	0.006		
	(0.713)		
H_5	0.018		
	(0.175)		
Lev			−0.013
			(−0.950)
IND		0.071	−0.026
		(1.263)	(−0.776)
Age			−0.001
			(−0.436)
M-share		0.031	
		(0.956)	

注：*** 表示显著性水平为 1%，** 表示显著性水平为 5%，* 表示显著性水平为 10%，括号里是 *t* 值。

表 6-16　　联立方程组的实证结果(*Per* 表现为内部管理绩效)

变量	模型(6-21)	模型(6-22)	模型(6-23)
Constant	0.492***	−0.010	0.010
	(5.822)	(−0.196)	(0.862)
Rent	−3.355***		−0.139**
	(−3.734)		(−2.283)
Exstaff	−10.818***	−0.601	
	(−2.944)	(−0.474)	
Manage		−0.060	−0.030**
		(−0.808)	(−2.122)

续表 6-16

变量	模型(6-21)	模型(6-22)	模型(6-23)
EPB	0.133	0.030	0.010
	(1.230)	(1.127)	(1.420)
Growth	−0.003		
	(−1.181)		
BS	−0.009		
	(−1.140)		
H_5	0.330***		
	(2.774)		
Lev			−0.009
			(−1.517)
IND		0.088	0.016
		(1.592)	(0.994)
Age			0.001
			(0.762)
M-share		0.051	
		(1.560)	

注：*** 表示显著性水平为 1%，** 表示显著性水平为 5%，* 表示显著性水平为 10%，括号里是 *t* 值。

6.7.2.1 政府对企业存在“掠夺之手”

从联立方程模型的回归结果可以看出，寻租代理成本与并购整合的经济绩效在 5%的水平下显著负相关，与内部管理绩效在 1%的水平下显著负相关。这说明代理成本的存在不利于并购整合绩效的提升，即代理成本越大，经济绩效和内部管理绩效越差。社会就业成本与并购整合社会绩效、内部管理绩效分别在 5%和 1%的水平下显著负相关，与经济绩效负相关但不显著，这表示企业承担的社会就业压力导致并购整合绩效的下降。

前文论及企业政治基础与企业两种成本之间的实证分析，发现“官员型”董事的存在是企业拥有政治关系的一种途径，而为了进一步加强与政府的关系获取政府的支持抑或是“官员型”董事出于增加自身利益的目的，企业会因此承担更多的寻租代理成本和社会就业成本。不管是企业的寻租代理成本还是社会就业成本，都会抑制企业并购整合绩效的提升。

6.7.2.2 政府对企业主要表现为“支持之手”

从回归结果来看，企业政治基础与并购整合的经济绩效和社会绩效均在

5%的水平下显著正相关，与内部管理绩效正相关但不显著。这表明在控制了成本可能对绩效产生的影响后，企业政治基础会促进并购整合绩效的提升。这也验证了前文的推测，企业政治关系对并购整合绩效的影响并非单一的：具有政治关系的企业会使政府对其存在“掠夺之手”，导致社会就业成本和寻租代理成本的增加。但总体来看，由于政企关系的存在，支持之手的力度更大一些，会在整体上提高并购整合的绩效。

尽管“官员型”董事的政治关系给企业带来了寻租代理成本和社会就业成本，损害了公司的业绩；但同时企业也可以利用“官员型”董事的政治关系，获得政府的各种资源及政府在政策上的庇护，为企业并购业绩的增长作出贡献。总的回归结果表明，企业政治关系的正效应总体上超过了其负效应，对企业绩效尤其是经济绩效最终表现出正向的促进作用。政府对具有政治关系的企业既存在“掠夺之手”，也存在“支持之手”，但表现更多的是政府的“支持之手”。

6.8 政府投资意愿、企业政治基础与并购整合资源配置效率的实证研究

前文对并购整合效果的研究发现，企业政治基础能够提高企业的经济绩效、社会绩效和内部管理绩效。而且，企业政治基础对企业经济绩效的提升作用尤为显著。但对于煤炭企业来说，不仅仅应该关注企业的绩效，更应该注重企业并购整合过程中资源开发利用的效率，即经济产出与各种资源要素投入的比值。因此，本节以全要素生产率（TFP）衡量煤炭企业并购整合资源配置效率，并探讨其与政府投资意愿调整及企业政治基础的关系。

6.8.1 模型构建

TFP 增长率估算之后，建立模型（6-24）和模型（6-25）用来验证政府投资意愿调整、企业政治基础对 *TFP* 增长率的影响，同时建立了模型（6-26）用来验证不同产权性质的企业在资源配置方面是否有显著差异。

$$TFP=\partial_0+\partial_1\Delta GIW+\partial_2 Growth+\partial_3 Lev+\partial_4 Cash+\partial_5 Size+\partial_6 MR+\partial_7 IR+\partial_8 FR+\varepsilon \tag{6-24}$$

$$TFP=\partial_0+\partial_1 EPB+\partial_2 Growth+\partial_3 Lev+\partial_4 Cash+\partial_5 Size+\partial_6 MR+\partial_7 IR+\partial_8 FR+\varepsilon \tag{6-25}$$

$$TFP=\partial_0+\partial_1\Delta GIW+\partial_2 Private\cdot\Delta GIW+\partial_3 Growth+\partial_4 Lev+\partial_5 Cash+\partial_6 Size+\partial_7 MR+\partial_8 IR+\partial_9 FR+\varepsilon \tag{6-26}$$

上述各变量的定义，如表 6-17 所示。

表 6-17 研究变量一览表

变量类别	变量名称	变量符号	变量定义
被解释变量	资源配置效率	*TFP*	索洛残值法计算出的全要素生产率
解释变量	企业政治基础	*EPB*	现在或曾经在政府部门、人大、政协等任职的董事人数/董事会规模
	投资意愿调整	ΔGIW	并购当年国有股比例－并购前一年国有股比例
控制变量	公司成长性	*Growth*	公司营业收入增长率
	财务风险	*Lev*	并购当年年末总负债/并购当年年末总资产
	货币资金占比	*Cash*	货币资金/总资产
	公司规模	*Size*	总资产的自然对数
	物质资源	*MR*	(固定资产＋存货)/总资产
	无形资源	*IR*	无形资产/总资产
	财务资源	*FR*	(长期借款＋应付债券)/总资产
	产权性质	*Private*	实际控制人为非政府机构时，取值为 1；反之，为 0

6.8.2 实证结果及分析

政府投资意愿、企业政治基础与 *TFP* 的实证结果，如表 6-18 所示。

表 6-18 政府投资意愿、企业政治基础与 *TFP* 实证结果

变量	模型(6-24)	模型(6-25)	模型(6-26)
Constant	－3.680**	－3.774**	－3.916***
	(－2.520)	(－2.558)	(－2.714)
ΔGIW	－0.006*		－0.006*
	(－1.833)		(－1.784)
EPB		0.778	
		(1.401)	
Private · ΔGIW			－0.117*
			(－1.910)
Cash	1.067	1.134	1.175
	(1.255)	(1.313)	(1.400)
Size	0.122*	0.124**	0.130**
	(1.940)	(1.949)	(2.091)

续表 6-18

变量	模型(6-24)	模型(6-25)	模型(6-26)
MR	1.557*	1.559**	1.621**
	(1.905)	(1.893)	(2.013)
IR	2.020*	1.705	2.048**
	(1.946)	(1.659)	(2.004)
FR	−0.416	−0.428	−0.385
	(−0.383)	(−0.387)	(−0.359)
Year	已控制	已控制	已控制
N	91	91	91
$Adj\text{-}R^2$	0.072	0.057	0.100
F-Values	2.16	1.902	2.431
D-W	2.069	1.891	2.143

注：*** 表示显著性水平为 1%，** 表示显著性水平为 5%，* 表示显著性水平为 10%，括号里是 *t* 值。

回归结果显示，政府投资意愿调整与 *TFP* 增长率在 10%的水平下显著负相关。这说明政府增加对煤炭企业的投资比例后，企业的资源配置效率出现了没有上升反而下降的状态。政府通过对煤炭企业直接投资并加强其控制的形式，将社会稳定、就业和税收等方面的压力转嫁到企业内部，进而利用煤炭企业的各种资源配置影响企业的并购决策行为，使得企业并购行为偏离企业价值最大化的目标。为了实现政府设定的经济目标，企业投资行为会受到政府的干预。此时，企业的资源往往配置在非生产经营活动中，这又将导致资源配置效率的下降。

在加入是否民营与政府投资意愿调整的交叉项之后，交叉项的系数显著为负。这说明国有企业与民营企业并购整合过程中的资源配置有显著差异，且政府的投资意愿增强时，民营企业的资源配置效率更低。政府对企业的投资变化越大，对企业的控制意愿就越强，企业承担的社会责任和政策性负担随之增大。国有煤炭企业的实际控制人是地方政府或者中央政府。国有煤炭企业在经营活动中已经承担了很多政府转嫁给企业的责任。因而，政府对管辖内民营企业的控制意愿增强显然是在传递一种信号，即民营企业会因此承担更多本应由政府承担的责任。

企业政治基础与 *TFP* 增长率的回归系数为正，则说明企业的政治关系越强，*TFP* 增长率越大。但同时该系数并不显著，则说明企业政治基础不能显著改善煤炭企业的资源配置问题。企业的政治基础使企业承担了就业成本和公司内部人员的代理成本，且“官员型”董事比例越大则政治关系越强，而企业承担的社会责任也就越多。但“官员型”董事在增大政企成本的同时，其行政背景和政治关系也使得企业更容易获得采矿权、探矿权等审批程序上的便利和融资优惠以及政府对企业的投资机会。采矿权、探矿权作为无形资产，是煤炭企业最重要的资源之一，可以使企业在煤炭开采等经营活动中占据主导优势地位，对资源配置效率的提高有一定程度的正向作用。政府增加对煤炭企业的投资，用于购买固定资产、建设巷道等，可以增加企业的产出增长率。总之，企业通过政治关系获得政府的各项资源，以应对政府对其施加的负担和压力，实现企业经营目标。尽管如此，企业政治基础并不能显著改善煤炭企业的资源配置效率，可见煤炭资源整合需要以市场机制为主，兼顾政府政绩诉求，以实现煤炭行业的可持续发展。

6.9 本章小结

本章通过把并购整合效果区分为煤炭企业成本、并购整合绩效和并购整合经济效率三个方面，主要探究了政企关系与煤炭企业成本、并购整合绩效之间的关系及政企关系对并购整合绩效、整合效率的不同影响。本章主要有以下四项发现。

(1) 政府通过“官员型”董事控制企业的经营活动，将维持社会稳定的责任内部化到企业身上，从而增加企业的社会成本。同时，政府赋予“官员型”董事的权力，成为管理人员在职消费和谋取私利的工具，企业也因此承担了更多的代理成本。

(2) 跨所有制并购路径的规模扩张给企业带来了并购经济绩效的提升。跨行业并购路径中多元化并购的协同效应并没有体现出来，反而存在“多元化折价”现象。由于跨区域并购会加大企业的管理成本和运输成本，导致企业承担过多的额外负担，以致跨区域并购整合各方面的绩效(经济绩效、内部管理绩效和社会绩效)都在下降。

(3) 政企关系、企业双重成本与并购整合效果之间有着内在的反馈机制，企业政治关系对并购整合绩效的影响并非单一的：一方面企业的政治基础导致了企业的代理成本和就业成本增加，政府对企业表现出“掠夺之手”。另一方面，企业利用管理层成员的政治关系，获得政府政策和产业上的庇护，在市场中占据优势地位，为并购整合效果的提升作出贡献，对企业绩效尤其是经济绩效表现出正向的促进作用，政府对企业表现出“支持之手”。由此可见，政企关系对煤炭资源并购整合的影响路径是“掠夺之手”和“支持之手”并存，政府和企业管理层基于自身政治利益，对煤炭企业伸出“掠夺之手”，导致煤炭资源整合的双重成本增加。另外，基于保障政府作为参股股东的剩余收益权，政府对企业伸出“支持之手”，煤炭资源并购整合经济绩效得以提升。

(4) 并购整合的经济效果体现在经济绩效、内部管理绩效和社会绩效三个方面。企业政治基础越强的企业越有助于经济效果的提升。企业政治基础对经济绩效的促进作用尤为显著。但是在增加经济效果的同时，企业的全要素生产率却出现了没有上升反而下降的状态。由此可见，煤炭企业应该重点关注并购整合的效率，应通过优化资源配置实现真正意义上的经济增长。

第三篇 案例分析

Case Analysis

在我国能源结构中，2013 年煤炭生产总量和消费总量分别占能源总量的 75.6%和 66%(国家统计局网站数据)，可见煤炭仍是我国当前能源结构的主体部分。自 2012 年以来，煤炭企业的“黄金十年”已成为历史，“煤炭行业不景气与燃煤严重污染环境”是目前煤炭行业面临的主要问题，也为未来煤炭资源整合指明了方向。

为了帮助煤炭企业早日摆脱目前的困境、重振往日雄风，政府颁布了一系列政策鼓励煤炭企业调整和优化产业结构，以达到国家能源生产和消费改革的目的。这是经济发展新常态下，推动能源革命的客观要求，是煤炭、电力行业等能源行业体制与机制创新的重大举措，是煤炭行业结构调整与转型发展的需要。政府对国有企业的控制行为一定程度上是其政绩诉求目标的体现。政府鼓励煤炭企业优化产业结构，是因为煤炭企业业绩的提高会帮助政府实现政绩诉求目标。政府的政绩诉求目标主要分为两类：经济利益和政治利益。其中，经济利益主要包括政府的财政盈余，政治利益主要包括降低失业率和提高经济增长率。目前，煤炭行业十分低迷，而很多大型煤炭企业都是国有企业，政府能够通过持股控制其行为。如果煤炭行业一蹶不振，将会阻碍政府政绩诉求的实现。首先，如果大量煤炭企业由于无法盈利而倒闭，势必会大幅提高失业率，同时煤炭行业业绩下滑又会降低经济增长率。上述情况的出现会使政府的政治利益受损，政府官员的晋升也肯定会受到或多或少的影响。其次，煤炭企业的经济效益一旦变差，政府的财政盈余也会受到不利影响，导致其经济利益受损。所以，政府为了实现政绩诉求，会积极帮助企业渡过难关。而企业为了得到政府的政策性帮助，也会积极与政府建立关系，与政府关系越好的企业越容易得到政府的各项资源，比如税收优惠、产业政策调整，从而提升企业的市场竞争力（李维安、徐业坤，2012）。

新常态下“改革”成为我国未来五年促进经济发展的三大动力之一，煤炭企业发展模式将从“增量发展”变为“存量组合”，但同时仍将面临大规模的合并重组。面对恶劣的市场环境，各大煤炭企业巨头纷纷寻求出路，作为煤炭行业“老大哥”的神华集团在传统煤业的基础上，大力发展“以煤为基”的多元化产业，煤电一体化、煤电港一体化、煤电冶建一体化，煤电运化综合发展，其他煤炭企业也纷纷效仿。煤炭企业产业链纵向整合后，高污染的煤炭可以在源头转化为清洁能源，因此获得了政府基于环保绩效考评等动机出发的大力支持。企业产业链纵向整合是煤炭企业走出困境的一个机遇。如果能获得政府的支持，企业将更有能力或更加顺利地进行产业链纵向整合，摆脱目前的尴尬处境，所以煤炭企业需要积极与政府建立关系。而政府为了获取政治利益和经济利益，也会主动跟一部分煤炭企业建立关系，给予其政策性的支持，帮助这些企业实现产业链纵向整合，提高企业的经营绩效，从而实现自己的政绩诉求目标。

第 7 章

煤炭企业产业链纵向整合动因分析：应对政府还是应对市场

针对目前煤炭企业日益困窘的现状，煤炭企业产业链纵向整合既受企业“集团多元化”战略推进的市场化因素的影响，同时也受政府“看得见的手”推动作用的影响。我国在 2013 年发布了一系列煤炭改革的相关政策：《关于做好 2013 年煤炭行业淘汰落后产能工作的通知》（国能煤炭〔2013〕145 号）、《国务院办公厅关于进一步加强煤矿安全生产工作的意见》（国办发〔2013〕99 号）、《国务院办公厅关于促进煤炭行业平稳运行的意见》（国办发〔2013〕104 号）。在这些政策的指引下，我国加大了煤炭资源整合中煤炭产业结构调整的力度。

在产业结构调整和转变发展方式的进程中，煤电一体化、煤焦化一体化、煤炭物流业等对产业链纵向整合均起到了积极的作用，并初步实现煤炭产业上下游一体化的和谐发展。例如，神华集团实现了煤电化路港航一体化，晋煤、平煤、山焦的煤、焦、化工产业等实现一体化融合发展，开滦、淮南等煤炭企业有向物流产业发展的新倾向。

本章立足于我国能源改革的政策方针，结合煤炭行业高污染、高碳排放量的实际情况，分析“以煤为基”进行产业链纵向整合转型升级的特点，探讨以下三个问题。

（1）政府和企业促使煤炭企业选择产业链纵向整合战略的动因有哪些（Why）？

（2）在当前的宏观环境下，煤炭企业是否应选择政企推动的产业链纵向整合战略（Whether），整合的动因是为了应对政府规制，还是为了节约市场交易成本？

（3）面对政府规制不同的市场环境，煤炭企业进行产业链纵向整合的程度应如何衡量，煤炭企业应该选择何种架构路径进行整合（Which）？

7.1 煤炭企业产业链纵向整合的驱动因素:政府与市场的抉择

7.1.1 煤炭企业产业链纵向整合动因的案例分析

7.1.1.1 中煤集团的产业链整合之路

产业链纵向整合是一个企业"做大、做强"的必经之路,这一点在中国中煤能源集团有限公司(以下简称:中煤集团)的案例中可以得到充分的印证。中煤集团从1997年就开始了产业链纵向整合的道路,而到目前为止,中煤集团的产业链纵向整合之路仍在继续。从现在的观点来看,中煤集团这十几年间进行的产业链纵向整合堪称佳作。经过十几年的纵向整合之路,中煤集团已经成长为集煤炭生产与贸易、坑口发电、煤化工、煤矿建设、煤机制造以及相关工程技术服务于一体的大型中央重点骨干企业。

7.1.1.2 中煤集团产业链纵向整合的外在动因

中煤集团曾是中国第二大煤炭生产企业,由1982年成立的中国煤炭进出口总公司改制而来。身为中央控股的重点国有大型企业,中煤集团在其三十多年的发展历程中,紧密结合政府对煤炭产业政策的调整与对资源型企业改革的要求,顺应产业整合和发展趋势,时刻围绕着"以煤炭生产和销售为核心,大力发展周边产业,不断实现企业转型升级"的指导思想,逐渐形成了现在涉及五大产业的战略格局。

1992年,中国煤炭进出口总公司更名为中国煤炭工业进出口总公司。此后,中国煤炭工业进出口总公司从中国煤炭行业发展的实际要求出发,根据市场变化趋势和国家对煤炭行业政策调控,不断调整企业的发展战略,持续推进企业的快速发展。中煤集团发展战略的调整与我国煤炭产业政策发展历程密切相关,见表7-1。

表7-1　我国煤炭产业政策发展历程与中煤集团发展战略对比

阶段	年度区间	主要煤炭产业政策	中煤集团发展战略
第一阶段	1949～1957年	推行技术改造、全面恢复生产	
	1958～1978年	阶级斗争与产业发展交织	
第二阶段	1978～1992年	改革开放与计划经济并行	1982年,中国煤炭进出口总公司成立

续表 7-1

阶段	年度区间	主要煤炭产业政策	中煤集团发展战略
第三阶段	1992～2001 年	煤炭市场化改革，煤炭价格放开	“资源为王”，扩大生产规模
第四阶段	2001～2008 年	煤炭投资体制改革，多元投资机制形成；推进煤炭资源整合，培育大型煤炭企业集团	优化资源整合，形成多元化经营模式
第五阶段	2008 年至今	能源生产与消费改革；煤炭产业结构调整	优化产业结构，完善产业链纵向整合

由表 7-1 可知，中煤集团发展至今，主要经历了三次重要的战略调整。第一次战略调整是 1992～2001 年，在政府“煤炭市场化改革”政策的影响下，中煤集团迅速确立“资源为王”的发展战略，获取资源，追求规模经济优势。第二次战略调整是 2001～2008 年，受国家实施“大集团煤炭清洁利用”政策的影响，中煤集团确立“优化资源整合”的战略，主要是在保证煤炭生产与销售的优势核心下，调整企业的业务结构，形成上下游一体化的发展模式。第三次战略调整是 2008 年至今，在煤炭行业不景气和政府“煤炭产业结构调整”政策出台的宏观背景下，中煤集团进一步优化产业结构，按照强化煤、优化电、多联产煤化工、高端化煤机、专业化矿建的总体思路，打造以规模化、集约化和园区化为核心的循环经济模式，逐渐形成了以煤炭生产和销售为基础，电力、化工、矿山建设和煤机设备制造等涉及煤炭产业链上下游行业的多元化产业发展格局。通过这三次战略调整，中煤集团确立了建设世界一流能源企业的战略目标，着力建设“以煤炭生产做大，以科技创新做强，以多元发展做优”的煤炭生产、煤机科研和煤炭产业链纵向整合发展的完善体系，基本上实现了从传统的原煤生产和销售企业向“煤电、煤化工”一体化的产业转型和结构性调整，企业的综合竞争力和资源配置能力明显增强。中煤集团的发展转型，见图 7-1。

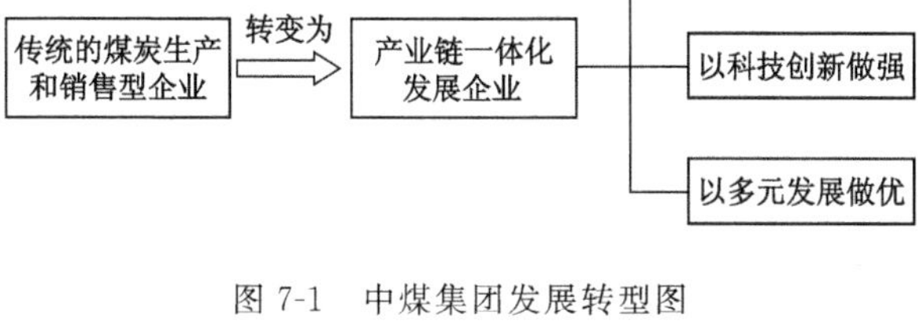

图 7-1　中煤集团发展转型图

由此可知，中煤集团提出产业链纵向整合战略的背后，政府对煤炭产业进行的政策支持是不可忽视的因素。实现产业链纵向整合并非易事，很多企业即使希望进行这种资源整合，也不一定有足够的能力。如果企业面临着比较大的财务风险，也不能轻易进行纵向整合。但是国有企业往往有能力实现产业链纵向整合，是因为其与政府之间的关系密切。一方面，政府通过持股拥有了企业行为的决策权；另一方面，政府又希望自己管辖区域的经济能够快速稳定增长，并将失业率维持在较低水平，所以政府在一定程度上支持与其关系紧密的煤炭企业进行产业链纵向整合。

7.1.1.3　中煤集团产业链纵向整合的内在动因

从第 3 章可知，交易成本理论在解释企业选择纵向整合战略方面是最成功的。本章节主要从交易成本理论方面来分析中煤集团选择产业链纵向整合战略的内在动机。

(1) 中煤集团进入电力行业的分析。煤炭企业最大的消费群体是电力行业，电力行业也是煤炭需求增长的主要因素。2013 年，发电或供热耗煤量占据全国煤炭消费总量的 55.7%，比 2000 年增加了 62.5%。可见在大部分的年份里，发电供热消费量占煤炭销售总量的比例呈增长的趋势，这与主要发达国家煤炭开发利用的趋势相同。而如今发达国家的电煤消费量占煤炭消费总量的比例已达 80%，与其相比，我国的电煤消费还有较大的增长空间。

长期的煤电价格矛盾，使电煤价格受到国家的严格控制，煤炭企业利润受到严重侵蚀。长此以往，煤炭行业日渐式微，而电力行业如火如荼，煤炭企业的部分利润被挤占，电煤以低于市场几十元的煤炭价格出售给电力企业。从 1994 年起，煤炭价格逐步市场化，然而销售给电力企业的煤炭价格仍然被管制，直至 2007 年，煤电价格才放开，开始由煤电企业双方谈判博弈进行商定。基于电煤消费占比如此之大，煤炭企业与电力企业的交易频率也较高。在电煤价格波动较大和频繁的情况下，煤炭企业就需要和电力企业不断进行价格博弈，签订各种长、短期合同，这无疑会增加双方的交易成本，对双方的利润均造成损害。

为了将电力中的利润回归到企业中来，中煤集团制定了煤电一体化的发展战略，有效地解决了煤电企业长期的价格博弈对企业利润造成损耗的问题，而且煤炭较优的使用途径就是发电。从煤炭的技术经济特点来看，将煤炭等矿物燃料转变成电力后污染相对比较少，大型发电厂有能力采用先进技术减少 SO_2 等污染物的排放，防止对环境的污染。随着发电技术的不断创新和成熟，中煤集团建成了一大批环保型坑口电厂，这些电厂以洗精煤副产品(煤矸石、煤泥等)为燃料，很好地解决了煤炭副产品对环境造成的污染问题，而且“化废为宝”，提高了资源利用率。中煤集团的这一发展战略得到了政府的大力支持，平朔矿区低热值煤发电项目获得 330 万 kW 规划容量，同时平朔矿区 2×66 万 kW、安太堡 2×35 万 kW 等发电项目也取得积极进展。同时，由于在焦煤生产过程中需要对原煤进行高温干馏，而生产出来的焦煤又要冷却到常温，这就造成大量的热量浪费。为充分利用这一热量，中煤集团建成了以余热发电的综合电厂。截至 2013 年年底，中煤集团共有 12 座综合利用电厂，总装机容量 3 737 MW，权益装机容量 1 651 MW，控股装机容量 982 MW。

(2) 中煤集团进入煤化工行业的分析。煤化工是一种较为清洁的能源，可提高煤炭利用率，是煤炭下游生产企业中创新能力要求比较高的行业。近年来，由于煤化工技术日益成熟，煤化工产业得到了迅速发展。2013 年投产的煤制油产量、甲醇产量分别达到 170 万 t、2 900 万 t，煤制天然气产量达到 27 亿 $m^3$①。煤化工产业的迅速发展是政府和企业共同主导的结果。对于政府来说，煤炭产业链的延伸意味着可以创造更多的国内生产总值和就业机会；对于企业来说，在当前煤炭行业低迷的形势下，投资煤化工可以获得更多的经济附加值，这种"一石二鸟"的"买卖"必然会得到迅速的发展。

中煤集团"立足煤、延伸煤、超越煤"，提高煤炭高效清洁转化能力，以煤焦精细化工和煤基醇醚燃料为重点，积极向煤化工产业延伸。目前，煤气生产能力居于国内领先水平，每年炼制煤制甲醇产能达 48 万 t，现已投产中煤九鑫 18 万 t 合成氨、30 万 t 尿素等项目，同时加快推进中天合创煤制烯烃等大型煤炭转化项目。中煤集团着力打造蒙陕(鄂尔多斯和榆林)、新疆和黑龙江三大新型煤化工生产基地，并力争使山西煤焦精细化工生产基地成为我国重要的煤化工企业之一。煤化工产业的发展不但很好地解决了煤炭大气污染的问题，而且煤炭就地转化，既节约了运输成本、又提高了煤炭专用设备的利用效率。

(3) 中煤集团进入煤矿装备制造业的分析。中煤集团旗下的中煤装备公司，是我国目前规模最大、技术装备水平最高、产品成套服务最全、综合竞争实力最强的井工煤矿工作面输送设备、支护设备和采掘设备的制造企业。中煤集团的产品技术水平和市场占有率稳居国内领先，在国内率先形成煤矿综采综掘装备成套研发、制造和供应能力，对全国煤炭行业的装备水平、安全水平、产量、效率的整体提升起到了突出的推动和示范作用。中煤装备公司始终坚持成套化、自动化和绿色化的原则，努力推进集成创新的战略计划：在年产千万吨工作面上首次实现资产设备完全替代进口设备，推动了制造业国际化的进程；在薄煤层自

① 林伯强：《煤化工产业不能一哄而上，需要战略规划总量控制》，载中国能源政策研究院网 2014 年 8 月 4 日，http://cicep.xmu.edu.cn/? p=1562。

动化开采方面取得了骄人的成绩，中煤装备公司为中煤集团技术效率的提高提供了强力的后盾。中煤集团进行产业链后向一体化整合后，开始进入煤机装备制造业。这样还可以满足某些特殊设备的制造要求，有效地节约了交易费用，从而降低了煤炭设备的采购成本。

（4）中煤集团进入煤矿建设行业的分析。中煤集团把握行业发展趋势，加快推进矿建业务战略调整。集中优势建设矿建队伍，坚持模式化、机械化、标准化和专业化，打造具有国际竞争力的工程总承包商；在做强、做精矿建业务的同时，大力发展煤矿采掘和生产运营，加快由施工企业向矿业企业的转型。

中煤集团所属的中煤建设集团有限公司下设两家大型勘察设计企业和四家大型施工企业，在我国多个煤炭重点建设工程中承担设计的重任，为我国煤炭建设事业作出了巨大贡献。截至目前，中煤建设集团有限公司建成了全国最深、井径最大的立井和亚洲冻结深度最深的冻结井，在国外还承建了摩洛哥、土耳其、孟加拉国、越南、印度等数十项国际工程。中煤建设集团的快速发展为中煤集团采掘业务的不断扩大作出了突出的贡献，也为中煤集团在煤炭采掘行业中市场势力的扩大提供了保障。

通过上述对中煤集团产业链纵向整合战略中整合动因的分析可知，节约交易成本是中煤集团选择产业链纵向整合战略的内在驱动因素。

7.1.2 煤炭企业产业链纵向整合动因的实证检验

7.1.2.1 研究假设的提出：取得政府支持抑或市场成本节约

根据前文理论部分、数理推导部分和案例部分的分析，本书认为煤炭企业由于固定资产等井下矿用设备的资产专用性较强，以及人力资源的行业特点性较强，且对于上下游之间尤其是下游之间的交易存在极高的不确定性，所以市场交易费用通常较高。因此，经过产业链纵向整合的企业绩效会明显高于非纵向整合企业的绩效。另外，基于煤炭行业不景气和环境污染不乐观的现状以及国家能源改革的背景，政府有较大的动机干预煤炭企业的经营战略，推进煤炭企业的一体化经营。据此，本章提出两个假设。假设 7-1：在其他因素相同的情况下，煤炭企业进行产业链纵向整合的内在动因是节约“市场交易成本”。假设 7-2：在其他因素相同的情况下，煤炭企业进行产业链纵向整合的外在动因是“政府之手”的支持。

7.1.2.2 模型设计与变量定义

本部分研究的是企业选择产业链纵向整合的动因。从前文对文献的梳理可以发现，关于企业产业链纵向整合的动因，学者们构建了许多经典的模型，如董晶晶（2012）利用 2007～2011 年煤炭企业的数据建立了面板模型来研究企业产业链纵向整合的动因,但这些研究主要是从静态的角度去分析。

本书认为,从静态的角度分析存在很大的问题,不符合现实中企业的实际情况。企业是一个存在于不断变化的经济环境中的动态组织形式,企业内部的组织成本和外部的交易成本是不断变化的,对企业的影响也是不断变化的,企业进行产业链纵向整合的决策总是受到过去行为的影响。因而,本章需要设计一个动态的面板数据模型来反映这种影响,以便使研究更加符合实际的经济问题。为了反映企业是一个动态的过程,本章在模型中引入了企业滞后一期的纵向整合程度,建立了如下的动态面板模型:

$$VI_{it} = \alpha_i + \beta_i Sale_{it} + \gamma_i Gov_{it} + \eta_i VI_{i(t-1)} + \varphi_i Size_{it} + \pi_i Lev_{it} + \kappa_i TCapital_{it} + \sum Year + \mu_{it} \quad (7\text{-}1)$$

其中,$i = 1,2,\cdots n; t = 1,2,\cdots T$。

模型(7-1)中主要变量的含义为:

VI_{it}为一个用以便于表示的代表变量,代表BVI_{it}和FVI_{it};

BVI_{it}为i企业t时期的后向一体化指数;

FVI_{it}为i企业t时期的前向一体化指数;

$Sale_{it}$为i企业t时期的销售费用与营业收入的比值;

Gov_{it}为政府规制变量;

$VI_{i(t-1)}$、$Size_{it}$、Lev_{it}和$TCapital_{it}$为控制变量,分别表示滞后一期的纵向整合程度、企业规模、资本结构和资本密集度;

$Year$为年度虚拟变量;

α_i为常数项;

μ_{it}为随机扰动项。

模型(7-1)中被解释变量VI表示企业纵向整合程度,分为前向一体化整合程度(FVI)和后向一体化整合程度(BVI),其计量方法将在下文中论述。$Sale$表示企业交易成本,等于企业的交易费用除以营业收入。从前文理论分析和案例分析部分可知,企业进行产业链纵向整合可以实现将外部的交易内部化。如果企业内部的交易效率高于外部市场,企业就有动机进行纵向整合,以实现节约交易费用的目的。因此,本章预计企业交易成本($Sale$)与纵向整合程度(VI)呈负相关关系。Gov表示政府规制,是衡量企业受政府影响程度的变量。由于中国市场化指数只到2007年,而本章研究的样本区间为2008~2013年,且本章研究的问题是煤炭企业纵向整合,与李善民(2006)研究的问题比较接近,因此本章选用国有股和法人股比例之和作为政府规制(Gov)变量的计量指标。该指标越高,说明企业越容易受到政府的影响,也更容易接受政府的规制。

模型(7-1)中除了以上指标外，其余的为控制变量，主要用来控制影响因变量的其他相关因素。根据李青原等(2010)的研究，本章设置的控制主要包括：① 滞后一期的企业纵向整合程度(VI_{t-1})，主要是为了控制前期纵向整合程度对本期的影响；② 企业规模($Size$)，等于企业期末总资产的自然对数；③ 资本结构(Lev)，等于企业期末资产负债率；④ 资本密集度($TCapital$)，等于期末固定资产占总资产的比重。

7.1.2.3 样本选择和数据来源

本章选取了在深圳交易所或者上海交易所上市的涉及煤炭生产的39家公司2008～2013年的数据初始研究样本。最终样本的形成须经如下步骤的筛选：① 剔除公司财务报告中披露的分行业主营业务收入中只有煤炭收入，即没有进行过产业链纵向整合或虽进行过产业链纵向整合但在样本期间内又剥离出去的样本。② 剔除样本期间内其他行业收入占主营业务收入的比例超过煤炭收入占比的样本公司。③ 剔除因一年无法获得年报而不能形成平衡面板数据的样本。④ 剔除财务状况异常及审计师出具拒绝意见或否定意见的样本。

样本中的年报数据来自新浪财经网站及深圳交易所网站，其他财务数据来自年报、CSMAR数据库及CCER数据库，所采用的统计软件包括SPSS20.0及EVIEWS9.0等。

7.1.2.4 产业链纵向整合程度的计算

纵向整合程度的测量是本章进行相关实证研究的前提条件，本章借鉴了国内外学者采用纵向整合指数替代的思路。对于纵向整合程度的测算，一直以来都是学术界的一个难题。通过对现有国内外有关纵向整合程度测量的文献梳理可以发现，较常用的方法主要包括主辅分类法、价值增值法(VAS法)和投入产出表法(I-O表法)(周勤，2002；孙自愿，2014)。

由于纵向整合程度衡量对本章的研究至关重要，究竟采用哪种方法必须慎重选择，因研究目的和数据的可获取性，必要时可采用两种及以上方法反复验证，以弥补单一方法的局限性。相比而言，投入产出表法更具有通用性，且数据较易获得。因此，本章采用投入产出表与财务数据(分部营业收入)相结合的方法进行纵向整合程度测算。具体测算方法如下：首先，确定企业所跨行业。其次，计算各营业收入与总收入的比值。再次，根据基本流量表，计算出企业所处行业每单位产出流入(或被投入)其他行业的数量，并将该系数加总。最后，用企业分部收入占总收入的比值计算系数加权(董晶晶，2012)。具体的计算步骤如下所述。

(1) 行业匹配。将企业年报中披露的主营业务涉及行业与投入产出表(I-O表)中的行业进行匹配。

(2) 计算投入产出指数。根据投入产出表(I-O 表)中基本流量表分别计算企业涉及行业每单位产出所需(流入)其他行业的投入系数,并将所得系数求和。

$$\vartheta_i = \sum_{j=1,j\neq i}^{n} \theta_{ij} \tag{7-2}$$

该系数代表行业"i"单位产出所需(流入)其他行业"j"的投入。

(3) 加权求和。分别计算企业涉及行业收入占总收入的比重,并将该比重作为权重,与投入产出指数加权求和,计算出企业的纵向整合程度。

$$V_{\text{forw}} = \sum_{i=1}^{n} \omega_i \vartheta_i \tag{7-3}$$

其中,ω_i 为所处行业"i"的分部收入占总收入的比重,该指标用于测算企业所有分部之间前向一体化的程度。该指标区间为[0,1),且越大代表前向一体化程度越高。

7.1.2.5 描述性统计

主要变量的描述性统计结果,见表 7-2。从均值上看,我国煤炭企业前向一体化整合程度(*FVI*)和后向一体化整合程度(*BVI*)的数值分别为 14.54%和 5.92%,这说明我国的煤炭企业偏向于选择前向一体化整合战略。从最值上看,我国煤炭企业进行前向一体化整合程度(*FVI*)和后向一体化整合程度(*BVI*)的最小值分别为 0.12%和 0.27%,最大值分别为 43.89%和 14.48%,这说明我国的煤炭企业在进行产业链纵向整合的程度方面差别也较大。企业规模(*Size*)、资本结构(*Lev*)和资本密集度(*TCapital*)的均值和中位数分别较为接近,说明样本公司的企业规模、资本结构和资本密集度较符合正态分布。

表 7-2 描述性统计表

变量	均值	中值	标准差	方差	最小值	最大值
FVI	14.54%	8.70%	0.148 8	0.022 1	0.12%	43.89%
BVI	5.92%	6.29%	0.036 1	0.001 3	0.27%	14.48%
Sale	2.92%	1.50%	0.035 9	0.001 3	0.00%	18.69%
Gov	17.70%	0.00%	0.264 5	0.070 0	0.00%	75.90%
Size	23.48	23.38	1.335 7	1.784 0	19.67	26.95
Lev	52.90%	52.69%	0.211 4	0.044 7	16.14%	164.44%
TCapital	31.76%	31.01%	0.141 8	0.020 1	3.12%	66.71%

7.1.2.6 实证结果及分析

模型(7-1)的回归结果,见表 7-3。

表 7-3　　煤炭企业纵向整合驱动因素回归结果

变量	FVI		BVI	
	Coefficient	t-Statistic	Coefficient	t-Statistic
Constant	0.176 4***	4.77	−0.204 0***	−5.95
Sale	−0.370 6***	−4.38	0.046 1	1.04
Gov	0.010 9***	3.61	0.015 2***	2.84
FVI_{t-1}	0.009 5**	2.32		
BVI_{t-1}			0.039 6	0.97
Size	0.000 1	0.034	0.011 0***	7.46
Lev	−0.025 6***	−2.97	−0.005 4	−0.63
TCapital	−0.035 0***	−3.47	0.013 9	1.16
Year	已控制		已控制	
$AdjR^2$	0.998		0.351	
F-statistic	1 986.04***		12.83***	
N 值	132		132	

注：*** 表示显著性水平为 1%，** 表示显著性水平为 5%，* 表示显著性水平为 10%，括号里是 *t* 值。

从表 7-3 第一栏的被解释变量是前向一体化程度（*FVI*），第二栏的被解释变量是后向一体化程度（*BVI*）。从第一栏的回归结果可以发现交易成本（*Sale*）的回归系数为−0.370 6，在 1%的置信水平下显著为负。这说明对于我国的煤炭企业来说，交易成本与产业链纵向整合程度显著负相关，企业内部部门之间的交易效率显著高于外在市场的交易效率，煤炭企业具有较强的动机进行产业链纵向整合以替代外部市场的运作，实现资源的有效使用。这一结果说明煤炭企业选择纵向整合战略的内在动机是节约交易费用。这一结果也验证了本章的假设 7-1，同时从某种程度上也印证了前文数理部分的结论。政府规制（*Gov*）与前向一体化整合程度（*FVI*）的回归系数为 0.010 9，且在 1%的水平下呈显著正相关。这说明我国政府介入煤炭企业的日常经营活动已经成为常态。政府为了实现自己的某些目标，从一定程度上决定了煤炭企业的经济资源配置，对煤炭企业的前向一体化整合表现出了“支持之手”。对于我国的煤炭企业来说，选择纵向整合战略的外在动机是政府规制，这与孙自愿（2014）的研究结论相同，同时验证了本章的假设 7-2。滞后一期的前向一体化整合程度（FVI_{t-1}）与本期的前向一体化整合程度（*FVI*）在 5%的置信水平下显著正相关。这说明煤炭企业本期的前向并购决策受前期的影响较多，企业的决策具有一定的延续性。企业规模（*Size*）与前向一体化整合程度（*FBI*）正相关，但是并不显著，则表明企业规模并不是影响企业选择前向一体化整合战略的主要因素。资本结构(*Lev*)与前向一体化整合程度(*BVI*)呈显著负相关关系。虽然有些文献的研究结论表明企业的融资能力有助于提高企业的纵向整合程度,但是本章的研究结论却与该结论相反。其原因可能是企业资产负债率越高,经营风险越大。当煤炭企业的资产负债率较高时,煤炭企业更愿意保持目前的产品经营结构,以避免选择纵向并购而进入新的产品领域所带来的经营风险。资本密集度(*TCapital*)与前向一体化整合程度(*FBI*)呈显著负相关,则说明前向一体化整合可以有效地解决煤炭企业资产专用性的问题,提高煤炭企业固定资产的使用效率。

从第二栏的回归结果可以看出,交易成本(*Sale*)与后向一体化整合程度(*BVI*)弱正相关。这说明煤炭企业进行后向一体化整合的主要因素并不是为了节约交易成本。这可能是因为煤炭企业位于煤炭产业链的顶端,主要进行的是前向一体化整合,而后向整合只能向煤机设备制造等领域发展。而煤机设备对于煤炭企业来说属于固定资产,其与上游企业的交易频率较低,相对于企业内部之间的交易,外部市场能够更有效地主导交易,因此表现出交易成本与后向一体化整合程度呈弱正相关,这与本章的假设 7-1 不符。政府规制(*Gov*)与后向一体化整合程度(*BVI*)的回归系数为 0.015 2,且在 1%的置信水平下呈显著正相关。这说明政府规制对煤炭企业后向一体化整合表现出来的是"支持之手",验证了本章的假设 7-2,即煤炭企业选择纵向整合战略的外在驱动因素是政府规制。与政府支持煤炭企业进行前向一体化整合和企业内在驱动因素表现出相同效用不同的是,虽然后向一体化整合不但不会节约交易成本,反而在一定程度上还会增加煤炭企业的交易成本,但政府仍然盲目地通过行政手段干预煤炭企业的后向一体化整合决策,煤炭企业在无形中承担了更多的政策性负担。滞后一期的后向一体化整合程度(*BVI*)与本期后向一体化整合程度不相关,则主要是因为后向一体化整合不能节约企业的交易成本。煤炭企业选择后向一体化整合战略是受政府规制的影响,但政府通过"有形之手"干预煤炭企业的正常决策是属于外部环境的影响,并非企业内部自发产生的,且从某种程度上来说并不具有延续性,因此表现出本期的后向一体化整合程度并不受前期整合程度的影响。企业规模与后向一体化整合程度显著正相关,可能是因为政府官员为了实现自身的仕途目的,在其任期内创造几家"大企业"来显示自己的业绩,盲目通过自身权力促进煤炭企业进行后向一体化整合。资本结构(*Lev*)与后向一体化整合程度(*BVI*)呈负向关系,但不显著,从一定程度上也反映了资产负债率过高的企业为了控制企业总体风险而选择一体化程度低的经营战略。资本密集度(*TCapital*)与后向一体化整合程度(*BVI*)呈正向关系,但不显著,则主要是因为政府不考虑煤炭企业的实际情况而盲目介入企业的后向并购决策,从而导致企业的资产使用效率低下，造成资源浪费。

7.1.2.7　稳健性检验

为了保证回归结果的可靠性，本章对本节的回归结果做了以下两点稳健性检验。

(1) 对于纵向整合程度，采用虚拟变量来替换。按样本公司纵向整合程度的中位数分组，若某一样本公司的纵向整合程度位于全样本公司纵向整合程度中位数以下，本章则将其定义为0，否则为1。将虚拟变量带入模型进行分析，分析结果基本一致。

(2) 对地方政府规制变量，本章则选用衡量企业承担政府政策负担大小的数据进行替代。将此数据带入模型进行分析，结果基本一致。企业承担政策性负担大小的数据来源于模型(7-4)回归结果的残差。

$$Ca_t = \partial_0 + \partial_1 Size_{t-1} + \partial_2 Lev_{t-1} + \partial_3 ROA_{t-1} + \partial_4 Growth_{t-1} + \partial_5 Ast_{t-1} + \sum Year + \xi \tag{7-4}$$

其中，$t=1,2,\cdots T$。

模型(7-4)中各变量含义分别为：

Ca_t 为企业第 t 年的资本结构，用固定资产净额与职工人数的比衡量；

$Size_{t-1}$ 为第 $t-1$ 年的公司规模，用总资产的自然对数衡量；

Lev_{t-1} 为第 $t-1$ 年的资产负债率；

ROA_{t-1} 为第 $t-1$ 年的资产收益率；

$Growth_{t-1}$ 为第 $t-1$ 年的成长性，用销售收入增长率衡量；

Ast_{t-1} 为第 $t-1$ 年的资产结构，用固定资产与总资产的比值衡量；

$Year$ 为年度虚拟变量；

ξ 为模型的残差。

7.1.2.8　产业链纵向整合动因中政企关系影响的总结

本章主要采用了个体案例分析与实证研究相结合的研究方法。通过对中煤集团的个体案例分析可以发现：其选择纵向整合战略的内部动因是节省交易成本，外部动因是政府政策的推动。为了证明这两个因素具有普遍性，大样本实证研究发现：煤炭企业节约交易成本和政府的“支持之手”分别是煤炭企业选择前向一体化整合战略的内部动因和外部动因；而煤炭企业之所以选择后向一体化整合战略只是因为政府政策的支持。

7.2　煤炭企业是否进行产业链纵向整合的决策分析：最佳时机抉择

根据第6章的研究结论，政府政策的外在推力和节约交易成本的内在市场驱动使得煤炭企业产生了产业链纵向整合的需求和动力，但是我国的煤炭行业经营情况千差万别，对处于不同生命阶段的煤炭企业个体，是否选择以及应该什么时间选择产业链纵向整合战略呢？为了说明这个问题，本节通过数理分析的方式来分析企业选择产业链纵向整合战略的最佳时机。

7.2.1 假设界定

为了数理推理的方便，首先需要对以下关键问题进行假设定义。

(1) 产业链的类型。郁义鸿(2005)根据产品自身的特征与技术条件的限制将产业链划分为三种基本形式。① 第一种形式是产业链上的商品 A 本身就是最终产品，上下游的企业只是商品 A 的分销环节，这种类型的产业链可由图 7-2 类型一表示。② 第二种形式是上游企业生产的产品 A 只能作为下游企业生产产品的投入品，产品 A 只是一个纯粹的"中间产品"，这种类型的产业链可以由图 7-2 类型二表示。③ 第三种形式是上游企业生产的产品 A 既可以作为下游企业生产产品的投入品，也可以直接面向消费者销售，这种类型的产业链可以由图 7-2 类型三表示。由于煤炭大部分是作为原材料或者是能源生产成其他产品而被消耗的，所以本部分定义的产业链是第二种类型的产业链。

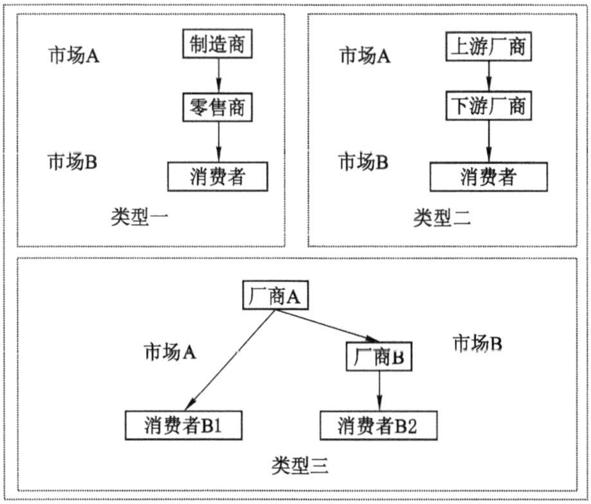

图 7-2 产业链的类型图示

(2) 位于产业链上游的企业是完全竞争的企业，其生产的中间产品 M 是无差异的，且单价为 S。

(3) 产业链上企业的数量。因为上游企业是完全竞争的，所以可以假设位于煤炭产业链上的企业只有三家①：一家是位于产业链下游的企业 A，另一家是位于产业链上游的企业 C，最后一家是进行过产业链纵向整合的企业 B。产业链的简化模型，见图 7-3。

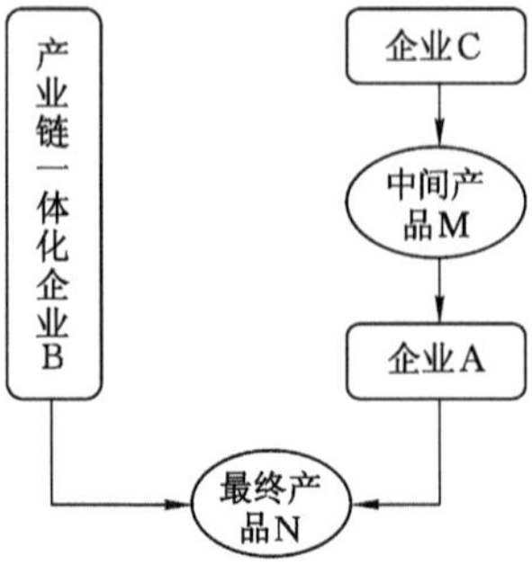

图 7-3　产业链纵向整合企业与非纵向整合企业竞争结构图

（4）企业 A 的固定成本为 F_a，变动成本为 V_a，企业 B 的固定成本为 F_b，变动成本为 V_b。在纳什均衡下，企业 A 和企业 B 生产的最终产品的数量分别为 Q_a 和 Q_b。

（5）设最终产品的价格为 P，需求函数为 $Q_d=d(p)=a-p$。产业链上生产最终产品的企业面临着同样的需求函数。

（6）生产最终产品的企业接受市场价格，并自行决定产量。企业 A 的产量为 Q_a，企业 B 的产量为 Q_b。

由于上文对产业链的假设，上游企业 C 生产的产品 M 必须经位于产业链下游的企业 A 进一步加工生产，形成可以直接面向消费者的销售产品 N，才会成为消费者的需求，所以影响下游产业均衡的条件只有中间产品 M 的价格 S。

7.2.2　产业链纵向整合战略最佳时机的数理推导

由假设可知，非产业链纵向整合企业 A 的利润函数为：

$$\Pi_a=P\cdot Q_a-(V_a+S)\cdot Q_a-F_a \tag{7-5}$$

产业链纵向整合企业 B 的利润函数为：

$$\Pi_b=P\cdot Q_b-V_b\cdot Q_b-F_b \tag{7-6}$$

由于假设，最终产品的需求函数为：

$$Q_d=D(p)=a-P \tag{7-7}$$

① 我们也对具有与 N 家 A 企业、K 家 B 企业、M 家 C 企业的情况进行了推导，结果与只有三家企业的情况无异，为了简化计算过程，此处采用只有三家企业的假设。

而 $Q_d=Q_a+Q_b$，所以：

$$P=a-Q_a-Q_b \tag{7-8}$$

将式(7-8)带入式(7-5)和(7-6)中，可以得到产业链纵向整合企业和非纵向整合企业均衡的条件为：

$$\begin{cases}a-2Q_a-Q_b-(V_a+S)=0\\a-Q_a-2Q_b-V_b=0\end{cases} \tag{7-9}$$

由式(7-7)可得：

$$\begin{cases}Q_a=\dfrac{a-2(V_a+S)+V_b}{3}\\Q_b=\dfrac{a-2V_b+(V_a+S)}{3}\end{cases} \tag{7-10}$$

将式(7-10)带入式(7-8)可得：

$$P=\frac{a+(V_a+S)+V_b}{3} \tag{7-11}$$

将式(7-10)和式(7-11)分别带入式(7-5)和式(7-6)可得产业链纵向整合企业和非纵向整合企业的利润分别为：

$$\begin{cases}\Pi_a=\dfrac{[a+V_b-2(V_a+S)]^2}{9}-F_a\\\Pi_b=\dfrac{[a-2V_b+(V_a+S)]^2}{9}-F_b\end{cases} \tag{7-12}$$

由式(7-12)可得：

$$\frac{d\Pi_a}{d(V_a+S)}=\frac{-4a-4V_b+8(V_a+S)}{9} \tag{7-13}$$

$$\frac{d\Pi_b}{dV_b}=\frac{-4a+8V_b-4(V_a+S)}{9} \tag{7-14}$$

为了讨论 (V_a+S) 和 V_b 对 Π_a 和 Π_b 影响的大小，用式(7-13)与式(7-14)相减可得：

(1) 当 $(V_a+S)>V_b$ 时，(V_a+S) 对 Π_a 影响大于 V_b 对 Π_b 的影响，企业应该选择产业链纵向整合战略，以减少变动成本对利润的影响。

(2) 当 $(V_a+S)=V_b$ 时，(V_a+S) 对 Π_a 影响等于 V_b 对 Π_b 的影响，企业无论是否选择产业链纵向整合战略，变动成本对利润的影响均相同。

(3) 当 $(V_a+S)<V_b$ 时，(V_a+S) 对 Π_a 影响小于 V_b 对 Π_b 的影响，企业不应该选择产业链纵向整合战略。

根据数理推导的结论，估测出满足何种条件时，企业应该选择产业链纵向整合，但是具体应选何种路径进行产业链纵向整合，需要在后文进行深一步的研究。

7.3 中煤集团产业链纵向整合决策的案例分析

产业链整合模式具有延伸产业链条，获取上下游资源，增加产业附加值，提升市场竞争力和抵御市场风险能力的特点。它是煤炭企业在资源整合过程中运用最多的模式，符合经济学的基本理论和企业发展战略的需求，具有较强的针对性和可操作性，应用较广。

近年来，中煤进出口公司紧紧围绕中煤集团公司“1458”工作思路和“22255”发展目标，加快推进主营业务发展。积极响应集团公司“增加资源储备，扩大煤炭产能”号召，充分发挥与地方关系的和谐优势，先后将朔城区10座煤矿整合为4座，将大同新荣区14座煤矿整合为5座，整合煤炭资源储量超过8.9亿t。同时积极实施“走出去”战略，加快推进澳大利亚昆士兰州哥伦布拉勘探区项目，为公司未来主营业务的可持续发展奠定了坚实的基础。

目前，公司在山西朔州、大同和陕西榆林地区的三大矿区建设已初具规模，拥有10亿t煤炭资源储备，煤炭年产量超过2 200万t，年分选加工能力超过2 500万t，发电规模15亿度，公司总资产达200亿元，管理19家企业，覆盖煤矿、选煤厂、电厂等上下游企业，公司实现了从以煤炭贸易为主向集煤矿、选煤厂、发电厂投资建设，生产及运营管理为一体的煤炭综合性企业的成功转型。

中煤集团根据公司业务发展需要和公司发展规划，经山西省政府批准，根据山西省《关于朔州市朔城区煤矿企业兼并重组整合方案的批复》（晋煤重组办〔2009〕21号），中煤进出口公司将朔城区东坡、杨涧、担水沟、西沙河及其周边地方10座煤矿整合为4座。整合后井田面积29.6 km^2，保有资源储量8.7亿t，新增资源储量1.8亿t，批准生产能力480万t/年。

中煤进出口公司朔州地区煤矿整合基本情况和经济评价结果，分别见表7-4与表7-5。

表7-4　　中煤进出口公司朔州地区煤矿整合基本情况表

序号	主体煤矿	重组煤矿	整合后井田面积/km^2	地质资源量/亿t	设计产能/（万t/年）	股权比例
1	东　坡	东坡煤矿	8.32	2.8	210	进出口公司100%
		金窑坡煤矿				
		金坡煤矿				
		泉安煤矿				

续表 7-4

序号	主体煤矿	重组煤矿	整合后井田面积/km^2	地质资源量/亿 t	设计产能/（万 t/年）	股权比例
2	杨　涧	杨涧煤矿 娄娄沟煤矿	9.31	1.8	90	进出口公司 100%
3	担水沟	担水沟煤矿 陡沟煤矿	8.84	3.0	90	进出口公司 100%
4	西沙河	西沙河煤矿 暖水泉煤矿	3.16	1.1	90	进出口公司 100%
合　计			29.63	8.7	480	

表 7-5　　中煤进出口公司朔州地区煤矿整合经济评价结果汇总表

项目	单位	西沙河煤矿	担水沟煤矿	杨涧煤矿
投资额	亿元	11	14	13
吨煤利润	元/t	99	74	72
产能(实际)	万 t/年	300	500	300
内部收益率	%	24.07	28.78	30.97
净现值	万元	21 552	23 371	50 690
投资回收期	年	5.36	3.49	4.64

中煤进出口公司在朔州市朔城区实施东坡煤矿、刘家口选煤厂和格瑞特电厂“两厂一矿”的一体化运营，实现了区域产业协同发展，提升了企业的整体盈利能力，为东坡循环经济园区的构建奠定了基础。本节主要以此为例对中煤进出口公司的纵向整合进行简单分析。

7.3.1　产业链整合相关公司介绍

7.3.1.1　整合企业基本情况

东坡煤矿、格瑞特电厂、朔中选煤厂三家企业的基本情况，见表 7-6。

上述三家企业注册资本金合计 129 428.9 万元。其中，东坡煤矿注册资本金 71 888 万元。该公司是在国家资源整合政策下、兼并刘家口二号井而建立的原煤生产企业，原设计生产能力 21 万 t/年，经改扩建后设计生产能力 150 万 t/年，主要生产环节预留 300 万 t/年，实际按 500 万 t/年能力设计，主要生产设备按 750 万 t/年能力建设和装备，可采储量近 1 亿 t。格瑞特电厂注册资本金

表 7-6 整合企业基本情况表

项目	东坡煤矿	格瑞特电厂	朔中选煤厂
注册资本金/万元	71 888	42 540.9	15 000
股权结构	中煤股份公司 100%	中煤股份公司 78% 偏关县金鑫冶炼有限公司 22%	中煤股份公司 51% 刘家口集运站 25% 路达公司 19% 平朔实业公司 5%
主要产品	煤炭	电力	洗煤
设计规模	150 万 t/年	2×135 MW	500 万 t/年
生产运营模式	生产由大屯公司承包运营	生产运营由神朔运营公司负责	生产运营委托大中洗选公司负责

42 540.9 万元，由中煤股份公司和偏关县金鑫冶炼有限公司共同出资于 2004 年 8 月成立。其中，中煤股份公司占股 78%，偏关县金鑫冶炼有限公司占股 22%。中煤股份公司已基本完成 22%股权的收购工作。格瑞特电厂主营业务为煤矸石综合利用发电，项目建设规模为 2×135 MW 空冷机组。1# 机组于 2009 年 4 月 1 日投入商业运行，2# 机组于 2009 年 9 月 2 日投入商业运行。朔中选煤厂注册资本金 15 000 万元。该公司成立于 2004 年 2 月，其中，中煤股份公司占股 51%，同煤集团朔州煤运公司刘家口集运站（以下简称：刘家口集运站）占股 25%，大同路达铁路运输有限责任公司（以下简称：路达公司）占股 19%，平朔实业发展有限责任公司（以下简称：平朔实业公司）占股 5%。朔中选煤厂设计洗煤能力 500 万 t/年，主要从事煤炭的洗选加工与销售业务，主要产品为洗精煤。

7.3.1.2 资产财务状况

东坡煤矿、格瑞特电厂、朔中选煤厂三家企业的资产财务状况，见表 7-7。

表 7-7 整合企业资产财务状况表

2009 年 12 月 31 日　　单位：万元

项目	东坡煤矿	格瑞特电厂	朔中选煤厂	合计
资产负债率	35.80%	74.84%	91.45%	60.44%
资产总额	138 270	152 258	39 168	329 696
其中：流动资产	35 209	13 959	25 796	74 964
固定资产	60 304	66 707	13 084	140 095
负债总额	49 505	113 956	35 819	199 280

续表 7-7

项目	东坡煤矿	格瑞特电厂	朔中选煤厂	合计
其中:流动负债	48 760	20 481	35 819	105 060
长期负债	745	93 475	0	94 220
所有者权益	88 765	38 302	3 349	130 416
其中:实收资本	85 466	42 541	15 000	143 007
专项储备	3 119			3 119
盈余公积	180		881	1 061
未分配利润		−4 239	−12 532	−16 771
其中:少数股东权益	0	8 426	1 641	10 067
营业收入	33 542	5 814	45 873	85 229
净利润	2 305	520	68	2 893

7.3.1.3 东坡煤矿等三户企业交易情况

2009 年,朔中选煤厂销售格瑞特电厂煤炭 3 万 t,交易额 498 万元;东坡煤矿销售格瑞特电厂原煤 32 万 t,交易额 5 421 万元;销售朔中选煤厂原煤 88 万 t,交易额 15 275 万元,见表 7-8。

表 7-8 整合企业交易情况表

年度	卖方	买方	交易事项	交易量/万 t	不含税平均单价/(元/t)	交易额/万元
2009 年	朔中选煤厂	格瑞特电厂	煤炭销售	3	170	498
	东坡煤矿	格瑞特电厂	原煤销售	32	170	5 421
		朔中选煤厂	原煤销售	88	175	15 275

7.3.1.4 三家企业生产经营存在的困难

东坡煤矿生产经营存在的困难有两点。第一,受煤炭运输的制约。随着煤炭产量的不断增加,公路运输能力不足,影响了产能的发挥。第二,由于煤质差,洗选回收率低,会与朔中选煤厂发生争议。

格瑞特电厂的困难有三点。第一,2009 年网上公用机组刚投入运营,设备利用小时不足,造成运行效率较低。第二,由于煤炭涨价,造成单位发电成本较高。第三,2010 年要申请综合利用电厂,以取得国家增值税减半征收的优惠政策,但申请的必要条件之一就是煤矸石的使用量要达到 40%,目前使用的都是原煤,不利于综合利用机组的认定。

朔中选煤厂的困难有四点。第一，由于入选煤量较低，生产达不到设计产能，造成企业单位选煤成本较高，企业经营效益受到很大影响。第二，由于外购原料煤煤质不稳定，经常要调整分选方式，严重影响生产效率。第三，由于地方煤矿整合，造成采购入选原料煤困难。第四，流动资金不足。

7.3.1.5　东坡煤矿至朔中选煤厂带式输送机输煤系统工程情况

东坡煤矿设计能力为 150 万 t/年，原设计原煤外运方式采用汽车运输至朔中选煤厂，运输里程约 5 km，运费为 8.1 元/t。目前，矿井生产能力有较大提高(由 300 万 t/年提高至 500 万 t/年)，原公路运输无法满足矿井生产量的外运需求。另外，原运输方式不利于环保及节能减排。所以，东坡煤矿委托中煤邯郸设计工程有限责任公司，组织设计并负责东坡煤矿至朔中选煤厂带式输送机输煤系统工程施工任务。该项目总长 2.89 km，设计运输能力为 2 000 t/h，在 3 号转载点为格瑞特电厂预留了输煤接口，投资 1.66 亿元，已于 2010 年 8 月底竣工。

7.3.1.6　三家企业现行管理方式

目前，东坡煤矿、格瑞特电厂及朔中选煤厂三家企业由中煤股份公司投资，委托中煤进出口公司管理。中煤股份公司对上述三家企业提出考核目标，下达生产经营指标，由中煤集团公司对中煤进出口公司在托管企业工作目标中进行考核。中煤进出口公司对上述三家企业进行日常生产经营管理。整合管理方式，见图 7-4。

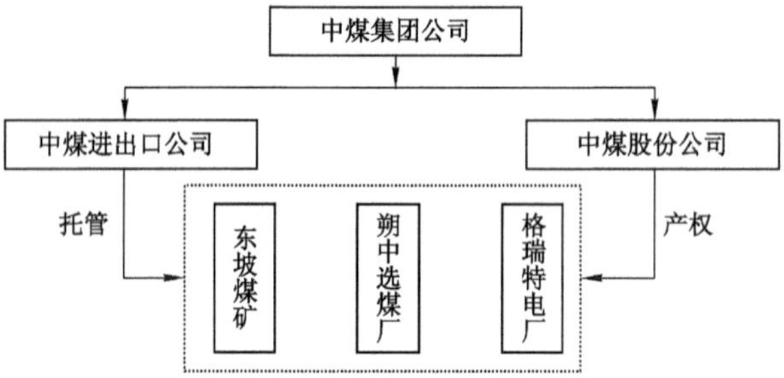

图 7-4　整合管理方式图

7.3.2　产业链纵向整合方案的比较

7.3.2.1　整合方案一

整合方案一的总体思路是：使用山西中煤东坡煤业有限公司为整合公司壳资源，使三家企业整体进入该公司。具体方案是：使用山西中煤东坡煤业有限公司为此次重组整合的公司壳资源，将中煤股份公司所持有的格瑞特电厂和朔中选煤厂股权整体划入该公司。一是该公司按照法人治理结构的要求，重新设计组织机构。公司管理层可以利用现有的三家企业管理层统筹安排。二是原东坡煤矿作为该公司的生产车间进行管理。三是在朔中选煤厂少数股权退出后，注销其法人资格，作为该公司的生产车间管理。如果朔中选煤厂少数股权不愿退出，则作为该公司的控股子公司进行管理。四是格瑞特电厂暂保留其法人资格，但管理上作为该公司的生产车间管理。待其上网结算、验收手续办理完毕，明确其作为非独立法人资格对综合利用机组认定没有影响，能够享受国家增值税减半增收的政策后，再办理注销法人资格的相关手续。

7.3.2.2 整合方案二

整合方案二的总体思路是：中煤股份公司新成立全资子公司，将三家企业整体进入新公司。具体方案是：中煤股份公司新成立一个全资子公司，将股份公司所持有的东坡煤矿、格瑞特电厂和朔中选煤厂股权整体划入新公司。其他内容同整合方案一。

7.3.2.3 整合方案的比较

煤矿企业和发电企业均属特种经营许可行业，有关生产经营事项需经政府有关部门审批。整合方案一变更事项较少，仅需对格瑞特电厂的有关审批事项办理相关变更手续。整合方案二涉及煤矿的采矿许可证、矿长资格证、矿长安全资格证、煤矿负责人安全资格证以及安全、环保等许多变更，且变更难度较大。两个整合方案相比较后，最终采取方案一进行整合。

两个整合方案的示意图，分别见图 7-5 和图 7-6。

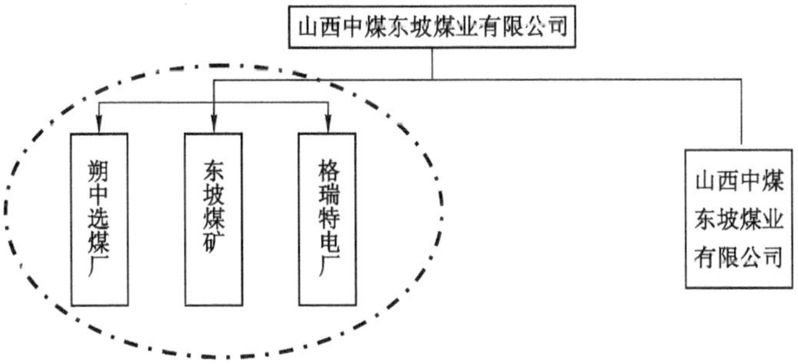

图 7-5 整合方案一示意图

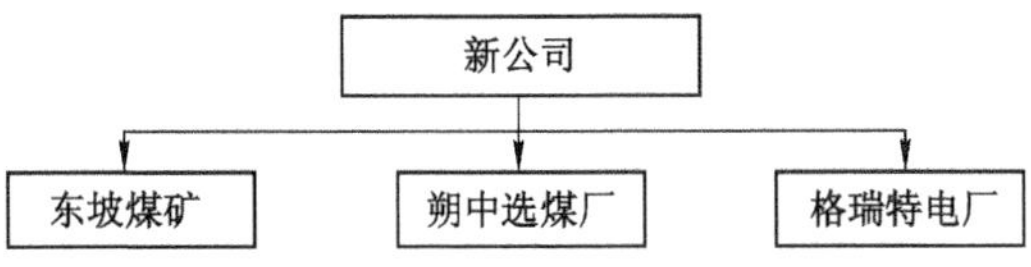

图 7-6 整合方案二示意图

7.3.3 产业链纵向整合的整合主体设计

7.3.3.1 整合主体设立原则

（1）扁平化管理原则。新公司按照现代企业法人治理要求设置管理机构。原三家企业不设立为分公司，而是作为生产车间，由新公司的管理机构直接进行管理。扁平化管理原则是通过减少管理层级提升整合后公司的运行效率。

（2）专业职能部门集中管理原则。新公司的管理机构充分利用现有三家企业的人力资源，按照专业化分工的要求，对原有的管理机构进行整合，将综合、财务、物资采购、销售及后勤服务等专业职能部门的职责、流程进行梳理，明确部门职责和工作流程，进行专业化集中管理。

（3）强化内控管理的原则。新公司管理机构的设置要满足内控管理的原则，全面提升企业的风险管理和内部控制能力，降低企业利益相关者的风险。

（4）生产运营部门维持不变的原则。为保持原三家企业生产系统的安全、健康、稳定运行，在三家公司整合的过程中，原有的生产运营部门暂时不变动，待新公司的管理机构稳定运行后再根据工作需要进行调整。

（5）运行高效、职责清晰的原则。上述三家企业整合为一家企业后，原三家企业的主业虽然各不相同，但它们是产业链关系，整合的目的就是发挥三家企业的协同效应，实现“1＋1＞2”的效果。因此，新公司机构的设置，要满足运行高效、职责清晰的原则。所设立部门既要没有管理遗漏，防止出现管控真空；又要避免重叠，防止出现职责交叉。

7.3.3.2 整合主体平台机构初步设计

先搭建一个整合平台，确定公司定位和发展方向，改革改制及部门机构设置等具体工作由新公司完成。企业组织机构设置，见图 7-7。

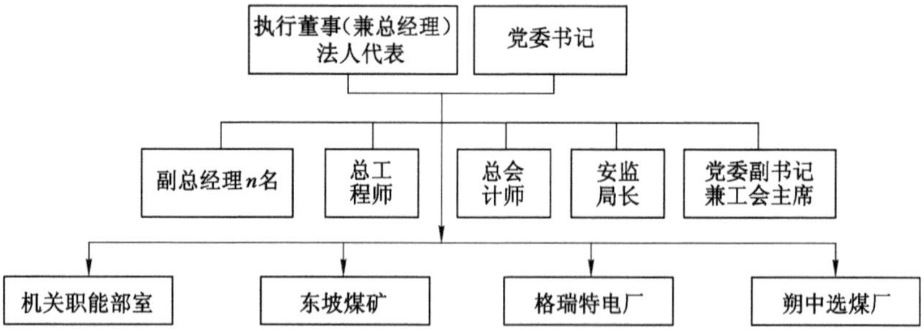

图 7-7 企业组织机构图

7.3.4 产业链纵向整合的具体实施

7.3.4.1 合理规划产业布局

由于历史原因，我国煤炭企业大多为市县管理的地方煤矿，存在各自为政，产业单一，经营理念失时的状况。煤炭资源在全面开发、全局规划、循环利用以及提高促进煤炭产品生产的安全性方面仍然受到煤炭资源所在地域的较大限制，因而通过纵向并购提高资源配置效率、通过横向并购优化产业结构的战略任务仍然任重而道远。整合企业所在位置，见图 7-8。

图 7-8 整合企业位置图

整合中必须做到：一是打破区域经济保护壁垒，冲出“肥水不流外人田”的思想束缚，树立全局意识和行业大局观念，落实国家相关产业政策，实现资源配置市场化、开发规划科学化和持续发展最优化。二是在科学规划布局的基础上，跨区域组建大型企业集团，以其为产业龙头，从而带动相关产业发展，追求资源的最优配置，形成产业链协同优势，保障安全生产，提高资源回收率和循环利用率。

7.3.4.2 调整产业结构，建设大型企业集团

以中煤集团发展为例：近年来，中煤集团作为国有特大型煤炭企业集团，经营业务涉及发电、煤矿设备生产以及煤焦化等众多与煤炭产业相关性较强的产业，为优化煤炭资源配置和集约化生产奠定了坚实的基础。中煤集团产业结构调整的总目标是：在做大产业规模的同时，提高产业发展质量，提升产业增值水平，实现产业结构优化升级。产业结构调整的重点是强化煤炭核心主业地位，加快发展煤化工和电力两大战略产业，优化发展煤矿装备和煤矿建设产业，积极发展煤层气等新能源产业。优化产业链结构进行的并购整合，可以采取异地并购的方式实现，也可以通过延伸产业链条纵向进行。通过上述整合能够形成主业优势突出、产业链条合理完整、产业协同发展、增值效应显著和资源循环使用效率高的大型企业集团。

跨区域并购和产业链纵向整合都必然受到政府的强烈规制。各级政府统筹考虑区域资源禀赋、开发条件、市场条件、地理位置、国家政策、人力资源等因素，因地制宜，制定产业结构调整规划，优化产业布局，组建大型煤炭企业大集团。整合工作中，应把握以下原则：一是资源整合产权要明晰。整合工作应由政府以煤炭资源的所有者和国有资产出资人的身份主导，强化法律意识，严格按照我国《公司法》和国家有关法规开展工作。二是选好资源整合的主体。针对煤矿安全管理工作的复杂性、艰巨性和长期性，在资源整合主体选择上，应优先选择安全生产保障能力强、具备相应安全管理资质的整合主体，充分发挥其资金、品牌、技术、市场和管理优势，为整合后煤炭企业的安全生产提供可靠保障。三是以优化结构、产业升级为主旨。资源整合不是数量的简单累加，要以此为契机，瞄准国际、国内先进技术与工艺，以技术先进、淘汰落后、效益增长为原则，优化产业结构，实现产业升级，发挥产业链条耦合效应。尤其应在保证实际控制企业绝对控制地位的前提下，通过提高国有股比例以及引进多种形式资本的形式调整资本结构，尝试探索企业的混合所有制治理结构。

在资源整合中和整合后，各级政府在发展规划对接、后备资源配置、项目报批、证照办理、产运衔接、企地关系协调和安全监管等方面，要给予整合主体企业必要的关心与支持，实现企地共赢、和谐发展。

7.3.4.3 实现煤炭产销一体化

矿站一体化是保证煤炭产销有效衔接，实现产销动态平衡的一种基本性整合模式，被多数企业重视并选用。以中煤集团为例，朔州地区以煤矿为依托，集成了安太堡、安家岭、东露天、店坪、刘家口等煤炭分选集运站，年发运煤炭达到1.5亿t。煤矿与集运站联动，为煤炭的选配销售提供了得天独厚的条件，解决了煤矿生产厂在生产场地选择方面的难题，同时便于矿场保持销售渠道的畅通。

对于集运站来说，两者联动可以保证原料煤的及时供应，降低了经营成本，两者的一体化实现了优势互补，提升了整体效益。

在产销一体化方面，根据产销企业各自的优势与实力，大致有两种形式，一是销售引领型，即以重点集运站为龙头，发挥与路局和港口的协调能力，吸纳周边煤矿煤源，可以通过合作合同形成利益共同体，也可以以资本为纽带，互相参股形成大型企业集团。二是煤矿主导型，煤矿企业作为一次资源的所有权人，可以根据资源分布，协调铁路主管部门，考虑下游电力、冶金等产业的需求，重新配套布局煤炭集运站。此方式多见于国家大型矿区的开发，以煤为基，以路为线，连接产地与市场，建设循环产业集群。

7.3.4.4 建设配煤中心，适应煤炭市场

煤炭资源作为一次性化石能源，数量分布不均、所处地域环境复杂且具有明显的地域特征，因而其在可开采量、开采所需条件以及开采出的产品的种类和质量方面也参差不齐。面对目前严峻的市场形势和国家可持续发展配套环保政策的实施，以市场为导向，科学合理配煤，满足细分市场需求，也是资源整合的重要课题。一是煤炭产销企业按照市场规律，利用已有的市场及渠道，根据市场和用户需求合理发运。二是煤炭产销企业要瞄准各地煤种和煤质指标的互补性，以市场为导向，做好配煤这篇大文章。例如，朔州地区高硫、高灰、低热值气煤与大同、陕北及内蒙古西部低硫、高热值不黏结煤的掺配，具有极大的市场空间。三是随着煤炭下游产业技术进步、设备更新，煤种利用限制取得极大突破，大同地区优质"双六煤"可以用作喷吹，部分具有一定黏结指数的弱黏结煤可以用作配焦。煤炭综合利用技术的发展，提高了煤炭配销效益，为煤种间的相互替代提供了可能。

7.3.4.5 构建循环经济园区

由资源和产业基础决定，"以煤为主，多元发展"仍将是我国长期坚持的发展战略。为此，煤炭企业要树立"高碳产业，低碳发展"的理念，构建煤-焦-化、煤-电-铝-建材、煤-电-钢-建材三大产业链，建设区域性循环经济园区。但上述产业链条的构建和园区的建设，全部是高能耗、高污染、高耗水、高资金投入的产业，在国家安全生产、节能减排、环境保护等政策约束下，水资源匮乏和环境容量不足将成为煤炭下游产业发展的主要制约因素。产业链整合模式框架，见图 7-9。

7.3.5 产业链纵向整合的效果预期

首先，企业整体实力将明显增强。整合后，三家企业总资产将达到 32.97 亿元，营业收入达 8.52 亿元，净利润达 0.29 亿元。新公司规模加大后，市场话语权将进一步增强，市场占有率和竞争力将进一步提升，同时在地方政府中的地位

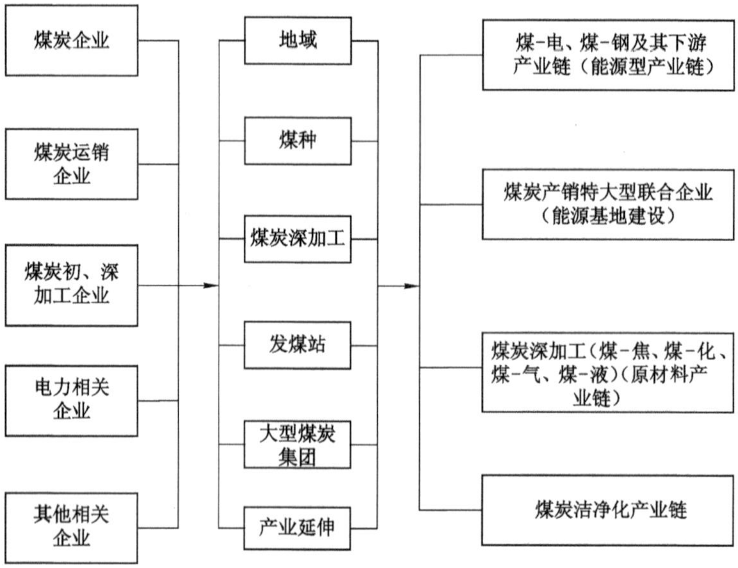

图 7-9　产业链整合模式框架图

也将得以提升，这将为企业进一步做强做大奠定基础。同时，三家企业的资源可以共享，资金、人员、设备、材料等可以统一规划、统一调度、统一安排，从而可以降低材料储备，加速资金周转，提高资金使用效率。同时，通过加大装备投入和核心技术研发，核心竞争力必将进一步提升，发展能力和发展后劲必将进一步增强，整合后的企业必将有更大的发展空间。

其次，有利于降低生产成本费用。一是降低生产成本。整合前三家企业用水和供热均各自来源于不同渠道，同时负担水资源补偿费（东坡煤矿为 2 元/t，朔中选煤厂为 3 元/t，格瑞特电厂为 2 元/t）成本较高。整合后，通过技术改造和优化生产流程，拆除东坡煤矿和朔中选煤厂锅炉系统，三家企业供热可由格瑞特电厂集中供应。调整生产用水来源，生产用水主要由东坡煤矿处理后的矿井水集中供应，有利于提高水、热资源利用率，减少水资源补偿费，在总体上节约生产中的水、热成本。根据东坡煤矿和朔中选煤厂提供的 2009 年数据测算，仅集中供热一项，可节约成本 500 万元。目前，朔中选煤厂现有矸石一般是直接排放，需要负担 5 元/t 的排矸费。如果朔中选煤厂矸石转供格瑞特电厂生产用，则可节约朔中选煤厂排矸费，同时降低格瑞特电厂的发电成本。二是降低管理费用。整合前三家企业分别对应地方政府和行业主管部门，各自企业规模和实力较弱，处理地方关系需要付出较高的成本。整合为一家企业后，企业规模和实力均较原来大幅提升，有利于以较低的成本统一协调地方关系，更便于总体上争取地方政府和行业主管部门的支持。整合后，实行扁平化管理，减少管理层级，将原三家企业的管理机构和管理人员进行重组，从而减少管理人员，节约人工成本，提高效率。

再次，有利于降低企业税负。一是对所得税的影响。整合前三家企业所得税率均为25%，原来的三家企业各自缴税，其中如果出现亏损企业，只能由其自身在五年内逐年弥补亏损。如整合为一家企业，原来各企业的所得税由合并后的新公司缴纳，则盈利业务可以直接抵扣亏损业务的亏损额。二是对矿产资源补偿费的影响。格瑞特电厂两台机组发电全年耗煤量130万t，2009年东坡煤矿销售给格瑞特电厂的原煤不含税价格为169.23元/t，东坡煤矿需按照销售收入的1%上交矿产资源补偿费220万元。矿厂合并后，内部资源转移无销售收入，与矿厂独立法人运作相比，可减少矿产资源补偿费220万元。三是对资源税的影响。国家正在对资源税进行改革，由从量计征，变为从价计征，以对矿产资源补偿费影响数据为例，若资源税征收方式变为从价计征，矿厂合并后可减少资源税。四是对印花税的影响。三家企业是独立法人单位时，每年三家公司之间签订的交易合同都需分别缴纳印花税，而整合为一家企业后则不需要再缴纳印花税。

7.4 煤炭企业如何进行产业链纵向整合的决策分析：架构路径的抉择

上文主要研究了煤炭企业选择纵向整合战略的动因和选择产业链纵向整合战略的最佳时机，但是尚未提及应采用何种路径实现产业链纵向整合战略。本节在前文的基础上，讨论企业在不同的条件下，对产业链纵向整合架构路径的选择问题。

7.4.1 纵向整合架构路径的细分

为了研究的方便，本节以煤、电企业的关系来研究架构路径的选取。总体来说，煤电纵向整合的架构路径可以分为两种：煤并电一体化模式的前向一体化和电并煤一体化模式的后向一体化，见图7-10。

7.4.1.1 前向一体化整合架构路径

以煤并电纵向整合模式为例的前向一体化整合架构路径，是指处于煤炭产业链上游的煤炭企业以兼并、收购、参股、新设等方式进入处于煤炭产业链下游发电行业的战略模式（如图7-10所示）。我国的大型煤炭企业基本上都已经通过产业链纵向整合进入了电力行业的发展，但是由于电力行业属于国家严格管

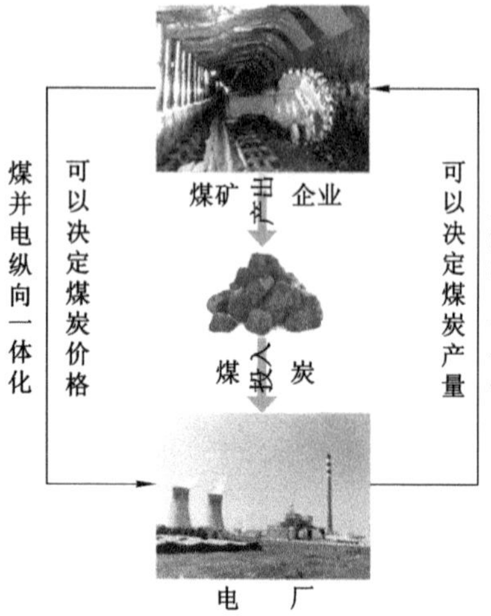

图 7-10　产业链纵向整合的两种架构路径

制的行业，国家对电力企业实行竞价上网。针对所属煤炭企业的电厂和所属电力公司的电厂时，电网公司往往会厚此薄彼，偏向实力更加雄厚、技术更加成熟的电力公司，这就使得煤并电纵向整合受到很大的限制，煤炭企业并购的电力企业发出的电基本上处于“自产自销”的模式。

大屯公司就是典型的煤并电纵向整合的产物。大屯公司是中煤能源集团有限公司(以下简称：中煤能源)的二级单位，主要从事煤炭生产、坑口发电和铁路运输等业务，是中煤集团下属的煤电运一体化经营企业。目前大屯公司拥有一个总装机容量为 444 MW 的火力发电厂和矸石热电厂，2×350 MW“上大压小”热电项目正在积极推进过程中。大屯公司在煤并电纵向整合的道路上远远领先于其他煤炭企业。

7.4.1.2　后向一体化整合架构路径

以电并煤纵向整合模式为例的后向一体化整合架构路径是指处于煤炭产业链下游的电力企业对所属区域的上游煤炭企业进行兼并重组，形成电煤一体化企业集团的战略模式(如图 7-10 所示)。由于我国电力企业最主要的发电形式还是火电，对电煤的依赖性较大，电煤价格的波动会对电力企业的利润产生很大的影响。因此，电力企业有动机进行纵向整合。在当今煤电关系紧张的背景下，电力企业并购煤炭企业可以有效地解决煤电之争。

比较典型的选择电并煤纵向整合架构路径的公司是华能伊敏煤电公司。该公司是中国华能集团全资拥有的煤电一体化公司，主营业务包括电力和煤炭生产，现在拥有两台俄罗斯 500 MW 超临界机组和电厂装机 2×600 MW 国产亚临界机组。为保证这些机组的电煤供应，华能伊敏煤电公司分别投入了一个年产煤 770 万 t 和一个年产煤 600 万 t 的露天煤矿。

7.4.2 纵向整合架构路径抉择的数理分析

煤炭企业进行产业链纵向整合可以有效地节约交易费用。具体到煤电的纵向整合来说，煤炭企业和电力企业合并可以有效地节约电煤的交易成本，这也是煤炭企业产业链纵向整合的一项重要驱动因素。当然，电煤的交易成本并不是影响煤电产业链纵向整合的唯一因素，其价格和产量也是不容忽视的因素。电力企业（煤炭企业）通过纵向整合行为可以获得更为稳定的投入品（产出品）要素（包括价格和数量等），从而避免投入品（产出品）的不确定性带来的损失。因此为了分析煤-电产业链应该选择何种架构路径进行纵向整合，本节主要从谁来决定煤-电产业链的中间产品——电煤的价格入手分析不同架构路径整合的优劣。

为了数理推理的方便，首先需要进行以下假设：① 市场上只有一家企业 M，且该企业 M 已经经过产业链纵向整合，其中 A 代表煤炭生产部门，B 代表电力生产部门，且 A 部门生产的电煤全部用于 B 部门的发电。② 电煤和电力的价格分别为 p^u 和 p^d，产量分别为 Q^u 和 Q^d。③煤炭部门和电力部门的成本分别为 C_u 和 C_d（C_d 不包括投入品电煤的成本），且二者的成本函数均为凸函数。假定 $C_u=\frac{1}{2}c_u(q^u)^2$、$C_d=\frac{1}{2}c_d(q^d)^2$，其中 c_u 和 c_d 分别为煤炭部门和电力部门的边际成本，且均为大于 0 的系数。④ 煤炭部门和电力部门的利润分别为 Π^u 和 Π^d。煤炭部门的利润可以表示为：$\Pi^u - p^u Q^u - C_u = p^u q^u \quad \frac{1}{2}c_u(q^u)^2$，电力部门的利润可以表示为：$\Pi^d=(p^u-p^d)Q^d-C_d=(p^u-p^d)q^d-\frac{1}{2}c_d(q^d)^2$。

假设 $Q^u=Q^d=q$，即 1 单位的电煤投入可以产生 1 单位的电力产出，则上面两个部门的利润函数就可以表示为：

$$\Pi^u=p^u q-\frac{1}{2}c_u q^2 \tag{7-15}$$

$$\Pi^d=(p^d-p^u)q-\frac{1}{2}c_d q^2 \tag{7-16}$$

(1) 前向一体化整合（煤并电纵向整合）架构路径。如果企业 M 是由某家煤炭企业并购了一家电力生产企业而来的，则煤炭部门在企业 M 中占主导地位，决定着电煤的价格。

首先对式(7-16)求偏导：$\frac{\partial \Pi^d}{\delta q}=p^d-p^u-c_d q$，令$\frac{\partial \Pi^d}{\delta q}=0$，可得：

$$q=\frac{p^{d}-p^{u}}{c_{d}} \tag{7-17}$$

将式(7-17)带入式(7-15),可得:

$$\Pi^{u}=p^{u}\frac{p^{d}-p^{u}}{c_{d}}-\frac{1}{2}c_{u}\left(\frac{p^{d}-p^{u}}{c_{d}}\right)^{2} \tag{7-18}$$

再对式(7-18)求偏导:$\frac{\partial\Pi^{u}}{\delta p^{u}}=\frac{p^{d}-2p^{u}}{c_{d}}+\frac{c_{u}(p^{d}-p^{u})}{c_{d}^{2}}$,令$\frac{\partial\Pi^{u}}{\delta p^{u}}=0$,可得:

$$p^{u}=\frac{c_{u}+c_{d}}{c_{u}+2c_{d}}p^{d} \tag{7-19}$$

将式(7-19)带入式(7-17)可得:

$$q=\frac{p^{d}}{c_{u}+2c_{d}} \tag{7-20}$$

将式(7-19)和式(7-20)分别带入式(7-15)和式(7-16)可得:

$$\Pi^{u}=p^{u}q-\frac{1}{2}c_{u}q^{2}=\frac{(p^{d})^{2}}{2(c_{u}+2c_{d})} \tag{7-21}$$

$$\Pi^{d}=(p^{d}-p^{u})q-\frac{1}{2}c_{d}q^{2}=\frac{c_{d}\ (p^{d})^{2}}{2\ (c_{u}+2c_{d})^{2}} \tag{7-22}$$

此种情况下,企业 M 的整体利润为上述式(7-21)与式(7-22)相加:

$$\Pi_{1}=\Pi^{u}+\Pi^{d}=\frac{c_{u}+3c_{d}}{2\ (c_{u}+2c_{d})^{2}}(p^{d})^{2} \tag{7-23}$$

(2) 后向一体化整合(电并煤纵向整合)架构路径。如果企业 M 是由某家电力生产企业并购了一家煤炭生产企业而来的,则电力部门在企业 M 中占主导地位,决定着电煤的价格。

首先对式(7-15)求偏导:$\frac{\partial\Pi^{u}}{\delta q}=p^{u}-c_{u}q$,令$\frac{\partial\Pi^{u}}{\delta q}=0$,可得:

$$q=\frac{p^{u}}{c_{u}} \tag{7-24}$$

将式(7-24)带入式(7-16),可得:

$$\Pi^{d}=\frac{p^{d}-p^{u}}{c_{u}}p^{u}-\frac{1}{2}c_{d}\left(\frac{p^{u}}{c_{u}}\right)^{2} \tag{7-25}$$

再对式(7-25)求偏导:$\frac{\partial\Pi^{d}}{\delta p^{u}}=\frac{p^{d}-2p^{u}}{c_{u}}-\frac{c_{d}p^{u}}{c_{u}^{2}}$,令$\frac{\partial\Pi^{d}}{\delta p^{u}}=0$,可得:

$$p^{u}=\frac{c_{u}}{2c_{u}+c_{d}}p^{d} \tag{7-26}$$

将式(7-26)带入式(7-13),可得:

$$q=\frac{p^{d}}{2c_{u}+c_{d}} \tag{7-27}$$

将式(7-26)和式(7-27)分别带入式(7-15)和式(7-16),可得:

$$\Pi^{u}=p^{u}q-\frac{1}{2}c_{u}q^{2}=\frac{c_{u}}{2\,(2c_{u}+c_{d})^{2}}(p^{d})^{2} \tag{7-28}$$

$$\Pi^{d}=(p^{d}-p^{u})q-\frac{1}{2}c_{d}q^{2}=\frac{(p^{d})^{2}}{2(2c_{u}+c_{d})} \tag{7-29}$$

由式(7-28)和式(7-29)可知,此种情况下企业 M 的整体利润为:

$$\Pi_{2}=\Pi^{u}+\Pi^{d}=\frac{3c_{u}+c_{d}}{2\,(2c_{u}+c_{d})^{2}}(p^{d})^{2} \tag{7-30}$$

由式(7-23)和式(7-30)作差可知:

当 $c_u<c_d$ 时,$\Pi_1>\Pi_2$,即当煤炭部门的边际成本小于电力部门的边际成本时,由煤炭部门主导的纵向整合较之由电力部门主导的整合可以产生更高的整体利润。此种情况下,更适合进行前向一体化整合。

当 $c_u=c_d$ 时,$\Pi_1=\Pi_2$,即当电力部门的边际成本等于煤炭部门的边际成本时,由煤炭部门主导的纵向整合和由电力部门主导的整合产生了相同的整体利润。也就是说,此种情况下前向一体化整合和后向一体化整合同质。

当 $c_u>c_d$ 时,$\Pi_1<\Pi_2$,即当煤炭部门的边际成本大于电力部门的边际成本时,由电力部门主导的纵向整合较之由煤炭部门主导的整合可以产生更高的整体利润。此种情况下,更适合进行后向一体化整合。

本部分主要研究了两个问题:一是在目前的市场环境下,煤炭企业是否(什么时间)应该选择产业链纵向整合战略,二是煤炭企业应该选择哪种架构路径进行纵向整合。

7.4.3 煤炭企业纵向整合架构路径抉择的判断标准

对于是否应该选择以及应该何时选择产业链纵向整合战略的问题,本章主要运用了数理推导证明的方法。推导结果显示:当煤炭产业链上进行外部交易的成本对企业利润的影响大于内部市场时,煤炭企业选择纵向整合战略更为合适;而当外部交易的成本对企业利润的影响小于内部市场时,煤炭企业应该舍弃纵向整合战略。

对于应该选择何种架构路径进行产业链纵向整合的问题,本章主要以煤炭、电力纵向整合为例,运用数理推导证明的方法进行研究。通过对煤-电产业链进行特定的经济学假设,利用数理方法进行推导证明分析。推导结果表明:① 当煤炭部门的边际成本小于电力部门的边际成本时,由煤炭部门主导的纵向整合比由电力部门主导的整合能产生更高的整体利润,也就是说此种情况下更适合选择前向一体化整合的架构路径。② 当电力部门的边际成本等于煤炭部门的边际成本时，由煤炭部门主导的纵向整合和由电力部门主导的整合产生相同的整体利润，此种情况下选择前向一体化整合的架构路径和后向一体化整合的架构路径同质。③ 当煤炭部门的边际成本大于电力部门的边际成本时，由电力部门主导的纵向整合比由煤炭部门主导的整合能产生更高的整体利润，此种情况下更适合选择后向一体化整合的架构路径。可见，市场机制是影响煤炭企业纵向整合架构路径选择的关键性因素。

虽然政府支持煤炭企业进行产业链纵向整合，企业也能估算出采用何种机构路径更有利于纵向整合的实现，但是一般情况下，企业无法影响政府的决策。所以，企业需要积极与政府建立关系，从而采用更有效益的方式进行纵向整合，避免出现由于政府的盲目决策而背负更多的政策性负担。而政府如果想要实现政绩诉求目标，就应该控制企业的决策行为，例如让煤炭企业进行产业链纵向整合，所以政府应该与企业建立起亲密关系。

7.5 本章小结

煤炭资源整合是能源结构改革的重心之一。本章立足于国家“经济低碳转型”与“能源生产和消费革命”的宏观政策背景下，以煤炭企业产业链纵向整合为研究对象，结合数理模型分析、实证检验及案例分析等方法，分别对我国“以煤为基”进行产业链纵向整合的动因、架构路径进行梳理，深入研究了煤炭企业纵向整合问题。本章的研究主要是为了解决以下三个问题：① 政府和企业促使煤炭企业选择产业链纵向整合战略的因素有哪些(Why)？ ② 在当前的宏观环境下，煤炭企业是否要选择产业链纵向整合战略(Whether)？ ③ 煤炭企业如果要选择产业链纵向整合战略，应该选择何种架构路径进行整合(Which)？

通过对上述问题的研究，本章主要得到了以下三点结论。

(1) 针对驱动产业链纵向整合因素问题的研究，本章采用了个体案例分析与实证研究相结合的方法。通过对中煤集团的个体案例分析发现，选择纵向整合战略的内部动因是节省交易成本，外部动因是政府政策的推动。为了证明这两个因素具有普遍性，本章进行了大样本的实证研究。研究结论表明煤炭企业节约交易成本和政府的“支持之手”分别是煤炭企业选择前向一体化整合战略的内部动因和外部动因，而煤炭企业之所以选择后向一体化整合战略只是因为政府政策的支持。

(2) 针对是否选择纵向整合战略问题的研究，本章采用了数理推导证明方法进行分析。研究结果发现，当煤炭产业链上进行外部交易的成本对企业利润的影响大于内部市场时，煤炭企业选择产业链纵向整合战略更为合适；而当外部交易成本对企业利润的影响小于内部市场时，煤炭企业应该舍弃产业链纵向整合战略；当外部交易成本对利润的影响程度等于内部市场时，企业无论是否选择产业链纵向整合战略都是同质的。

（3）针对选择何种架构路径进行纵向整合问题的研究，本章采用了数理推导证明的方法。研究结果表明：当煤炭部门的边际成本小于电力部门的边际成本时，由煤炭部门主导的纵向整合比由电力部门主导的整合能产生更高的整体利润，此种情况下更适合选择前向一体化的架构路径；当电力部门的边际成本等于煤炭部门的边际成本时，由煤炭部门主导的纵向整合和由电力部门主导的整合可以产生相同的整体利润，此种情况下选择前向一体化的架构路径和后向一体化的架构路径同质；当煤炭部门的边际成本大于电力部门的边际成本时，由电力部门主导的纵向整合比由煤炭部门主导的整合能产生更高的整体利润，此种情况下更适合选择后向一体化的架构路径。

第 8 章

煤炭资源产业链纵向整合效果分析：技术创新抑或市场势力

基于政府与企业双重推动的煤炭资源产业链纵向整合的不同整合程度是否会对煤炭企业的经营绩效产生不同的影响，本章运用个案分析与实证分析相结合的方法，综合考虑前向一体化整合和后向一体化整合架构路径，分析其对煤炭企业经营绩效的影响。

8.1 煤炭企业产业链纵向整合效果的案例分析

8.1.1 神华集团与中煤集团产业链整合概况

8.1.1.1 神华集团的纵向整合概述

神华集团成立于 1995 年 10 月，目前是我国 53 家中央特大型企业之一，主营业务涉及煤炭生产和销售、发电、煤化工和运输等，被评为我国最具竞争力的综合性能源企业。神华集团在 2015 年度《财富》全球 500 强企业中排名第 196 位，与 2014 年的排名(165 位)相比略有下降，但排名仍然比较靠前。

从 2004 年开始，神华集团就逐渐展开了产业链纵向整合战略，以煤炭生产和销售为核心，构建电力-铁路-港口一体化发展模式，逐渐形成了集煤炭生产、运输和销售一条龙的经营模式。截至 2015 年年底，神华集团共有全资和控股子公司 21 家，投入生产的煤矿有 54 个，投运电厂总装机容量为 7 851 万 kW，拥有 2 155 km 的自营铁路、2.7 亿 t 吞吐能力的港口和煤码头以及拥有船舶 40 艘的航运公司，总资产 9 314 亿元，在册员工 20.8 万人。

短短 20 年，神华集团实现了质的飞跃，其巨大的成功离不开高效创新的一体化模式。主要包括四个一体化模式，分别为“矿-路-港”设施平台一体化、“煤-

电-油”产品加工一体化、“供-产-运-销”产销运营一体化和“人-财-物”价值管理一体化。

8.1.1.2 中煤集团的纵向整合概述

中煤集团曾是中国的第二大煤炭生产企业。身为中央控股的重点国有企业，中煤集团在其三十多年的发展道路中，紧密结合国家对国有企业改革的要求，顺应产业整合和发展趋势，紧密围绕着“以煤炭生产和销售为核心，大力发展周边产业，不断实现产业的转型升级”的指导思想，经过三次重大战略调整，逐渐形成了现在涉及五大产业的经营格局。

8.1.2 神华集团和中煤集团经营绩效的驱动因素

2013 年，全球的经济进入了一个深度调整的时期，中国经济的增长速度也逐渐放缓。在这样的宏观背景下，中国的煤炭需求增速减慢，煤炭市场出现了“供大于求”的现象，煤炭价格也出现大幅度的下滑。面对严峻的形势，煤炭行业出现了大面积亏损的现象，如中煤集团的营业利润由 2012 年 13 307 百万元下降到了 5 891 百万元，下降幅度高达 55.73%。然而神华集团却是一个例外，2013 年神华集团的营业利润由 2012 年的 67 081 百万元上升到 70 155 百万元，同比增加 4.58%。在行业全面亏损的背景下，神华集团为何又能逆势增长呢？本章将结合神华集团和中煤集团的案例对这一原因进行诠释。

8.1.2.1 神华集团和中煤集团业务结构优化进度比较

2012～2013 年神华集团和中煤集团主营业务收入占比情况，见表 8-1。

表 8-1　　分行业收入占主营业务收入总额比例

神华集团			中煤集团		
业务结构	2012 年	2013 年	业务结构	2012 年	2013 年
煤炭	63%	51%	煤炭	81%	82%
煤化工	2%	2%	煤化工	5%	5%
电力	18%	26%	煤矿装备	10%	9%
运输	17%	21%	其他业务	4%	4%

注：表中数据是根据神华集团和中煤集团公布的财务报表手工整理而得。

从表 8-1 中所列结果可以看出面对市场煤炭现货价格大幅度下降的情况，两家企业集团均采取了纵向整合战略。神华集团的业务结构除了煤炭以外，还包括煤化工、电力和运输，其中电力的收入占比明显高于其他两种。这说明就业务拓展来说，神华集团主要采取的前向一体化纵向整合战略。而中煤集团的业务结构除了煤炭外，还有处于煤炭产业链下游的煤化工行业和处于上游的煤矿装备制造行业，其中煤矿装备制造业务的收入占比明显高于煤化工业务的收入占比。这说明中煤集团采取的主要是后向一体化纵向整合战略。

神华集团2013年的煤炭收入占比由2012年63%下降到51%，而电力和运输的占比均有不同程度的提高，可见2013年神华集团的业务结构与2012年相比又得到了进一步优化。中煤集团2013年的煤炭收入占比较2012年有小幅度提高，而煤矿装备收入占比却有所下降。比较两家企业集团的业务结构可以发现神华集团的煤炭销售占比明显低于中煤集团，但煤炭产业链下游（上游）的收入占比高于中煤集团。这说明神华集团多元化经营业务结构优化程度明显好于中煤集团。在煤炭市场波动比较大的情况下，业务分散程度高的神华集团可以充分利用自身的优势，发挥各业务板块的一体化协同营运能力，有效地抵御煤炭价格下降给企业带来的风险。

8.1.2.2 神华集团和中煤集团产业链纵向整合程度比较

由表8-1分析可知，2012年和2013年神华集团的业务结构优化程度明显高于中煤集团，那么对于纵向整合程度来说，神华集团是不是也明显高于中煤集团？神华集团和中煤集团2008～2013年纵向整合程度的变化情况，见表8-2。

表8-2　　神华集团和中煤集团纵向整合程度的比较

项目 \ 年份		2008年	2009年	2010年	2011年	2012年	2013年
前向一体化整合程度	神华集团	25.49%	25.56%	24.79%	24.92%	24.86%	32.13%
	中煤集团	10.67%	11.15%	11.34%	11.52%	11.56%	8.76%
	均值	15.16%	15.02%	14.92%	14.83%	14.72%	12.59%
后向一体化整合程度	神华集团	11.28%	11.29%	11.26%	11.19%	11.24%	12.55%
	中煤集团	6.61%	6.36%	6.50%	6.52%	6.44%	7.17%
	均值	5.97%	5.90%	5.85%	5.94%	6.34%	5.51%

注：表中数据是根据神华集团与中煤集团公布的财务报表和国家统计局公布的投入产出表手工整理而得。

（1）对前向一体化整合程度进行分析。从纵向上看，行业均值呈不断下降的趋势，这与2008～2013年煤炭行业不景气，煤炭企业运营困难有关。许多煤炭企业的自由资金受到限制，为了保证企业主营业务的正常运行，暂缓了纵向整合战略的推进。神华集团2008～2013年的整合程度除了2012年稍微有所下降外，整体上呈不断上升的趋势。这说明神华集团的前向整合战略未受行业不景气的影响，反而正在稳步推进。这一点也可以从神华集团2007～2013年的并购事件中得到证明：2010～2013年期间神华集团共进行了12次并购重组事件，其中属于纵向并购的事件就达9次，而这些纵向并购多是涉及煤炭产业链下游的电力和运输行业。中煤集团2008～2013年的前向整合程度在前5年呈不断上升的趋势，但是2013年却有较大幅度的下降。这是因为2008～2012年中煤集团共进行了5次纵向并购重组事件，而2013年却未进行任何有关产业链延伸的并购重组行为。

从横向上看，在年度相同的情况下，神华集团的前向一体化整合程度远大于中煤集团（神华集团的纵向整合程度是中煤集团纵向整合程度的两倍多），而均值介于神华集团和中煤集团之间。需要注意的是2013年，在2008～2012年前向一体化程度呈不断上升的中煤集团出现大幅度下降的情况下，神华集团的前向一体化程度却出现了大幅度的提高。这与神华集团前期的高一体化程度和市场势力是密不可分的。在煤炭行业经济形势不乐观的情况下，神华集团利用自身的财务和市场优势，积极响应政府号召，大力推进煤炭资源转型升级。在保证主营业务利润的同时，2013年神华集团又完成了对包头煤化工公司和九江电力公司的收购，且新增了煤制烯烃业务，跨出了煤炭从能源资源到工业原料深度利用的重要一步。这使得神华集团煤炭产业链一体化运营模式得到了进一步的完善。

（2）对后向一体化整合程度进行分析。纵向上来看，行业均值除2011年和2012年有所上升外，整体上呈不断下降的趋势。神华集团和中煤集团的整合程度均在某一个值附近上下小幅度波动，变化程度不大，表现出来的趋势没有前向一体化整合程度明显，且整体上来说后向一体化整合程度均没有前向一体化整合程度高。这可能是因为前向一体化整合的驱动因素是节约交易成本和政府政策的推动，后向一体化整合的驱动因素只有政府政策的推动（这一点在煤炭企业选择纵向整合程度的驱动因素部分已经得到证明）。而节约交易成本是企业内部因素，是企业发展到一定程度必然会产生的一种因素，其对领导层决策的影响程度会明显大于外部政府政策的干预。因此，煤炭企业会更加趋向选择前向一体化整合战略。

8.1.2.3 神华集团和中煤集团经营业绩比较

为了综合衡量企业的经营绩效，本章选取了三个指标作为企业经营绩效的衡量指标：营业收入、营业利润和净资产收益率（*ROE*）。选择这三个指标是因为营业收入的变化能够反映企业经营情况的变化，结合营业利润的变化情况又可以推出企业在生产成本上的控制情况。*ROE*是一个综合反映企业经营状况的指标，最能反映企业经营绩效，也是本部分分析的主要指标。为了排除行业经

营情况变化对企业 ROE 的影响，本章对企业的 ROE 做了相应的处理：

$$AdjROE_{it} = \frac{1 + ROE_{it}}{1 + \overline{ROE}_{t}} - 1 \tag{8-1}$$

式(8-1)中各变量的具体定义，同式(6-3)。

2008～2013 年神华集团与中煤集团营业收入、营业利润和调整 ROE 的变化情况，见表 8-3。

表 8-3　神华集团和中煤集团营业收入、营业利润及调整 *ROE* 的变化情况

企业	项目	2008 年	2009 年	2010 年	2011 年	2012 年	2013 年
神华集团	营业收入	107 133	121 312	152 063	208 197	250 260	283 797
	营业利润	37 501	44 189	53 634	65 775	67 081	70 155
	AdjROE	−0.35%	4.60%	4.14%	5.21%	8.44%	12.75%
中煤集团	营业收入	51 465	53 730	71 268	88 872	87 292	82 316
	营业利润	9 675	9 026	9 850	13 478	13 307	5 891
	AdjROE	−5.36%	−3.00%	−4.45%	−2.60%	0.69%	0.48%

注：表中数据是根据神华集团和中煤集团公布的财务报表手工整理而得，其中营业收入和营业利润的单位均为百万元。

从表 8-3 可以发现：从营业收入来看，2008～2013 年神华集团和中煤集团整体上均呈现上升的趋势，其中从 2012 年开始中煤集团稍微有所下降，且从营业收入的绝对值上分析，神华集团的经营情况明显好于中煤集团；从营业利润来看，2008～2013 年神华集团依然保持了持续增长的趋势，而中煤集团却出现了较大的波动，说明中煤集团在保证成本稳定方面不如神华集团；从调整 ROE 来看，在排除不同年度行业整体经营情况影响后，2008～2013 年神华集团和中煤集团均能保持持续增加的趋势，但神华集团调整 ROE 依然高于中煤集团，同样说明了神华集团在企业绩效方面大于中煤集团。

8.1.2.4　神华集团和中煤集团纵向整合程度与经营业绩关系比较

为了分析产业链纵向整合程度跟企业绩效的关系，本章将神华集团、中煤集团产业链纵向整合程度与其经营绩效分别进行了横向和纵向对比。

图 8-1 反映了神华集团纵向整合程度与企业营业收入、营业利润和调整 ROE 之间的关系。从图 8-1 可以看出，神华集团的营业收入、营业利润以及调整的 ROE 从整体上均呈现出上升的趋势，不同的是调整的 ROE 虽然整体上是上升的，但在 2010 年稍微有所下降。这样的变化趋势与前向一体化整合程度完全符合，二者之间呈现出较强的相关性。2008～2013 年神华集团后向一体化整合程度变化不大，整体上呈略微上升趋势。这与其营业收入、营业利润和调整的

ROE之间可能存在弱相关性。

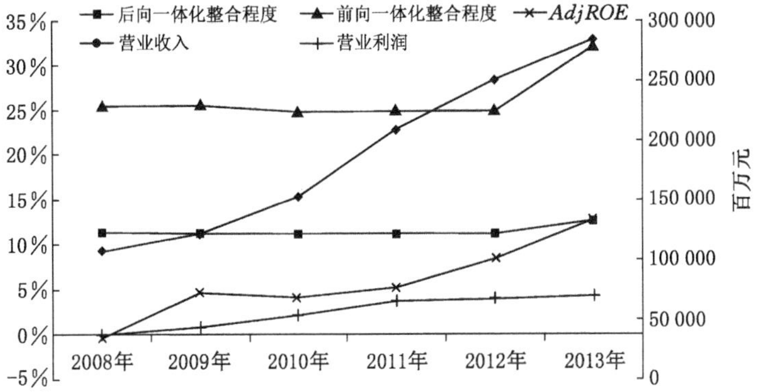

图 8-1　神华集团产业链纵向整合程度与经营绩效关系

中煤集团纵向整合程度与企业营业收入、营业利润和调整 *ROE* 之间的关系，见图 8-2。

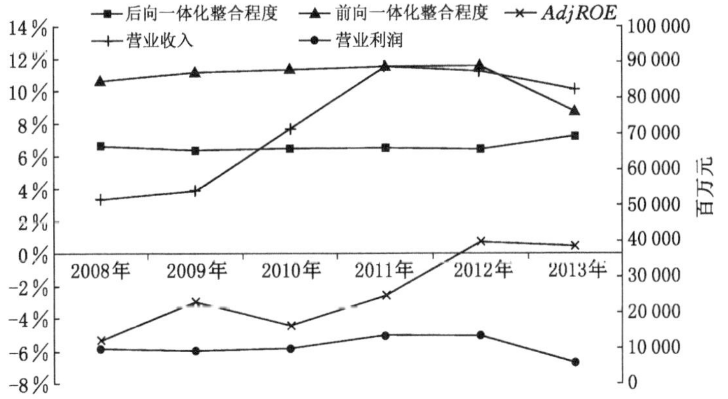

图 8-2　中煤集团产业链纵向整合程度与经营绩效关系

从图 8-2 中可以看出，中煤集团营业收入和营业利润表现出相同的变化形态，均呈现先上升后下降趋势，调整的 *ROE* 表现出先上升后下降、再上升再下降的波动性上升形态。与纵向整合程度的变化形态相比，营业收入和营业利润与前向一体化整合程度表现出了较强的相关性。调整的 *ROE* 除了 2010 年外，其余各年也与前向一体化整合程度相关性较强。与后向一体化整合程度相比，由于后向一体化整合程度整体上变化趋势不大，成略微上升的趋势。这可能与营业收入、营业利润和调整的 *ROE* 关系不太明显。

综合图 8-1 和图 8-2 可知，神华集团无论是前向一体化整合程度还是后向一体化整合程度均高于中煤集团，相应的神华集团的营业收入、营业利润的绝对数和调整的 ROE 也均高于中煤集团。从一定程度上，这一点也表明了纵向整合程度与企业绩效之间存在正的相关性。当然这只是个案分析的结果，可能存在样本选取上的误差。因此，产业链纵向整合程度与企业绩效之间的具体关系需要在实证分析时进行进一步的验证。

8.1.2.5　纵向整合程度与企业绩效的关系分析

从对神华集团和中煤集团的具体案例分析可以发现，纵向整合程度可能与企业绩效之间存在正相关关系。纵向整合程度是如何影响企业绩效的呢？这一点可以从产业经济学上进行说明。

(1) 生产技术的创新提高了煤炭企业纵向整合程度。从产业组织理论方面分析，产业链纵向整合是对产业链上分工生产方式的重新组合，是产业链内部的一种变革。产业链纵向整合的发生，是以下三个因素综合作用的结果：生产技术创新、市场环境变化、生产资料（基础资源）稀缺。生产技术的创新会引发产业的变革，也可能会导致产业链总体的延伸。市场环境的变化可以促使企业的边界发生变化。资源的稀缺性会迫使企业调整产业结构，促进企业的转型升级。产业链纵向整合的触发因素，见图 8-3。

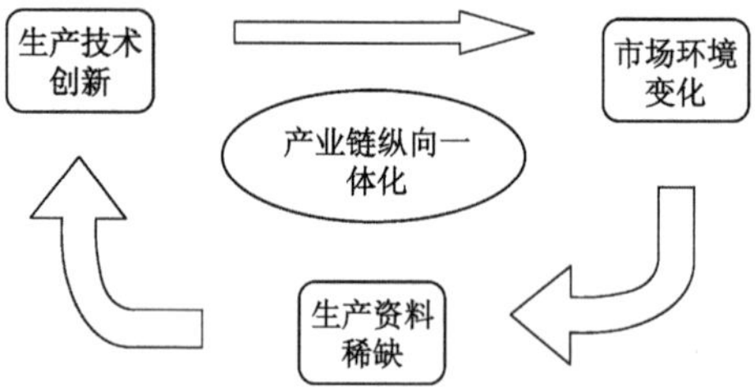

图 8-3　产业链纵向整合的触发因素

具体到煤炭产业链来说，市场环境的变化为煤炭产业链延伸带来了需求，而生产技术的创新为煤炭产业链延伸提供了可能。结合神华集团和中煤集团的案例进行分析，由于国家宏观政策的推动，煤炭能源结构变革成为煤炭行业的“头等大事”，煤炭能源改革就是要把黑色的煤转化成绿色能源进行消费、推进“煤电”、“煤化工”等一体化进程。神华集团和中煤集团等大型的煤炭企业集团纷纷响应政府的号召，大力推进煤炭能源的转化，这就需要新技术的支撑。在没有煤治烯烃这一技术之前，煤炭企业只能依靠用原煤发电的“煤电”或“煤电运”一体化来实现产业链的延伸，但这对煤炭企业的纵向整合程度造成了极大的限制。煤治烯烃技术的出现使得“煤化工”一体化成为可能，煤炭企业不再局限于传统的价值链延伸方法，煤炭也可以由能源资源转化成工业原料，这使得煤炭的清洁转化更加彻底，煤炭企业的纵向整合程度得到了较大提高。

(2) 技术链的延伸为价值链的延伸提供了条件。产业链的延伸主要依托于技术链、产品链和价值链的延伸。技术链既是产业链产生的源头，也是产业链延伸的关键因素；产业链是技术的传递链；价值链的增加是产业链延伸的结果。技术链、产品链和价值链与产业链的关系，见图 8-4。

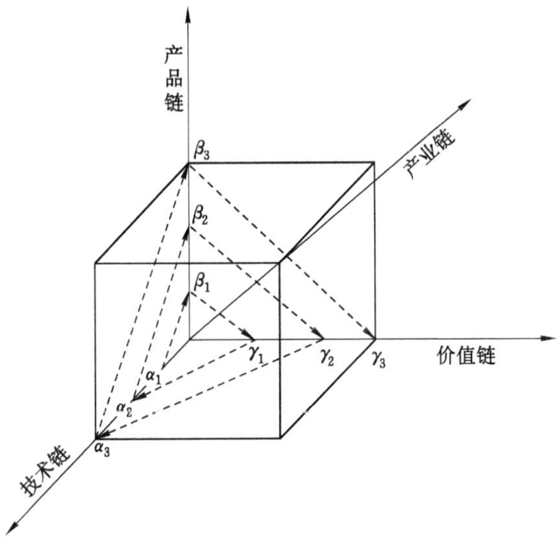

图 8-4 产业链延伸的过程

煤炭行业的产业链属于资源型的产业链，它的发展与技术的革新是密不可分的。结合神华集团和中煤集团的具体案例分析，过去对于煤炭企业来说，伴随着煤炭采掘过程中产生的煤矸石、粉煤灰等煤炭伴生物一直被认为是废弃物，不但存储困难，而且给环境带来了极大的污染。但是随着人们对煤矸石等物理性质的进一步了解和发电技术的进一步成熟，神华集团和中煤集团开始利用煤矸石发电。这不但解决了煤矸石的储存问题，减少了企业的储存成本，而且将煤矸石转化为电能，也解决了煤矸石对环境污染的问题，转化成的电能又可以进一步形成企业的利润。

综上分析，生产技术的创新既可以提高企业的纵向整合程度，又为产业链和价值链的延伸提供了可能。因此，纵向整合程度与企业绩效之间以技术创新为纽带，存在正相关关系。

8.2 煤炭企业产业链纵向整合程度与整合效果的实证检验

8.2.1 研究假设

前文实证结果表明纵向整合对降低交易费用是有帮助的。根据文献综述及前文理论分析，产业链纵向整合可以降低供给或需求的不确定性，增强市场势力，提高企业经营绩效。本章认为煤炭企业由于固定资产等井下矿用设备的资产专用性较强，以及人力资源的行业特点性较强，且对于上下游之间尤其是下游之间的交易存在极高的不确定性，市场交易费用较高。因此，煤炭企业进行纵向整合可以提高企业经营绩效。据此，本章提出第三个研究假设。

假设 8-1：其他因素相同的情况下，煤炭企业纵向整合程度与其经营绩效呈正相关关系。

从前文对神华集团和中煤集团产业链纵向整合程度与经营绩效关系的案例分析可知，前向一体化程度与企业的经营绩效表现出较强的正相关性，而后向一体化整合程度与经营绩效的关系不明朗，需要进一步的证明。因此本章假设：

假设 8-1a：其他因素相同的情况下，煤炭企业前向一体化整合程度与其经营绩效呈显著正相关关系。

假设 8-1b：其他因素相同的情况下，煤炭企业后向一体化整合程度与其经营绩效呈正向关系，但显著性有待进一步验证。

8.2.2 变量定义与模型设计

8.2.2.1 被解释变量与解释变量

(1) 被解释变量为调整净资产收益率($AdjROE$)。现有的文献对企业经营绩效衡量可以总结为两点：会计指标和市场指标。本章采用会计指标作为企业绩效的衡量变量。会计指标中，净资产收益率(ROE)是一个综合反映企业经营状况的指标，最能反映企业经营绩效。因此，这部分实证将净资产收益率作为一个重要的被解释变量引入模型。净资产收益率分为摊薄净资产收益率和加权平均净资产收益率，本章选用加权平均净资产收益率。

加权后的净资产收益率虽然考虑到了微观企业内部报表的影响，但是没有考虑到宏观背景的影响，这也是目前学者们研究企业整合绩效时容易忽视但却很重要的因素。正如前文背景介绍的，煤炭行业现在由“黄金十年”转入了“寒冬期”，行业内的煤炭企业大多数处于“水深火热”之中，即使产业链纵向整合能给企业带来好的影响，但是由于行业宏观环境的不景气导致的煤炭企业总体绩效的下降，可能会抵消这种好的影响。所以，为了排除这种抵消对模型结果的影响，需要利用式(8-1)对加权后的净资产收益率做进一步的调整。

另外，由前文的文献综述部分可知，学者们对产业链纵向整合程度与企业绩效的关系持两种不同的态度。这可能是因为产业链纵向整合程度影响企业绩效的途径不同，进而产生了两种截然不同的结果。所以本章将企业的绩效分为市场效应(*Market*)和技术效应(*Tec*)两个部分来检验。这样有助于本章对产业链纵向整合效应进行分解，探究产业链纵向整合到底是通过市场势力还是通过技术效率来影响企业绩效的。

(2) 解释变量是指本章用企业的主营业务收入占行业总收入的比值来衡量某个企业市场势力的大小，用企业的单位劳动产值来替代企业技术效率。

8.2.2.2 控制变量

因企业经营绩效与企业内外部多种因素有关，实证中引入以下辅助变量。

(1) 产业集中度(*CR*)。大量的实证分析和研究表明，行业集中度与企业的绩效有显著的关系。一个行业的集中度越高，行业内的企业市场支配能力越强，企业获取超额收益的可能性越大。为了控制产业集中度对纵向整合程度与企业绩效关系的影响，本章在模型中加入了产业集中度控制变量。产业集中度用煤炭行业前五名企业的主营业务收入占行业总收入的百分比衡量。

(2) 企业规模(*Size*)。用总资产的自然对数来表示企业的规模，由前文分析可知，煤炭企业进行产业链纵向整合可以扩大企业规模，从规模经济和范围经济两方面降低企业成本。而且规模大的煤炭企业更有实力进行纵向扩张来降低企业成本。本章预期其会对企业绩效的提高有利。本章用企业年末总资产表示规模，但由于资产规模数据较大，为了消除异方差，对其取自然对数。

(3) 资本结构(*Lev*)。目前，研究资本结构对企业经营绩效影响的研究成果很多，但研究结论并不一致。有的认为两者呈正相关关系，因为债务具有避税功能，且成本较低，并且债务给经营者带来的压力可以转变为经营的动力等。而认为两者呈负相关关系的学者则指出，过高的负债将影响企业的正常经营，对企业产生负面影响。还有一些学者则认为两者关系并非线性的。故本章对资本结构并未作出预期假设。本章中的资本结构用资产负债率来代替，计算公式为负债总额除以资产总额。

(4) 上市年龄(*Age*)。通常上市时间越长意味着企业越稳定，经营绩效也应该越好。

(5) 成长性(*Growth*)。企业的成长能力越好，说明企业的投资机会越多，企业的经营绩效越好。

8.2.2.3 模型设计

该部分实证模型仍然选择面板数据模型。本章构造的相应面板方程如下：

$$AdjROE_{it} = \alpha_i + \beta_i VI_{it} + \gamma_i CR_{it} + \delta_i Size_{it} + \varphi_i Lev_{it} + \eta_i Age_{it} + \omega_i Growth_{it} + \sum Year + \mu_{it} \tag{8-2}$$

其中，$i=1,2,\cdots n;t=1,2,\cdots T$。

$$Tec_{it} = \alpha_i + \beta_i VI_{it} + \gamma_i CR_{it} + \delta_i Size_{it} + \varphi_i Lev_{it} + \eta_i Age_{it} + \omega_i Growth_{it} + \sum Year + \mu_{it} \tag{8-3}$$

其中，$i = 1,2,\cdots n;t = 1,2,\cdots T$。

$$Market_{it} = \alpha_i + \beta_i VI_{it} + \gamma_i CR_{it} + \delta_i Size_{it} + \varphi_i Lev_{it} + \eta_i Age_{it} + \omega_i Growth_{it} + \sum Year + \mu_{it} \tag{8-4}$$

其中，$i = 1,2,\cdots n;t = 1,2,\cdots T$。

模型(8-2)、模型(8-3)和模型(8-4)中各变量含义为：

$AdjROE_{it}$ 为 i 企业 t 时期的加权净资产收益率；

$Market_{it}$ 为 i 企业 t 时期的主营业务收入占行业总收入的比值；

Tec_{it} 为 i 企业 t 时期的单位劳动产值；

VI_{it} 为一个用以方便表示的代表变量，代表 BVI_{it} 和 FVI_{it}；

BVI_{it} 为 i 企业 t 时期的后向一体化指数；

FVI_{it} 为 i 企业 t 时期的前向一体化指数；

CR_{it} 为 i 企业 t 时期所处行业的产权集中度；

$Size_{it}$ 为 i 企业 t 时期的年末资产规模；

Lev_{it} 为 i 企业 t 时期的年末资产负债率；

Age_{it} 为 i 企业 t 时期的上市年龄；

$Growth_{it}$ 为 i 企业 t 时期的主营业务增长率；

α_i 为常数项；

μ_{it} 为随机扰动项。

8.2.3 实证结果及分析

纵向整合程度与企业经营绩效之间关系的回归结果，见表 8-4。此表中第一栏和第二栏的自变量分别为前向一体化程度（FVI）和后向一体化程度（BVI），因变量为企业绩效（$AdjROE$）。

表 8-4　　煤炭企业产业链纵向整合程度与企业绩效关系回归结果

Variable	第一栏		第二栏	
	Coefficient	t-Statistic	Coefficient	t-Statistic
Constant	−0.215 8*	−1.73	−0.122 2	−0.57
FVI	0.072 6***	3.53		
BVI			0.350 2**	2.52
CR	0.185 7	0.81	0.906 3**	2.26
Size	0.008 7***	2.76	0.005 9	1.30
Lev	−0.125 0***	−4.90	−0.153 1***	−4.43
Age	−0.000 5	−0.53	−0.004 2***	−3.60
Growth	0.032 3***	5.48	0.050 2***	4.86
Year	已控制		已控制	
$AdjR^2$	0.334		0.448	
F-statistic	11.47***		17.90***	
N 值	132		132	

注：*** 表示显著性水平为 1%，** 表示显著性水平为 5%，* 表示显著性水平为 10%，括号里是 *t* 值。

第一栏的回归结果可以总结如下：① 前向一体化程度（*FVI*）与企业经营绩效（*AdjROE*）的回归系数为 0.072 6，且在 1%的置信水平下呈显著正相关关系。这说明对于我国的煤炭企业来说，选择前向一体化整合战略可以给企业的经营绩效带来正的影响，且前向一体化程度越高，给企业经营绩效所带来的正效应也就越高。这是因为煤炭企业经过前向一体化整合进入与煤炭产业链相关的下游产业（如发电、化工等行业）后，一方面可以通过节约原属于外部交易市场时发生的交易成本（亦是煤炭企业选择前向一体化整合战略的外部驱动因素）后，从而带来企业利润的提高；另一方面还可以利用前向一体化整合实现跨行业经营，通过充分利用政府对不同行业提供的支持政策（如税收优惠、技术支持等）防止企业利润外流，从而实现企业利润的提高。② 产权集中度（*CR*）与经营绩效（*AdjROE*）呈正相关关系，但是不显著。这说明对于煤炭企业的前向一体化整合来说，产权集中度的变化并不会影响企业经营绩效的变化。③ 企业规模（*Size*）与经营绩效（*AdjROE*）显著正相关，这与现有文献的研究结论相同。企业的规模越大，就越可能实现规模效应，相对于没有达到规模效应的企业来说其经营绩效也就会越高。④ 资本结构（*Lev*）与经营绩效（*AdjROE*）呈显著负相关关系。这与现有的部分研究文献的结论不同，现有研究文献认为由于企业负债产生的利息可以税前抵扣(税盾效应),理论上来讲资本结构应该与企业的经营绩效呈正相关关系。但是本章研究的结论却相反,这可能是因为我国的煤炭行业税收负担较重。为了充分利用负债的税盾效应以减轻自身的税收负担,煤炭企业选择尽可能的举借债务,最终导致过度的负债损害了企业的经营绩效。⑤ 上市年龄(*Age*)与经营绩效(*AdjROE*)呈负向关系,但不显著。这说明煤炭企业的上市年龄并不是决定企业绩效好坏的关键因素。⑥ 成长性(*Growth*)与经营绩效(*AdjROE*)呈显著正相关关系。这说明煤炭企业的成长性越好,企业的经营绩效越好。

第二栏的回归结果可以总结如下:① 后向一体化整合程度(*BVI*)与企业的经营绩效(*AdjROE*)的回归系数为 0.350 2,且在 5%的置信水平下显著为正。这说明煤炭企业选择后向一体化整合战略可以明显地提高企业的经营业绩,且后向一体化程度越高,企业的经营情况就越好。结合前文煤炭企业选择纵向整合战略的动因分析结果可知,虽然煤炭企业选择后向一体化整合战略并不是为了节约企业间的交易成本,而是因为政府政策的推动,但是这并不影响其对绩效产生正效应的结果,因为后向一体化整合同样可以实现跨行业经营,加之政府为了鼓励煤炭企业进行后向一体化整合,会对其整合行为进行税收和政策上的扶持,进而提高并购后企业的经营绩效。② 产权集中度(*CR*)与经营绩效(*AdjROE*)的关系和前向一体化整合的结果相同,不同的是此处在 5%的置信水平下显著,说明产权集中度会影响后向一体化程度与经营绩效的关系。③ 企业规模(*Size*)与经营绩效(*AdjROE*)的关系同样为正,但是不显著。这可能是因为后向一体化整合虽然会导致企业规模的扩大和经营绩效的提高,但是企业规模扩大的程度和企业绩效提高的程度不成正比。④ 资本结构(*Lev*)和成长性(*Growth*)与经营绩效(*AdjROE*)的关系和前向一体化程度的回归结果相同。

对比表 8-4 中第一栏和第二栏的回归结果可以发现,前向一体化程度(*FVI*)与企业绩效(*AdjROE*)回归系数在 1%的水平下显著,而同样条件下,后向一体化程度(*BVI*)的系数在 5%的水平下显著。这说明在样本期间内,煤炭企业进行前向一体化整合给企业带来的绩效提升高于后向一体化整合,即在目前的行业水平下,煤炭企业更适合进行前向一体化整合的架构路径。

为了证实纵向整合程度的提高对企业绩效的影响到底是因为其对技术效应的影响还是因为市场势力提升的影响,本章分别进行了两种效应的回归分析。回归结果分别见表 8-5 和表 8-6。

表 8-5 显示了模型(8-3)的回归结果,其中被解释变量是技术效应(*Tec*)。从该表中第一栏的回归结果可以看出,前向一体化整合程度(*FVI*)与技术效应

(*Tec*)的回归系数为 0.832 1,且在 1%的置信水平下呈显著正相关关系。这说明煤炭企业前向一体化整合程度的提高可以显著提高企业的技术效率。从第二栏的回归结果可以看出,后向一体化整合程度(*BVI*)与技术效应(*Tec*)呈正向关系,但是不显著。这说明对于煤炭企业来说,后向一体化整合程度的提高并不能给企业带来技术效应的提升。这一结果符合煤炭企业的实际情况。因为煤炭企业处于煤炭产业链的顶端,生产技术的革新使得"煤电"、"煤化工"、"煤焦化"一体化成为可能,因此煤炭企业的前向一体化程度与技术效应会表现出较强的正相关关系。

表 8-5　煤炭企业产业链纵向整合程度与技术效应回归结果

Variable	第一栏		第二栏	
	Coefficient	t-Statistic	Coefficient	t-Statistic
Constant	−4.336 8***	−3.39	−0.261 1	−0.19
FVI	0.832 1***	4.71		
BVI			0.153 7	0.09
CR	−3.081 9	−1.32	0.504 3	0.46
Size	0.257 1***	8.46	0.027 9	0.45
Lev	0.902 9***	4.36	−0.154 2	−0.99
Age	−0.015 1**	−2.44	0.041 7***	3.17
Growth	0.252 8***	2.85	0.152 7***	3.39
Year	已控制		已控制	
$AdjR^2$	0.594		0.833	
F-statistic	31.43***		25.18***	
N 值	132		132	

注:*** 表示显著性水平为 1%,** 表示显著性水平为 5%,* 表示显著性水平为 10%,括号里是 *t* 值。

表 8-6 显示了模型(8-4)的回归结果,其中被解释变量是市场势力(*Market*)。从第一栏的回归结果可以发现,前向一体化整合程度(*FVI*)与市场势力(*Market*)的系数为负且不显著。这说明煤炭企业前向一体化整合并不能提升企业的市场势力。从第二栏的回归结果可以看出,后向一体化整合程度(*BVI*)与市场势力(*Market*)的回归系数为 5.042 8,且在 1%的置信水平下显著为正。这说明煤炭企业进行后向一体化整合可以提高企业的市场势力,且后向一体化整合程度越高,对企业市场势力的提升也就越高。

表 8-6　　煤炭企业产业链纵向整合程度与市场势力回归结果

Variable	第一栏		第二栏	
	Coefficient	t-Statistic	Coefficient	t-Statistic
Constant	−33.352 0***	−6.64	−16.734 2***	−9.27
FVI	−0.694 0	−0.92		
BVI			5.042 8***	4.71
CR	17.884 2*	1.86	4.598 1	1.49
Size	1.242 1***	12.34	0.704 4***	14.21
Lev	−1.937 8***	−2.69	−0.820 1***	−3.67
Age	−0.063 8**	−2.31	−0.063 8***	−5.56
Growth	0.127 7	0.80	0.292 8***	3.56
Year	已控制		已控制	
$AdjR^2$	0.651		0.706	
F-statistic	39.83***		51.03***	
N 值	132		132	

注：*** 表示显著性水平为 1%，** 表示显著性水平为 5%，* 表示显著性水平为 10%，括号里是 *t* 值。

综合表 8-4、表 8-5、表 8-6 的回归结果可以发现，煤炭企业纵向整合程度的提高有利于企业绩效的提升，但是前向一体化整合和后向一体化整合对企业绩效提升的途径有所不同。煤炭企业前向一体化整合程度对企业绩效之所以产生正的影响，是因为前向一体化整合提高了煤炭企业的技术效应。在相同的人力、物力、财力投入水平下，技术效应的提高可以使煤炭企业的产出得到较大的提升，从而提高了企业的经营绩效。而煤炭企业后向一体化整合程度对企业绩效之所以产生正的影响，是因为煤炭企业通过后向一体化整合可以获得更高的市场势力，市场势力的提升又有利于企业进行市场圈定，增强自身对煤炭市场的影响能力和控制能力，从而有利于企业绩效的提高。

8.2.4　稳健性检验

为了保证回归结果的可靠性，本章对本节的回归结果做了以下两点稳健性检验：① 对于纵向整合程度，采用虚拟变量来替换。按样本公司纵向整合程度的中位数分组，如果某一样本公司的纵向整合程度位于全样本公司纵向整合程度中位数以下，则将其定义为 0；反之，为 1。将虚拟变量带入模型分析，结果基本一致。② 对企业的经营绩效用调整 *ROA* 进行替代，其中对 *ROA* 的调整方法与对 *ROE* 的处理方法一致，实证结果与现有研究结论无异。

8.3 煤炭企业产业链纵向整合的经济效果辨析

本章主要研究了煤炭企业纵向整合程度提高的经济效果。首先，通过对神华集团和中煤集团的个案进行横向和纵向的对比分析，寻找在煤炭行业不景气的大背景下，神华集团能够保持自身的利润不受影响的原因；其次，通过对案例的分析得出了煤炭产业链纵向整合程度与企业绩效之间存在正相关关系，进而利用产业组织理论的原理分析纵向整合程度影响企业绩效的机理；最后，通过煤炭行业上市公司的样本进行实证分析，验证案例分析部分得出的结论是否具有普遍性。研究结论表明，对于我国的煤炭企业来说，无论是前向一体化整合还是后向一体化整合均有利于提高企业的经营绩效。但是两者提高企业经营绩效的途径有所不同：前向一体化整合主要是通过提高煤炭企业的技术效率，在相同的投入水平下使产出最大化，进而提高企业的经营绩效；后向一体化整合主要是通过提高煤炭企业的市场势力、圈定市场，保证自身在煤炭市场上的话语权，进而提高企业绩效。

虽然前向一体化整合和后向一体化整合都有利于煤炭企业经营绩效的提升，但是企业未必有经济实力进行一体化整合。而如果企业跟政府建立了紧密的关系，其纵向整合实现的可能性会大大加强，对其获取利益和长远发展都有正向的作用。

8.4 本章小结

本章主要是解决了煤炭资源整合选择产业链纵向整合战略后的整合效果如何(With What Effect)。针对产业链纵向整合效果问题的研究，本章采用了个案分析与实证分析相结合的方法。对于我国的煤炭企业来说，无论是前向一体化整合还是后向一体化整合均有利于提高企业的经营绩效。但是两者提高企业经营绩效的途径有所不同：前向一体化整合主要是通过提高煤炭企业的技术效率，在相同的投入水平下使产出最大化，进而提高企业的经营绩效；后向一体化整合主要是通过提高煤炭企业的市场势力、圈定市场，保证在自身在煤炭市场上的话语权，进而提高企业绩效。

第 9 章
研究结论与政策建议

9.1 研究结论

煤炭资源整合中政府与企业关系的建立是一个动态调整的过程，宏观政治经济环境的变化驱使政府不断改变对煤炭企业的态度，进而影响企业整合后的经营效果；而企业也可以通过自身整合行为影响政府，寻求与政府建立有利于自己的政企关系，或者减少政企关系对企业自身的束缚。本书立足于政企关系视角，遵循“政府政绩诉求-政府投资意愿调整-政企关系互动-企业并购整合行为-并购企业经营效果评价”的研究思路，基于我国“大政府、小市场”的基本现实，充分考虑政府在我国煤炭资源整合活动中的影响力，从政府与企业在煤炭资源整合中享有的效用函数入手，分别研究政企关系在A股上市公司和煤炭类上市公司不同并购路径选择下的路径调整及不同并购路径选择对并购企业整合效果的影响，系统梳理了政府投资意愿、政企关系调整、并购路径选择与并购企业整合效果之间的作用机理。通过理论分析和实证检验，得出了本章所述研究结论。

9.1.1 煤炭资源整合中政府与企业的各自诉求不同

政府和企业是资源整合中政企关系的两个关键主体。双方各自诉求的不同导致了各自效用函数的不同。建立和维持政企关系并不是其中一方就能完全单独决定的。

9.1.1.1 政府的诉求

基于我国特殊的市场经济体制，政府作为关键资源的掌控者，在政企关系建立过程中居于主导地位。煤炭资源整合中，政府基于自身经济利益与企业建立政企关系，通过以股东身份参与企业经营的方式，将自身利益诉求内部化到企业身上。政府与企业建立政企关系更多是侧重于官员的政治晋升激励和增加地区财政收入的经济发展激励。而政府的社会管理责任，如缓解当地失业率等，并不会明显影响政府建立政企关系的态度。在煤炭资源整合中，政府与企业建立政企关系主要是基于美化当地的政绩考核指标和增加地方政府的财政收入目标，而社会就业等政治目标并不是政府强化政企关系的主要原因。因此，政府基于自身的经济利益和政府官员的政治晋升诉求，会有重点地加强对企业的投资和控制。

9.1.1.2 煤炭企业的诉求

在煤炭资源整合过程中，企业的“官员型”董事在政企关系的建立上起到了“牵线搭桥”的作用。政府可以通过“官员型”董事影响甚至是控制企业的经营活动和资源配置方向。企业也可以利用“官员型”董事的政治关系，获得政府投资机会及政府在政策和资源配置上的庇护。尤其是非国有企业，主要通过“官员型”董事与政府建立良好的互动机制。

9.1.2 政企关系对企业并购整合行为的影响

9.1.2.1 跨所有制整合

煤炭资源整合中存在明显的“国进民退”现象。政府大力支持国有煤炭企业并购民营企业，但由于不同行业企业在治理结构、经营战略、企业文化方面存在诸多天然差异，A股上市公司与煤炭企业的跨所有制并购整合存在诸多不同。

跨所有制并购的A股上市公司往往需要付出更多的时间和成本进行并购后的整合。政府为了保障短期内的私有收益，往往会在并购当期减持企业股权，疏远与企业之间的利益关系。

基于煤炭资源国有的现状，在跨所有制并购整合中，政治基础越强的煤炭企业，越可能受到政府宏观调控政策的正面影响，从而获得更多政府支持，进而采取“国进民退”的跨所有制并购整合路径。

9.1.2.2 跨行业整合

基于我国经济发展环境的特殊性，多元化并购整合的协同效应在我国A股上市公司和煤炭企业中均没有得到很好的印证，反而一些企业存在“多元化折价”现象。多元化并购成效的不确定性使得政府对企业的跨行业并购行为基本持观望态度，即政府并不会因为企业的跨行业并购行为而改善政企关系的亲疏程度。

受政府风险规避心理的影响，A股上市公司的“官员型”董事为了自身政治利益，往往选择迎合政府投资意向，又因忌惮“多元化折价”效应，而放弃企业跨行业整合可能带来的范围经济效应及协同效应。而煤炭企业则不同，煤炭产业属于我国绝对战略控制行业。为了保证煤炭产业的战略主导地位，政府倾向于支持煤炭企业进行跨行业的资源整合，进而降低煤炭产业链上的交易成本，实现协同效应。

9.1.2.3 跨地区整合

由于我国存在地区分割现象，政府为了防止区域经济资源的流失，通常会增加对跨区域并购企业的国有股持股比例，以增强资源分配过程中对辖区内A股上市公司的掌控力。这种变化在"官员型"董事比例较低的企业中体现得尤为明显。

因为煤炭企业中的"官员型"董事大多是由政府任命，所以在煤炭资源整合模式的选择上，他们倾向于迎合政府需求，从而导致煤炭资源并购整合过多地掺杂了政府官员的政治目标。政府为维持本地区社会稳定，防止辖区内出现因企业控制权和经济资源外流而影响本地经济发展、社会就业问题，会更倾向于支持企业进行区域内的并购整合。

9.1.3 政企关系对并购企业整合效果的影响

9.1.3.1 政企关系对煤炭资源整合成本的影响

具备政治背景的煤炭企业"官员型"董事，为了从政府获得更多政治支持，促使企业过多地承担了本属于政府的促进经济增长和缓解失业压力的责任，企业的经营行为掺杂了浓重的政治色彩，进而增加了企业的代理成本和社会就业成本，双重成本的上升导致企业的经营目标愈加偏离预期水平。一方面，政府通过"官员型"董事控制企业的经营活动，将维持地区稳定、降低地区失业率的社会管理目标转嫁到企业身上，导致煤炭企业社会就业成本的增加。另一方面，政府赋予煤炭企业"官员型"董事的权力为其在职消费和利益攫取提供了便利条件，导致煤炭资源整合中的企业代理问题愈发严重，代理成本上升。

9.1.3.2 政企关系对煤炭资源整合绩效的影响

(1) 政企关系对煤炭资源整合效益的影响。煤炭资源整合效益体现在经济绩效、内部管理绩效和社会绩效三个方面。从A股上市公司的共性来看，政府过度参与企业经营，往往会损害企业的市场绩效和内部经营绩效。政府与企业建立政企关系，对企业表现出更多的是一种"掠夺"。尤其是对于"官员型"董事比例较低的企业来说，政治基础薄弱使其在政企关系维持过程中承担了过多的政治成本，相比于政治基础比较好的企业，其经营效果损害更为严重。但是，煤炭企业则具备明显的特殊性。煤炭作为我国基础能源，受到国家产业政策重点调控。国家的绝对战略控制决定了政府与煤炭企业在煤炭资源整合中必须紧密配合。政企关系越密切，煤炭企业越容易获得政府在产业布控和资源配置上的倾斜,经济绩效和社会绩效改善越明显。政企关系的建立并不会明显提升煤炭企业的内部管理水平。由此可见,尽管煤炭企业时刻在政府的监督之中,但政企关系的建立仍然逃不出政府与煤炭企业管理层"各取所需"的魔咒。政府借助煤炭企业美化其政治考核绩效,煤炭企业依靠政府改善经营绩效,由此导致的内部代理问题却成为煤炭企业内部管理低效的一大诱因。

(2) 政企关系对煤炭资源配置效率的影响。煤炭企业的政企关系越密切,煤炭资源整合的经济绩效和社会管理绩效改善越明显,但煤炭资源配置效率却不升反降。由此可见,煤炭资源整合过程中,政府和煤炭企业更多注重面子工程,仅仅通过"拉郎配"式的整合粉饰报表短期经济业绩,而忽视了煤炭资源并购整合的效率,故无法实现真正意义上的经济增长。

9.1.3.3 政企关系、双重成本与并购整合效果的内在联系

相比于跨行业并购和跨所有制并购,跨区域并购更能帮助企业逃避政府的"掠夺",实现经营效率的提高,获得良好的市场反馈。由于跨区域并购会加大企业的管理成本和运输成本,导致企业承担太多的额外负担,并购整合各方面的绩效(经济绩效、内部管理绩效和社会绩效)都在下降。但是,政治关系越强的煤炭企业越可能受到宏观调控政策的影响而支持跨所有制并购重组。而且,跨所有制并购路径的规模扩张,会给企业带来短期经济绩效的提升。

政企关系、企业双重成本与并购整合效果之间有着内在的反馈机制,企业政治关系对并购整合绩效的影响并不单一。一方面,企业的政治基础越好,越会导致企业的代理成本和就业成本增加,而煤炭企业的双重成本不利于并购整合绩效的提升,政府对企业表现出"掠夺之手"。另一方面,企业利用"官员型"董事的政治关系,获得政府政策和产业上的庇护,从而在市场中占据优势地位,为并购整合效果的提升作出贡献,对企业绩效尤其是经济绩效最终表现出正向的促进作用,政企关系对企业表现更多的是"支持之手"。

9.2 政策建议

2006年12月,自《国务院办公厅转发国土资源部等部门对矿产资源开发进行整合意见的通知》发布后,各地积极推进煤炭资源整合,整合工作在一定程度上取得了明显的阶段性成效。但煤炭资源整合是一项复杂的系统工程,涉及多方利益关系的调整,政策性强、工作量多以及工作难度大,加之各地区煤炭资源整合工作进展不平衡,致使煤炭资源整合工作一度陷入困境。尤其在经历2005～2011年长达7年的"黄金时代"之后,煤炭行业从2012年下半年起"渐入寒冬",破解煤炭产能过剩的难题需要用科学的、崭新的思路继续推进煤炭资源

整合工作。

9.2.1 以“去产能、促升级”等关键环节为突破口，重塑政府在整合中的定位

“去产能、促升级”作为煤炭行业当下的紧迫任务，一是需要通过结构调整淘汰落后产能，二是需要严令禁止新增产能项目，三是需要通过转型培育新产业与新动能。

过去十年在煤炭价格高涨的拉动、地方政府的推动下，有的煤炭企业未经审批建设了一大批大型矿井；有的煤炭企业规避政府审批，“批小建大”，或在建设设计中盲目扩大产能，导致矿井投产后超设计能力生产的问题突出。目前，政府对于煤炭行业压缩产能、经济转型升级等经济社会问题的管理，如果单纯地依靠行政命令和以其为主体的权力规制可能无法达到预期效果，甚至有可能让现存问题进一步恶化。地方政府的很多行政管制往往注重以地区生产总值等政绩为核心的单一化绩效目标，而忽视了其他重要的经济社会发展目标和诉求，并且难以解决资源整合中的信息不对称问题和寻租问题（尤其是出现“塌方式”腐败案的部分煤炭企业），最终导致官员行为激励扭曲，进而促使其以建立政企关系为媒介，盲目干涉煤炭资源整合中企业的决策。现有研究和现行政策所关注的解决思路均主要以政府管制为主，但是在实际情况中，这种单纯的、直接的政府管制无法从根本上解决中国的煤矿资源整合因受政企关系的不利方面的影响而效率低下的问题。虽然政府的介入往往会使得企业并购整合进程事倍功半，但是政府支持的跨所有制并购更多是一种单纯追求规模扩张的“国进民退”行为，政府施加限制的跨地区并购则更能够带来一定的协同效应。究其原因，就在于我国现行煤炭资源并购整合具有比较浓厚的政治色彩，而并不是市场经济发展的内在需求。

在这场资源型转型升级的战役中，本书以“去产能、促升级”等资源整合关键环节为突破口，提出以下两点建议。

（1）实行更加严格的煤炭开采准入制度。政府通过审批制度改革，严格加强开采准入制度的“供给侧”管理，严把产能审批关。“十三五”期间政府应“严控增量、优化存量”。一是鼓励从资源环境制约向生态环境友好型行业转变，引导资源枯竭企业、落后产能、劣质煤产能有序退出。二是在总量上严控新增产能，结构性新增产能要为退出的产能买单，加快推进小煤矿关闭淘汰和兼并重组，鼓励大型煤炭企业对中小型煤矿进行兼并重组。

（2）政府依靠制度、结构和要素供给改革，推动煤炭行业发展动力转型。近年来，上市公司的并购重组得到了各级地方政府官员的重视和支持。政府官员能对国有企业的并购进行干预主要是因为国有企业所有者的缺位以及政府官员

掌握的权力。政府官员在国有企业并购过程中的目标是多元化的，包括仕途晋升、增加就业人数、增加地方财政收入、维持社会稳定、在职消费、建立裙带关系等方面。政府官员的这种多元化目标严重阻挠了国有企业并购重组的进程。官员作为政府的代理人，对并购过程的干预应适度。若过度干预，尤其是政府官员把国有企业并购作为谋求经济利益和政治利益的一种有效手段时，会导致过度行政干预，不符合市场化原则，也不利于国有煤炭企业整合后未来的发展。政府应转变管理思路，优化结构供给、推进动力转型，以调整煤炭产业结构为主攻方向，把优化结构升级作为宏观调控的重点，以解决煤炭资源整合中的诸多经济与社会问题。

9.2.2 以“提高资源配置效率”为目标，制定科学的煤炭资源整合绩效考评体系

政府的管理理念如果从管制转变为治理，就会导致政府政绩诉求的改变，而绩效考核方式的变化会直接导致政府行为的变化，间接导致企业行为的变化。煤炭资源整合时，政府和企业将更为注重企业的长远发展和社会的可持续发展，进而提高整合资源配置效率。

在政府层面，当前政府绩效考核体系激励着政府通过各种手段来谋求经济增长、扩大财政收入，甚至将其目标价值函数内部化到企业内部治理框架，迫使企业的并购行为发生扭曲，背离企业价值最大化的经营目标。要加快建立科学合理的地方政府绩效考评体系，驱使政府更加注重企业的长期发展，避免出现过于重视地区生产总值和财政收入增长的短期行为。因此，我国应基于政府作为公共产品的供给者的角色制定科学合理的政府绩效考评体系，摒弃过去单纯以地区生产总值、财政收入总量或增长幅度以及地方投资规模增长为考核指标的绩效评价方式，在可持续发展的基础上建立一整套科学合理的绩效考核标准，以弱化地方政府对煤炭企业并购路径选择的掠夺或盲目支持的冲动，从真正意义上促进地区经济发展。

在企业层面，煤炭资源的整合既要着眼于经济价值，更要注重其可持续利用。煤炭企业要在可持续发展和增强核心竞争力的基础上，结合国家能源结构调整、能源技术发展和煤炭资源市场机制改革的宏观背景，以经济价值、资源可持续利用、生态环境保护为核心，建立一整套完善的绩效考评体系，用以指引煤炭企业的资源整合工作，提高企业并购行为的效率，提升企业的价值。

9.2.3 以“提升煤炭企业核心竞争力”为着眼点，发挥市场配置资源的基础性作用

“提升煤炭企业核心竞争力”是引导煤炭行业资源整合的发展方向，也是企业提升经济绩效和社会绩效的关键。煤炭企业要想获得长远的发展，不能单纯

依靠扩大并购规模，最关键的是要加强“内功”修炼，提高并购中和并购后的管理水平、管理效率与核心竞争力，充分发挥内部管理绩效对经济绩效和社会绩效的提升作用。

提升煤炭企业核心竞争力、防止企业过度扩张和产能过剩的最好方法便是由市场来引导企业并购整合的方向，让市场经济的发展法则决定煤炭企业并购决策，使煤炭企业经济活动独立于政府的政治规制，跟随市场的脚步。在国有企业并购过程中，应发挥市场引导资源合理配置的基础作用，打破“地区壁垒”限制，打破“所有制歧视”限制，促进资源的合理流动，有效整合资源，发挥存量资源合理调整的功效。比如，煤炭企业可以通过市场规则，实施上下游产业一体化发展，促进煤炭企业与电力、运输、煤化工等下游企业的并购，循环利用现有资源，促进产业链延伸至“大循环经济格局”的形成，同时推动建立高效利用资源、改善经济效益、保障安全生产和减少环境污染的可持续发展新型煤炭工业体系。

9.2.4 以“混合所有制改革”为抓手，厘清政府与市场边界

国有企业产权改革的重心应该是市场化，而非私有化。当前的经济现实是，在诸多战略性或竞争性产业的并购中体现了国家产业调整的意志和以“半行政、半市场化”手段构筑国有资产“高地”的趋势，国有及国有控股企业在这些产业（包括煤炭产业）中保持了绝对的控制力。尽管我国政府针对许多产业制定了“十三五”规划，但因为地方政府间的竞争机制没有发生实质性变化，地方政府决策的出发点仍然停留在如何增加地方政府税收、如何提高当地地区生产总值等短期利益上。所以政府有充足的动机和方式，通过国有产权控股或参股形式，对其所控制煤炭企业的经济活动进行干预以达到其政绩目标，而忽略了国家总体长远的产业发展规划、结构转型以及民营企业的利益。

我国煤炭资源国有的性质决定了政府在整合过程中的影响力，尤其对整合主体在煤炭资源整合过程中的地区边界、行业边界和所有制边界的设置均存在重要影响，一定程度上容易引起“地区分割”、“产权歧视”与“行业壁垒”现象的出现。国有企业产权改革的核心是政企分开、政资分开和各级政府职能转变。虽然适度政府规制可以保证企业获得必要的经营资源以及相关的政策支持，为企业经营带来正向促进作用。但是，过度的政治规制往往以牺牲企业内部经济利益为代价。如果不顾经济规律，刻意通过行政手段对煤炭企业经济活动强加干预，将有悖于专业化效率分工，增加今后能源市场化改革的难度和经济可持续发展的成本。地方政府强势推进并购整合、增加相对竞争优势的做法有违政企分开、权责明晰的原则，可能出现新的地方保护主义和地区分割现象，导致国有企业预算软约束问题更加严重，从而降低企业并购后的竞争力。

因此，并购整合经济活动中要厘清政府与市场的边界，国家要完善地方政府间的竞争机制，改变地方政府为追求地区经济发展而忽视国家长远产业规划，通过混合所有制改革，去除国有企业的“行政化色彩”。政府需要适度转变其职能，加快行政体制改革，从根本上杜绝煤炭资源整合中政府“拉郎配”式的并购行为，鼓励非公资本参与国有煤炭企业改制重组与公司治理结构创新，保证企业并购整合效率。同时要不断完善煤炭企业内部控制制度，做好国有资产监督管理工作，通过股权多元化建立健全企业科学决策机制，充分发挥良好的公司治理结构对并购整合经济效果的促进作用。

9.2.5 以“产业高端化升级”为导向，通过产业链纵向整合实现转型与转产战略

2015年以来，煤炭价格“黑金”变“白菜”的特殊市场行情（据秦皇岛环渤海动力煤价格指数数据，截至2015年12月30日，动力煤价格为372元/t；而这一指标在2011年曾一度飙升至800元/t），要求煤炭企业今后需要通过煤炭资源整合进行转型、转产寻求出路。

煤炭价格的低迷、煤炭消费零增长或负增长，不代表煤炭行业未来没有发展空间，关键在于政府与企业是否利用市场萧条期的机遇下决心调整转型。具体的转型与转产战略涉及：一是整合兼并重组方向从横向到纵向的调整；二是向产业链上下游一体化方向调整；三是向煤炭清洁化利用和可再生能源方向调整；四是向煤炭深度加工转化方向调整。通过整合，由单一煤炭生产向煤炭清洁高效利用、深加工方向转变，由粗放的煤炭开采向以高新技术为支撑的安全高效开采转变，进一步提高办矿标准，推动产业结构迈向中高端。

产业链纵向整合能够促进煤炭企业与上下游企业的资源整合，形成产业链条的大循环，降低经营风险，有利于整合后经营业绩的提升。因此，企业管理层应审时度势，抓住有利时机，提高煤炭企业的一体化水平。煤炭企业选择不同的架构路径进行产业链纵向一体化整合可以实现不同的目标：前向一体化的整合路径有利于提升煤炭企业的技术创新能力；后向一体化的整合路径有利于扩大煤炭企业的市场势力。因此，在考虑选择何种架构路径进行产业链纵向一体化整合时，煤炭企业应该切实结合自身的战略规划，选择合适的路径进行纵向一体化并购。

但任何事物都有两面性，虽然从煤炭行业整体上来说，产业链纵向一体化整合战略有助于提高企业的经营绩效，但是这并不意味着所有的煤炭企业都适合选择该战略。在选择是否进行产业链纵向一体化整合战略时，煤炭企业应充分结合自身的实际情况，避免盲目跟风。

9.2.6 以"抑制权力寻租"为保障,理顺政企关系,强化责任意识

在市场经济转型期,政府容易通过向国有企业倾斜资源配置以实现经济粗放型增长,通过规模的扩张带来企业外延型经济增长。政企关系这类非正式合约机制是在正式合约制度尚未健全或缺乏相应制度基础情况下的一种"次优化"选择。并购整合中建立的政企关系只是权宜之计,最根本的还是要建立资本配置效率更高的并购整合制度或机制。

煤炭企业核心竞争力的提升离不开良好的公司治理结构。针对煤炭企业的公司治理结构,建议如下:第一,应该注重培养管理层的长远目光,将管理层的绩效回报和企业的长远发展相挂钩。要让管理层充分认识到履行社会责任对企业绩效的跨期提升作用。第二,提高企业的独立董事比例,保证独立董事的独立性,充分发挥独立董事在企业决策过程中的监督作用。第三,合理利用新任董事长的工作热情,预防盲目扩张行为。

尤其是随着横向、纵向整合的进行,煤炭企业集团规模越来越大,要从源头上防范控制权私立,同时要加强对投资并购过程的监督管理,减少国有资产流失。因此,应通过制度完善约束地方政府官员在并购中的行为取向,打破过分看重经济增长这一指标的政府官员绩效考核机制,树立全面的科学发展观,建立合理的企业并购整合资源配置观,引导政府官员促进其管辖区域内的经济社会协调发展,避免政府官员只看重短期的经济发展而忽视环境、社会的长远发展。

9.3 创新点

9.3.1 切入点创新,深入剖析政府与企业在煤炭资源整合进程中的各自诉求

煤炭资源国有的性质决定了煤炭企业的关键资源(Critical Resources)由政府掌握。在国有产权为主导的煤炭企业中,政府是资源整合进程中关键资源的实际掌控者,企业并不能完全通过市场进行资源配置,由此可引发的政府职能的"错位"、"越位"问题较常见。本书以政府与企业关系为切入点,一方面从煤炭资源整合中的"政府投资意愿调整"入手,另一方面从企业应对政府规制的"企业政治基础"切入,既充分考虑政府在煤炭资源整合活动中的影响力,又兼顾企业通过自身行为寻求与政府建立有利于自己的政企关系的利益诉求。

第一,政府基于自身利益诉求与企业建立政企关系,通过以股东身份参与企业经营管理活动,将自身利益诉求内部化到企业。政府与企业建立政企关系更多是侧重于官员的政治晋升激励和增加地区财政收入的经济发展激励,即主要

是基于美化当地的政绩考核指标和增加地方政府的财政收入目标，而社会就业等政治目标并不是政府强化政企关系的主要原因。因此，政府基于自身的经济利益和政府官员的政治晋升诉求，会有重点地加强对企业的投资和控制。

第二，政企关系中政府对煤炭资源并购整合的影响是“掠夺之手”与“支持之手”并存。政府基于自身政治利益，对煤炭企业伸出“掠夺之手”，导致资源整合的双重成本（代理成本和就业成本）增加。基于保障政府作为参股股东的剩余收益权，政府对企业伸出“支持之手”，煤炭资源并购整合经济绩效得以提升。

第三，政企关系中企业对煤炭资源并购整合的影响则是“被支持”与“被掠夺”。一方面，企业利用管理层成员的政治关系，获得政府在政策上和产业上的庇护，在市场中占据优势地位，为并购整合效果的提升作出贡献，但这并不会带来资源配置效率的提升。另一方面，企业为了建立与维持政企关系，必将减少应对市场的投入，承担额外的双重成本，进而影响并购整合绩效。因此，企业应把握好应对政府行为的“度”和“代价”，做好内部资源的优化配置，实现真正意义上的经济增长。

9.3.2 研究框架创新，系统论证政企关系对整合路径选择及价值创造的影响

政府与企业的关系以及政府与市场的替代关系，一直是经济学与管理学讨论的热点问题。通过深入研究政府政绩诉求和管理层政治基础对煤炭产业并购整合的契约安排及影响机理，基于不完全契约理论，探讨煤炭资源整合中的“国进民退”、“地区保护”、“行业壁垒”之争，综合运用数理模型分析、案例分析以及实证检验相结合的方法，揭示煤炭资源整合中政企关系的传导作用，对中国煤炭资源整合的路径和效果进行系统梳理。实证分析以企业并购整合（A股上市公司与煤炭类上市公司）为主题，分别用政府投资意愿调整和企业政治基础两个方面刻画政企关系的动态调整过程。这种基于双重视角的理论模型与中国煤炭行业政府管控严格、国有企业林立的现状十分契合。这为模型在煤炭资源整合领域论证政企关系奠定了基础，也为本书揭示煤炭资源整合的具体运作机理提供了合理的研究假设。

随后，本书通过相关并购整合数据的验证，分析、归纳中国A股上市公司和煤炭类上市公司的具体整合实施过程，并遵循“投资意愿调整-政企关系传导-并购整合行为-并购整合效果”的研究框架，系统研究政企关系对并购整合中路径选择及价值创造的影响，揭示煤炭资源整合中政企关系的现状及存在的问题，总结政企关系对整合行为动因、运作过程及整合后果的影响。

9.3.3 研究内容创新，全面揭示煤炭资源整合中政企关系的运作机理

通过深入研究政府政绩诉求和管理层政治基础对煤炭产业并购整合的契约安排及影响机理，系统研究政企关系对并购整合中路径选择及价值创造的影响。

首先，从政府投资意愿和企业政治基础两个角度同时刻画政企关系的亲密程度，权衡了并购整合过程中企业建立政企关系的能力（政治基础）和政府对建立政企关系的态度（投资意愿）对政企互动和并购整合行为及效果的影响，研究视野更加开阔。

其次，在对比A股上市公司并购整合及煤炭资源并购整合中的政企关系的基础上，分析了政企关系在煤炭资源整合过程中发挥作用的共性和特性，便于政府在推进产业结构调整过程中有针对性地制定产业政策和并购整合法律法规。

再次，从煤炭资源整合的区域属性、行业属性和产权属性三个方面同时刻画政企关系对煤炭资源整合行为的影响，并从双重成本、经济价值创造和资源整合效率等多个维度考察政企关系对煤炭资源整合路径和整合效果的影响，尤其是把并购整合效果细分为煤炭企业整合成本、并购整合绩效（包括经济、社会和内部管理绩效）和并购整合效率三个方面，克服已有研究“重效果而轻效率”的局限性，研究视角更加全面，对煤炭资源整合行为及价值效应的研究做到了内外兼顾、综合考虑。

最后，社会绩效研究中，独立建立煤炭资源整合“内部管理责任-经济责任-安全责任-生态环保责任-公共责任”的“五个同心责任圈”模型，形成集“经济绩效评价-社会绩效评价-内部管理绩效评价”于一体的并购整合评价体系，更加全面、具体地兼顾了煤炭资源整合的各个方面，为制定科学的煤炭资源整合绩效考评体系提供参考。

9.3.4 研究方法创新，多方验证煤炭资源整合中政企关系的传导作用

基于不完全契约理论，综合运用数理模型分析、实证分析以及案例分析相结合的方法，揭示煤炭资源整合中政企关系的传导作用，对中国煤炭资源整合的路径和效果进行系统梳理。

数理模型分析中推导发现政府作为关键资源的掌控者，在政企关系中居于主导地位，政府会以自身效用最大化影响煤炭资源整合中产权边界、行业边界以及地区边界的设置。企业通过专有性投资影响政府效用函数，对整合中并购整合边界设置产生影响，但煤炭主并企业效用最大化的并购整合行为和政府效用最大化的并购整合行为往往无法达成一致，政府行为容易导致主并企业规模过大引起的“并购整合不经济”现象。

实证分析中引入政企关系变量，A 股上市公司是共性分析（General Analysis），煤炭类上市公司是特性分析（Characteristic Analysis）。通过不同的数据来源，验证“政府投资意愿调整-企业政治基础-政企关系调整-并购路径选择-并购整合效果”之间的作用关系，分析全行业样本与煤炭行业样本有何异同，以便找出并购整合中政企关系的一般性规律和行业性特殊规律。发现政府与煤炭企业建立政企关系主要是基于增加地方财政收入为主要目标，政府通过“官员型”董事控制企业的经营活动，将维持政绩诉求转化的责任内部化到企业身上，增加企业的社会成本。同时，政府赋予“官员型”董事的权力，成为管理人员在职消费和谋取私利的工具，企业也因此承担更多的代理成本。企业“官员型”董事往往在政企关系建立过程中起到“牵线搭桥”的作用，其影响甚至是控制着企业的经营活动和资源配置方向。企业也会利用“官员型”董事的政治关系，获得政府投资及政府在政策和资源配置上的庇护。

案例分析部分立足于政府大力推动的“经济低碳转型”与“能源生产和消费革命”的宏观政策背景。新常态下煤炭企业发展模式将从“增量发展”变为“存量组合”，面对恶劣的市场环境，各大煤炭企业大力发展“以煤为基”的多元化产业链纵向整合，并因此获得了政府基于环保绩效考评等动机出发的大力支持。通过对中煤集团的案例分析，辅以相关数理及实证分析，论证：① 煤炭企业为什么要选择产业链纵向整合（Why）；② 煤炭企业是否应该进行产业链纵向整合（Whether）；③ 如果要进行产业链纵向整合，应该选择何种架构路径（Which）；④ 煤炭企业产业链纵向整合的效果如何（With What Effect）。本书研究发现，煤炭企业选择纵向整合的内部动因是节省交易成本（Save Transaction Cost），外部动因是政府政策的推动（Government Policy Push）。中煤集团选择产业链纵向整合战略后的整合效果经验证发现：无论是前向一体化整合还是后向一体化整合，均有利于提高煤炭企业的经营绩效，但是两者提高企业经营绩效的途径有所不同。不同之处为：前向一体化整合主要是通过提高煤炭企业的技术效率（Technical Efficiency），在相同的投入水平下使产出最大化，进而提高企业绩效；后向一体化整合主要是通过提高煤炭企业的市场势力（Market Forces）、圈定市场，保证自身在煤炭市场上的话语权，进而提高企业绩效。

9.4 研究不足与未来展望

企业并购整合给中国经济带来了结构调整的重要契机，整合产业以及盘活存量将为经济结构调整带来很多机遇与发展空间。而产业整合和盘活存量最重要的途径就是并购整合，因此，资源型并购整合的未来研究之路仍然宽广。

9.4.1 研究不足

(1) 由于被并购方企业大部分属于非上市公司，很难得到目标公司被整合后充足的财务数据和相关资产价值。因此，部分数据来源受到限制，目前的研究只是从主并购方的角度进行展开。

(2) 随着国家法制化进程的加快，煤炭资源整合过程中隐秘的政商利益链条被逐步揭开，大量"假整合"、合同违约、投资商破产、官员受贿等问题被曝光，但这种政企关系的灰色利益链条因为变量选取与数据搜集问题，并未作为本书的主旨内容加以阐述。

(3) 煤炭资源整合到再次投产存在滞后期，资源整合进程是主并双方相互寻找的过程，此后的流程颇为复杂。很多煤炭企业在经过前几年的集中整合重组之后，产能在近期才得到集中释放，导致整个行业出现产能过剩。因此，未来煤炭资源整合问题的研究还要结合资源整合的流程继续深入探讨。

9.4.2 未来展望

"改革"将成为新常态下我国未来五年促进经济发展的三大动力之一。很多国有企业改革政策全面推行，国资体系瘦身将是一大任务，煤炭国有企业发展模式将从"增量发展"变为"存量组合"，但仍将面临大规模的合并重组。未来五年国有企业大重组、转型、整合仍是上市公司并购的主要力量。

基于本书研究的局限性，今后应该在以下三个方面深入研究。

(1) 政企关系与煤炭产能过剩。所谓煤炭产能过剩是地区型过剩、阶段性过剩，而不是永久性过剩。结合由国家发展改革委、国家能源局、国家煤矿安监局联合下发的《关于遏制煤矿超能力生产规范企业生产行为的通知》(发改电〔2014〕226号)精神，通过研究煤炭资源整合的流程，倒逼企业转变发展方式，促进煤炭行业的可持续发展。

(2) 政企关系与煤炭资源跨境并购。结合全球煤炭资源储量变化，和国际、国内一次能源所占比重的变化趋势、主要消费国市场需求的变化趋势，研究圈定跨国资源整合并购的重点煤炭资源目标及其实施方法、整合效果。尤其需要选择合适的绩效评价指标，建立更加完善的跨境并购整合效果评价体系，多角度考察煤炭企业的跨境整合效果。

(3) 研究新常态下煤炭资源整合的新动态。在新常态下，煤炭行业将长期受困于高供给下的产能过剩，在能源结构调整、环保力度加大、进口煤冲击、生产建设合规标准提高等综合影响下，供给侧改革下资源整合将面临新的形势、新的挑战。后续工作将在总结上一轮国内煤炭资源整合成果的基础上，依据《国家能源局关于促进煤炭工业科学发展的指导意见》(国能煤炭〔2015〕37号)，本着资本做优、技术驱动、效益优先的原则，采取诸如“互联网＋煤炭”等手段谋求转型，从线下向线上的方向发展，寻求国内现有煤炭资源的最优化配置，推动煤炭生产、消费、技术、体制革命，加快供应侧结构性改革，为我国煤炭工业的转型升级提供决策参考。

附录 1

煤炭企业并购整合绩效评价指标权重分析问卷

尊敬的专家：

您好！我们是中国矿业大学管理学院国家社科基金“煤炭资源整合中的政府与企业关系研究”课题组，正在进行煤炭企业并购整合多层次绩效评价体系设计的研究。您的意见对于我们至关重要，请您就以下关于社会责任绩效评价过程中各指标间的重要程度作出相应判断，请参照评价指标相关说明表和评分标度表进行操作。谢谢您的合作和支持！

“煤炭资源整合中的政府与企业关系研究”课题组

附表 1　　煤炭企业并购整合绩效评价指标

一级指标层	二级指标层	末级指标层
社会责任绩效（CSR）	安全责任（S）	安全生产投入率（S_1）
		百万吨死亡率（S_2）
		煤炭开采机械化水平（S_3）
		人均安全培训次数（S_4）
	公共责任（P）	捐赠支出比（P_1）
		工资福利比（P_2）
		税收贡献率（P_3）
		科技创新投入率（P_4）
	生态责任（E）	万元产值综合能耗（E_1）
		生态环保投入率（E_2）
		矿区回采率（E_3）
		矿井水综合利用率（E_4）
		煤矸石综合利用率（E_5）

续附表 1

一级指标层	二级指标层	末级指标层
经济绩效(R)	调整后净资产收益率 $AdjROE(R)$	
内部管理绩效(M)	管理费用占比(M_1)	
	固定资产周转率(M_2)	
	员工生产效率(M_3)	
	交易费占比(M_4)	
	内部控制指数(M_5)	

附表 2　　评分标度表

标度 a_{ij}	重要程度描述	标度 a_{ij}	重要程度描述
1	i,j 两个元素同等重要	7	元素 i 比 j 强烈重要
3	元素 i 比 j 稍微重要	9	元素 i 比 j 极端重要
5	元素 i 比 j 明显重要		
2,4,6,8	上述相邻判断的中值		
倒数	元素 i 比 j 的重要性程度为 A_{ij}，则 j 比 i 的重要性程度为 $A_{ji}=1/A_{ij}$		

填表说明：

1. 灰色阴影部分不填写。
2. 两者之间的重要性不能超过评分标度。
3. 尽量考虑各指标间的递推关系。
4. 空白处记录对应行/列的结果。例如，A＝安全费用投入率相对安全责任绩效的重要性/百万吨死亡率相对安全责任的重要性。

附表 3　　安全责任分指标相对重要性评分表

安全责任绩效指标	安全生产投入率	百万吨死亡率	煤炭开采机械化水平	人均安全培训次数
安全生产投入率	1	A(仅做示范用)		
百万吨死亡率		1		
煤炭开采机械化水平			1	
人均安全培训次数				1

附表 4　　公共责任分指标相对重要性评分表

公共责任绩效指标	捐赠支出比	工资福利比	税收贡献率	科技创新投入率
捐赠支出比	1			
工资福利比		1		
税收贡献率			1	
科技创新投入率				1

附表 5　　生态责任分指标相对重要性评分表

生态责任绩效指标	万元产值综合能耗	生态环保投入率	矿区回采率	矿井水综合利用率	煤矸石综合利用率
万元产值综合能耗	1				
生态环保投入率		1			
矿区回采率			1		
矿井水综合利用率				1	
煤矸石综合利用率					1

附表 6　　社会责任绩效分指标相对重要性评分表

社会责任绩效指标	安全责任	公共责任	生态责任
安全责任	1		
公共责任		1	
生态责任			1

附表 7　　内部管理绩效分指标相对重要性评分表

内部管理绩效指标	管理费用占比	固定资产周转率	员工生产效率	交易费用占比	内部控制指数
管理费用占比	1				
固定资产周转率		1			
员工生产效率					
交易费用占比				1	
内部控制指数					1

附表 8　　煤炭企业并购整合综合绩效指标相对重要性评分表

综合绩效指标	社会责任绩效	经济绩效	内部管理绩效
社会责任绩效	1		
经济绩效		1	
内部管理绩效			1

附录 2

煤炭企业并购整合效果评价体系指标权重的确定过程

（一）公共责任绩效指标权重的确定

首先，构建政府责任各指标重要性的两两判断矩阵，如附表 9 所示结果。

附表 9　　公共责任分指标相对重要性评分结果

公共责任绩效指标	捐赠支出比	工资福利比	税收贡献率	科技创新投入率
捐赠支出比	1	1.8	1.3	1.05
工资福利比	0.555	1	0.467	0.625
税收贡献率	1.01	2.14	1	1.02
科技创新投入率	0.952	1.6	0.979	1

依据上表构建判断矩阵 $\mathbf{A}_{Gov}$：

$$\mathbf{A}_{Gov}=\begin{bmatrix} 1 & 1.8 & 1.3 & 1.05 \\ 0.555 & 1 & 0.467 & 0.625 \\ 1.01 & 2.14 & 1 & 1.02 \\ 0.952 & 1.6 & 0.979 & 1 \end{bmatrix}$$

其次，计算特征向量。利用 Matlab 软件对矩阵 $\mathbf{A}_{Gov}$ 求归一后的特征列向量 $\boldsymbol{\omega}_{Gov}$：

$\boldsymbol{\omega}_{Gov}=[0.2987 \quad 0.1505 \quad 0.2888 \quad 0.2619]^{T}$，最大特征值 $\lambda_{max}=4.085$。

最后，进行一致性检验。计算求得：

$\boldsymbol{C.I.}=(4.085-4)/3=0.028$

$\boldsymbol{C.R.}=0.028/0.89=0.031<0.1$

通过一致性检验。

（二）生态责任绩效指标权重的确定

首先，构建生态责任各指标重要性的两两判断矩阵，见附表10所示结果。

附表10 生态责任分指标相对重要性评分结果

生态责任绩效指标	万元产值综合能耗	生态环保投入率	矿区回采率	矿井水综合利用率	煤矸石综合利用率
万元产值综合能耗	1	0.2	0.4	0.286	0.27
生态环保投入率	5	1	0.833	1.98	1.82
矿区回采率	2.5	1.2	1	1.72	1.65
矿井水综合利用率	3.5	0.579	0.58	1	0.633
煤矸石综合利用率	3.8	0.55	0.61	1.58	1

依据上表构建判断矩阵 $\boldsymbol{A}_{\mathrm{Ecol}}$：

$$\boldsymbol{A}_{\mathrm{Ecol}}=\begin{bmatrix} 1 & 0.2 & 0.4 & 0.286 & 0.27 \\ 5 & 1 & 0.833 & 1.98 & 1.82 \\ 2.5 & 1.2 & 1 & 1.72 & 1.65 \\ 3.5 & 0.579 & 0.58 & 1 & 0.633 \\ 3.8 & 0.55 & 0.61 & 1.58 & 1 \end{bmatrix}$$

其次，计算特征向量。利用Matlab软件对矩阵 $\boldsymbol{A}_{\mathrm{Ecol}}$ 求归一后的特征列向量 $\boldsymbol{\omega}_{\mathrm{Ecol}}$：

$\boldsymbol{\omega}_{\mathrm{Ecol}}=[0.0648 \quad 0.2981 \quad 0.2722 \quad 0.1643 \quad 0.2007]^{\mathrm{T}}$，最大特征值 $\lambda_{\max}=5.1639$。

最后，进行一致性检验。计算求得：

$\boldsymbol{C.I.}=(5.1639-5)/4=0.0410$

$\boldsymbol{C.R.}=0.0410/1.12=0.0366<0.1$

通过一致性检验。

（三）社会责任绩效二级指标权重的确定

首先，构建社会责任各指标重要性的两两判断矩阵，见附表11所示结果。

附表11 社会责任绩效分指标相对重要性评分表

社会责任绩效指标	安全责任	公共责任	生态责任
安全责任	1	2.5	1.667
公共责任	0.4	1	0.67
生态责任	0.6	1.5	1

依据上表构建判断矩阵 $\boldsymbol{A}_{CSR}$：

$$\boldsymbol{A}_{CSR}=\begin{bmatrix}1 & 2.5 & 1.667\\0.4 & 1 & 0.67\\0.6 & 1.5 & 1\end{bmatrix}$$

其次，计算特征向量。利用 Matlab 软件对矩阵 $\boldsymbol{A}_{CSR}$ 求归一后的特征列向量 $\boldsymbol{\omega}_{CSR}$：

$\boldsymbol{\omega}_{CSR}=[0.4998\quad 0.2003\quad 0.2999]^T$，最大特征值 $\lambda_{max}=3.017$。

最后，进行一致性检验。计算求得：

$\boldsymbol{C.I.}=(3.017-3)/2=0.0085$

$\boldsymbol{C.R.}=0.0085/0.52=0.016<0.1$

通过一致性检验。

（四）内部管理责任绩效指标权重的确定

首先，构建内部管理责任各指标重要性的两两判断矩阵，见附表 12 所示结果。

附表 12　　内部管理绩效分指标相对重要性评分结果

内部管理绩效指标	管理费用占比	固定资产周转率	员工生产效率	交易费用占比	内部控制指数
管理费用占比	1	2.5	1.25	2	1.67
固定资产周转率	0.4	1	0.5	0.8	0.67
员工生产效率	0.9	2	1	1.6	1.33
交易费用占比	0.5	1.25	0.625	1	0.83
内部控制指数	0.6	1.5	0.75	1.2	1

依据附表 12 构建判断矩阵 $\boldsymbol{A}_M$：

$$\boldsymbol{A}_M=\begin{bmatrix}1 & 2.5 & 1.25 & 2 & 1.67\\0.4 & 1 & 0.5 & 0.8 & 0.67\\0.9 & 2 & 1 & 1.6 & 1.33\\0.5 & 1.25 & 0.625 & 1 & 0.83\\0.6 & 1.5 & 0.75 & 1.2 & 1\end{bmatrix}$$

其次，计算特征向量。利用 Matlab 软件对矩阵 $\boldsymbol{A}_M$ 求归一后的特征列向量 $\boldsymbol{\omega}_M$：

$\boldsymbol{\omega}_M=[0.3013\quad 0.1206\quad 0.2468\quad 0.1505\quad 0.1807]^T$，最大特征值 $\lambda_{max}=5.025$。

最后，进行一致性检验。计算求得：

$C.I.=(5.025-5)/4=0.00625$

$C.R.=0.00625/1.12=0.0056<0.1$

通过一致性检验。

（五）煤炭企业并购整合综合绩效指标权重的确定

首先，构建社会责任绩效、经济绩效和内部管理绩效重要性的两两判断矩阵，见附表 13 所示结果。

附表 13　　煤炭企业并购整合综合绩效指标相对重要性评分表

综合绩效分指标	社会责任绩效	经济绩效	内部管理绩效
社会责任绩效	1	0.75	2.5
经济绩效	1.33	1	3.3
内部管理绩效	0.25	0.42	1

依据上表构建判断矩阵 $\boldsymbol{A}_{\text{Compre}}$：

$$\boldsymbol{A}_{\text{Compre}}=\begin{bmatrix}1 & 0.75 & 2.5\\1.33 & 1 & 3.3\\0.25 & 0.42 & 1\end{bmatrix}$$

其次，计算特征向量。利用 Matlab 软件对矩阵 $\boldsymbol{A}_{\text{Compre}}$ 求归一后的特征列向量 $\boldsymbol{\omega}_{\text{Compre}}$：

$\boldsymbol{\omega}_{\text{Compre}}=[0.3662\quad 0.4862\quad 0.1476]^{T}$，最大特征值 $\lambda_{max}=3.0036$。

最后，进行一致性检验。计算求得：

$C.I.=(3.0036-3)/2=0.0018$

$C.R.=0.0018/0.52=0.0034<0.1$

通过一致性检验。

参考文献

REFERENCES

1 白俊，连立帅，2014. 国企过度投资溯因：政府干预抑或管理层自利？［J］. 会计研究（2）：41-48，95.

2 曹春方，马连福，沈小秀，2014. 财政压力、晋升压力、官员任期与地方国企过度投资［J］. 经济学（4）：1415-1436.

3 曹春方，许楠，逯东，等，2015. 金字塔层级、长期贷款配置与长期贷款使用效率——基于地方国有上市公司的实证研究［J］. 南开管理评论（2）：115-125.

4 曹海敏，隋静，2012. 基于公司治理结构优化的社会责任绩效评价体系效应探析——上市公司的实证分析［C］//中国会计学会. Proceedings of 2012 International Annual Conference of Environmental Accounting Committee in ASC & the 1st Chinese CSEAR（9）：146-154.

5 陈计旺，2000. 论缩小区域经济差距过程中政府的作用［J］. 山西师大学报（社会科学版）（1）：27-31.

6 陈敏菊，2006. 企业与政府的博弈：民营企业政治化［J］. 乡镇经济（6）：25-28.

7 陈信元，黄俊，2007. 政府干预、多元化经营与公司业绩［J］. 管理世界（1）：92-97.

8 陈作华，2015. 内部控制质量与内部人寻租——基于内部人交易视角的经验证据［J］. 证券市场导报（5）：25-32.

9 邓建平，曾勇，2009. 政治关联能改善民营企业的经营绩效吗？［J］. 中国工业经济（2）：98-108.

10 邓伟，刘健，2014. 国有企业的行政级别、政治关联与经营业绩［J］. 经济经纬（1）：107-111.

11 董晶晶，2012. 煤炭企业纵向一体化问题研究——动因、绩效及影响因素［D］. 徐州：中国矿业大学.

12 董小君，1996. 企业并购：产业结构调整的经济体制［J］. 中国工业经济（10）：

39-41.
13 方芳，阎晓彤，2002. 中国上市公司并购绩效与思考[J]. 经济理论与经济管理(8)：43-48.
14 方军雄，2007. 所有制、制度环境与信贷资金配置[J]. 经济研究(12)：82-92.
15 费方域，1996. 控制内部人控制——国企改革中的治理机制研究[J]. 经济研究(6)：31-39.
16 冯根福，吴林江，2001. 我国上市公司并购绩效的实证研究[J]. 经济研究(1)：54-61.
17 冯素晶，陈海声，2013. 政府干预、企业税负、区域属性与并购绩效[J]. 财会月刊(4)：3-6.
18 付传君，杨昌明，2011. 矿产资源开发整合绩效评价指标体系与评价方法研究[J]. 矿业研究与开发(3)：113-116.
19 顾海峰，谢晓晨，2013. 中国企业跨国并购绩效评价的理论与实证研究——来自 2000～2010 年中国企业的经验证据[J]. 经济与管理评论(6)：110-115.
20 韩朝华，2003. 明晰产权与规范政府[J]. 经济研究(2)：18-27.
21 何旭强，1998. 国有企业购并过程中的政府功能及角色定位[J]. 财经问题研究(8)：43-45.
22 贺佑国，2012. 转变煤炭工业发展方式　巩固能源供应基础[J]. 煤炭经济研究(11)：5-8.
23 侯青川，靳庆鲁，陈明端，2015. 经济发展、政府偏袒与公司发展——基于政府代理问题与公司代理问题的分析[J]. 经济研究(1)：140-152.
24 侯晓红，岳文，2008. 我国煤炭企业社会责任绩效评价体系设计[J]. 煤炭经济研究(6)：22-25.
25 胡琳扬，2012. 并购绩效影响因素的实证研究——基于 A 股上市公司的数据[D]. 上海：复旦大学.
26 黄群慧，2000. 控制权作为企业家的激励约束因素：理论分析及现实解释意义[J]. 经济研究(1)：41-47.
27 吉海涛，2010. 利益相关者视角下资源型企业社会责任研究[D]. 沈阳：辽宁大学.
28 江凤，2013. 董事会结构、高管薪酬与公司绩效关系研究[D]. 济南：山东财经大学.
29 颉茂华，胡伟娟，2012. 低碳经济下的煤炭企业经营绩效评价指标体系构建[J]. 煤炭经济研究，32(1)：45-50.

30 金立印,2006.企业社会责任运动测评指标体系实证研究——消费者视角[J]中国工业经济(6):114-120.
31 拉杰科斯,2002.并购的艺术:整合[M].丁慧平,孙先锦,译.北京:中国财经出版社.
32 李彬,潘爱玲,2015.税收诱导、战略异质性与公司并购[J].南开管理评论,18(6):125-135.
33 李丹,2012.我国A股上市公司并购绩效的实证研究[D].成都:西南财经大学.
34 李稻葵,2014.突破中等收入陷阱的路线图[J].经济研究(1):23-25.
35 李汉君,张丽,艾杰,2013.上市公司并购绩效实证研究[J].统计与决策(12):166-168.
36 李青原,唐建新,2010.企业纵向一体化的决定因素与生产效率——来自我国制造业企业的经验证据[J].南开管理评论(3):60-69.
37 李善民,陈玉罡,2002.上市公司兼并与收购的财富效应[J].经济研究(2):27-35.
38 李善民,刘永新,2014.并购整合对并购公司绩效的影响——基于中国液化气行业的研究[J].南开管理评论,13(4):154-160.
39 李善民,叶会,2007.控制权私有收益、代理问题和企业并购过程研究[J].南方经济(12):54-62.
40 李维安,徐业坤,2012.政治关联形式、制度环境与民营企业生产率[J].管理科学(2):1-12.
41 李增泉,余谦,王晓坤,2005.掏空、支持与并购重组[J].经济研究(1):95-105.
42 李智永,景维民,2014.政府经济人视角下市场监管中的政企合谋[J].经济体制改革(6):37-41.
43 刘大志,2010.股权结构对并购绩效的影响——基于中国上市公司实证分析[J].财务与金融(3):17-23.
44 刘峰,谢莹,毕秀玲,等,2002.换股合并与资本市场效率——新潮实业与新牟股份换股合并的案例分析[J].管理世界(4):122-128.
45 刘欢,2012.我国煤炭上市公司并购模式及其绩效相关研究[D].上海:复旦大学.
46 刘星,吴雪姣,2011.政府干预、行业特征与并购价值创造——来自国有上市公司的经验证据[J].审计与经济研究(6):95-103.
47 柳传蕾,2014.煤炭企业“三跨”整合路径选择及其绩效研究:政府规制视角

[D]. 徐州：中国矿业大学.
48 卢闯，张伟华，崔程皓，2013. 市场环境、产权性质与企业纵向一体化程度[J]. 会计研究(7)：50-55.
49 卢东，POWPAKA S，2010. 消费者对企业社会责任行为的研究——基于期望理论和归因理论的探讨[J]. 管理评论，22(12)：70-78.
50 陆桂贤，2012. 我国上市公司并购绩效的实证研究——基于 EVA 模型[J]. 审计与经济研究(2)：104-109.
51 陆瑶，闫聪，朱玉杰，2011. 对外跨国并购能否为中国企业创造价值？[J]. 清华大学学报(自然科学版)，51(8)：1145-1154.
52 逯东，林高，黄莉，等，2012. "官员型"高管、公司业绩和非生产性支出——基于国有上市公司的经验证据[J]. 金融研究(6)：139-153.
53 逯东，孙岩，周玮，等，2014. 地方政府政绩诉求、政府控制权与公司价值研究[J]. 经济研究(1)：56-69.
54 罗翠华，2004. 企业跨地区并购与区域经济协调发展[J]. 科技进步与对策(8)：83-85.
55 罗党论，刘晓龙，2009. 政治关系、进入壁垒与企业绩效——来自中国民营上市公司的经验证据[J]. 管理世界(5)：97-106.
56 罗维，2004. 如何使企业并购与国际化接轨[J]. 中国经贸导刊(22)：54-55.
57 梅伟霞，2013. 当前我国政企关系存在的三种风险及其防范[J]. 探求(6)：39-44.
58 南星恒，2014. 企业智力资本价值创造行为研究——兼论智力资本与企业价值的相关性[J]. 南京审计学院学报，11(2)：79-86.
59 聂辉华，2009. 声誉、契约与组织[M]. 北京：中国人民大学出版社.
60 聂辉华，张雨潇，2015. 分权、集权与政企合谋[J]. 世界经济(6)：3-21.
61 潘红波，夏新平，余明桂，2008. 政府干预、政治关联与地方国有企业并购[J]. 经济研究(4)：41-52.
62 潘红波，余明桂，2009. 预算软约束与控股股东利益输送：来自我国民营企业的经验证据[J]. 财会通讯(11)：100-104.
63 潘红波，余明桂，2011. 支持之手、掠夺之手与异地并购[J]. 经济研究(9)：108-120.
64 彭卫华，刘江峰，2003. 我国国有企业并购中的政府行为分析[J]. 江苏商论(2)：64-65.
65 钱先航，曹廷求，李维安，2011. 晋升压力、官员任期与城市商业银行的贷款行为[J]. 经济研究(12)：72-85.

66 权小锋,吴世农,文芳,2010.管理层权力、私有收益与薪酬操纵[J].经济研究(11):73-87.

67 申宇,傅立立,赵静梅,2015.市委书记更替对企业寻租影响的实证研究[J].中国工业经济(9):37-52.

68 沈冬梅,刘静,2011.政府干预对国有上市公司并购绩效影响的研究[J].现代商业(7):212-214.

69 孙烨,罗党论,2011.政府竞争、资本配置与上市公司"壳资源"转让[J].管理科学(1):11-20.

70 孙自愿,柳传蕾,陈贺,2013.煤炭资源"三跨"整合路径安排的价值效应[J].中国人口资源与环境,23(3):19-24.

71 孙自愿,王晨君,宋建华,等,2014.关键资源基础、国企扩张与煤炭资源整合价值效应分析[J].软科学(11):35-39.

72 孙自愿,卫慧芳,梁庆平,2014.政府干预、煤企纵向一体化与并购绩效——基于社会责任观的经验证据[J].中国矿业大学学报(社会科学版)(3):66-73.

73 谭劲松,刘炳奇,谭燕,2005.企业合并:政府主导下的多方利益博弈——来自10起换股合并案例的检验[J].管理世界(2):118-132.

74 唐晓华,徐雷,2011.大企业竞争力的"双能力"理论——一个基本的分析框架[J].中国工业经济(9):88-97.

75 唐雪松,周晓苏,马如静,2010.政府干预、GDP增长与地方国企过度投资[J].金融研究(8):33-48.

76 陶然,陆曦,苏福兵,等,2009.地区竞争格局演变下的中国转轨:财政激励和发展模式反思[J].经济研究(7):21-33.

77 田彬彬,2014.政企合谋、企业逃税与企业绩效[D].武汉:华中科技大学.

78 田利辉,2005.国有股权对上市公司绩效影响的U型曲线和政府股东两手论[J].经济研究(10):48-58.

79 田志龙,贺远琼,2003.公司政治行为:西方相关研究的综述与评价[J].中国软科学(2):68-73.

80 田祖海,毛传阳,2005.外资并购、非对称性政府规制与市场竞争行为[J].中国软科学(2):40-45.

81 王冬,吕延方,2012.交易环境属性、主体特征与纵向一体化[J].中国工业经济(1):79-89.

82 王凤荣,任萌,张富森,2011.政府干预、治理环境与公司控制权市场的有效性——基于地方国有上市公司并购的经验证据[J].山东大学学报(哲学社会科学版)(2):77-85.
83 王凤荣,苗妙,2015.税收竞争、区域环境与资本跨区流动——基于企业异地并购视角的实证研究[J].经济研究(2):16-30.
84 王红领,2000.委托人"政府化"与"非政府化"对企业治理结构的影响——关于中国乡镇企业转制的实证研究[J].经济研究(7):56-62.
85 王红领,李稻葵,雷鼎鸣,2001.政府为什么会放弃国有企业的产权[J].经济研究(8):61-70.
86 王菁,田满文,2010.上市公司并购整合效率的影响因素探析[J].四川大学学报(哲学社会科学版)(1):101-112.
87 王利晶,2011.基于协同的并购后整合绩效研究——以潍柴动力并购案为例[D].北京:北京交通大学.
88 王守坤,任保平,2009.财政联邦还是委托代理:关于中国式分权性质的经验判断[J].管理世界(11):29-40.
89 王穗明,2000.关于国有企业代理问题[J].中国工业经济(4):77-80.
90 王铁男,王宇,宫春婕,2015.并购中的CEO薪酬操纵与企业价值[J].软科学,29(5):63-67.
91 王霞,王宸,2014.地方政府干预与企业并购价值效应研究——基于"四个中心"建设背景下的上海国有上市公司的证据[J].上海财经大学学报,16(5):39-47.
92 王晓巍,陈慧,2011.基于利益相关者的企业社会责任与企业价值关系研究[J]管理科学(6):29-37.
93 王璇,辛春林,2013.基于结构方程模型的企业社会责任评价——以石化行业为例[J].中国流通经济(6):74-79.
94 王永钦,张晏,章元,等,2007.中国的大国发展道路——论分权式改革的得失[J].经济研究(1):4-16.
95 王玉春,梁洪基,秦云,2014.政治关联对中小企业并购绩效的影响——基于产权性质与制度环境的视角[J].世界经济与政治论坛(6):66-83.
96 望梦,2013.企业并购的文化整合研究[D].武汉:武汉工程大学.
97 魏乐,2014.横向并购纵向传染机制研究[D].北京:北京交通大学.
98 吴晓求,2004.中国上市公司投机性重组行为及解决对策[J].中国金融(1):31-35.
99 吴雪娇,2012.政府干预、行业特征与并购价值创造——来自地方国有上市公司的经验证据[D].重庆:重庆大学.
100 夏立军,方轶强,2005.政府控制、治理环境与公司价值——来自中国证券市场的经验证据[J].经济研究(5):40-51.
101 项喧,2014.企业并购后的供应链整合模式与实现机制分析[J].商业时代(15):102-103.
102 谢纪刚,胡联国,2014.基于动力系统理论的并购后文化整合研究[J].管理评论(5):161-168.
103 熊勇清,周理,2008.企业社会责任的分析与评价——以深交所制造业上市公司为例[J].管理科学文摘(Z1):36-39.
104 薛云奎,白云霞,2008.国家所有权、冗余雇员与公司业绩[J].管理世界(10):96-105.
105 杨道广,潘红波,陈汉文,2014.政治关系、会计信息与银行信贷资本配置效率——来自中国民营上市公司的经验证据[J].投资研究(7):26-40.
106 杨继生,阳建辉,2015.行政垄断、政治庇佑与国有企业的超额成本[J].经济研究(4):50-61.
107 杨学楠,2011.中国上市公司纵向并购与资产剥离经济绩效研究[D].西安:西北工业大学.
108 杨中林,汤鹏,2009.利益相关者与煤炭企业社会责任[J].煤炭经济研究(8):31-32.
109 姚德权,章剑辉,2014.政治关联、贷款融资与民营企业绩效研究[J].财经问题研究(12):84-90.
110 姚益龙,刘巨松,刘冬妍,2014.要素市场发展差异、产权性质与异地并购绩效[J].南开管理评论(5):102-111.
111 尹秀超,2012.中国上市公司并购重组研究——动因、绩效及影响因素[D].北京:中国人民大学.
112 于东智,池国华,2004.董事会规模、稳定性与公司绩效:理论与经验分析[J].经济研究(4):70-79.
113 于淞,2010.地方政府干预对企业并购绩效的影响研究[D].苏州:苏州大学.
114 余明桂,回雅甫,潘红波,2010.政治联系、寻租与地方政府财政补贴有效性[J].经济研究(3):65-77.
115 余燕妮,2012.企业并购绩效及影响因素的实证分析[D].长春:吉林大学.
116 郁义鸿,2005.产业链类型与产业链效率基准[J].经济与管理研究(11):25-30.
117 袁天荣,焦跃华,2006.政府干预企业并购的动机与行为[J].中南财经政法大学学报(2):124-129.

118 原毅军，谢荣辉，2014. 环境规制的产业结构调整效应研究——基于中国省际面板数据的实证检验[J]. 中国工业经济（8）：57-69.
119 臧秀清，苗利利，2011. 并购价值创造：影响因素与作用路径的实证分析[J]. 统计与决策（9）：148-151.
120 张川，娄祝坤，詹丹碧，2014. 政治关联、财务绩效与企业社会责任——来自中国化工行业上市公司的证据[J]. 管理评论（1）：130-139.
121 张洁梅，2010. 企业并购后的知识整合研究[D]. 开封：河南大学.
122 张立权，谭章禄，2009. 基于效率与公平的国有煤炭企业评价指标体系研究[J]. 煤炭经济研究（11）：25-27.
123 张鹏冲，2014. 政府干预下的企业并购绩效研究[J]. 中国总会计师（8）：86-88.
124 张洽，袁天荣，2013. 企业并购中 CEO 权力寻租行为分析——基于国企与民企比较视角的实证研究[J]. 山西财经大学学报（5）：81-93.
125 张维迎，1998. 控制权损失的不可补偿性与国有企业兼并中的产权障碍[J]. 经济研究（7）：4-15.
126 张文军，2009. 不同并购类型下并购绩效的实证分析[D]. 北京：中国人民大学.
127 张雯，张胜，李百兴，2013. 政治关联、企业并购特征与并购绩效[J]. 南开管理评论（2）：64-74.
128 张新，2003. 并购重组是否创造价值经济研究[J]. 经济研究（6）：20-29.
129 赵广信，1998. 论国有资产重组中的政府行为[J]. 陕西经贸学院学报（5）：27-29.
130 张洪刚，赵全厚，2014. 政治关联、政治关联成本与财政补贴关系的实证研究——来自深、沪证券市场的经验数据[J]. 当代财经（4）：108-118.
131 赵斯昕，2012. 煤炭企业社会责任体系及评价研究[D]. 北京：中国矿业大学.
132 周黎安，2004. 晋升博弈中政府官员的激励与合作——兼论我国地方保护主义和重复建设问题长期存在的原因[J]. 经济研究（6）：33-40.
133 周黎安，2007. 中国地方官员的晋升锦标赛模式研究[J]. 经济研究（7）：36-50.
134 周密，2012. 研发存量、研发经费来源与知识生产效率[J]. 经济评论（5）：61-68.
135 周勤，2002. 纵向一体化测度理论评介[J]. 经济学动态（1）：79-83.
136 周士元，2012. 中国上市公司并购绩效评价及影响因素研究[D]. 南京：河海大学.
137 朱恒鹏,2004.地区间竞争、财政自给率和公有制企业民营化[J].经济研究(10):24-34.
138 ADES A, TELLA R D, 1999. Rents, competition, and corruption [J]. American Economic Review,89(4):982-993.
139 BORTOLOTTI B, FACCIO M, 2009. Government control of privatized firms[J]. Review of Financial Studies,22(8):2907-2939.
140 BRUNER R F, 2002. Does M&A pay: a survey of evidence for the decision-maker[J]. Journal of Applied Finance,12(1):48-68.
141 BYRD J W, HICKMAN K A, 1992. Do outside directors monitor managers? Evidence from tender offer bids [J]. Journal of Financial Economics,32(2):195-221.
142 BROWN D M, LAVERICK S, 1994. Measuring corporate performance [J]. Long Range Planning,27(4):89-98.
143 CARROLL A B, 1991. The pyramid of corporate social responsibility: toward the moral management of organizational stakeholders [J]. Business Horizon,34(4):39-48.
144 CHOI C J, LEE S H, KIM J B, 1999. A note on countertrade: contractual uncertainty and transaction governance in emerging economics [J]. Journal of International Business Studies,30(1):189-201.
145 CINGANO F, PINOTTI P, 2013. Politicians at work: the private returns and social costs of political connections [J]. Journal of the European Economic Association,11(2):433-465.
146 CLARKSON M B E, 1995. A stakeholder framework for analyzing and evaluating corporate social performance [J]. Academy of Management Review,20(1):92-117.
147 CLOODT M, HAGEDOORN J, KRANENBURG H V, 2006. Mergers and acquisitions: their effect on the innovative performance of companies in high-tech industries[J]. Research policy,35(5):642-654.
148 COTTER J, SHIVDASANI A, ZENNER M, 1997. Do independent directors enhance target shareholders wealth during tender? [J]. Journal of Financial Economics,43(2):195-218.
149 DJANKOV S, PORTA R LA, LOPEZ-DE-SILANES F, et al., 2002. The regulation of entry [J]. The Quarterly Journal of Economics, 117 (1):

1-37.
150 DONG L,POWPAKA S,2010. Consumer evaluations to corporate social responsibility initiatives: integration of expectation theory and attribution theory[J]. Management Review,22(12):70-78.
151 DRUCKER P F,2002. The discipline of innovation[J]. Harvard Business Review,80(8):95-100,102,148.
152 ELKINGTON J, 1998. Accounting for the triple bottom line [J]. Measuring Business Excellence,2(3):18-22.
153 ELKINGTON J,1998. Partnerships from cannibals with forks: the triple bottom line of 21st century business [J]. Environmental Quality Management,8(1):37-51.
154 ESFAHANI H S,2000. Institutions and government controls[J]. Journal of Development Economics,63(2):197-229.
155 ESOLA L, 2006. Softer insurance market looming as losses shrink, capacity expands[J]. Business Insurance,40(44):4.
156 FACCIO M, 2006. Politically connected firms [J]. American Economic Review,96(1):369-386.
157 FAMA E F,JENSEN M C,1983. Separation of ownership and control [J]. Journal of Law and Economics,26(2):301-325.
158 FAN J P H,WONG T J,ZHANG T,2013. Institutions and organizational structure: the case of state-owned corporate pyramids[J]. Journal of Law Economics & Organization,29(6):1217-1252.
159 FAN J P H,WONG T J,ZHANG T,2007. Politically connected CEOs, corporate governance, and post-IPO performance of China's newly partially privatized firms [J]. Journal of Financial Economics, 84 (2): 330-357.
160 FIRTH M,1980. Takeovers, shareholder returns, and the theory of the firm[J]. The Quarterly Journal of Economics,94(2):235-260.
161 FRIEDMAN E,JOHNSON S,MITTON T,2003. Propping and tunneling [J]. Journal of Comparative Economics,31(4):732-750.
162 GROSSMAN S J, HART O D, 1986. The costs and benefits of ownership: a theory of vertical and lateral integration [J]. Journal of Political Economy,94(4):691-719.
163 HART O D,MOORE J,1990. Property rights and nature of the firm[J].

Journal of Political Economy,98(6):1119-1158.

164 HEALY P M, PALEPU K G, RUBACK R S, 1992. Does corporate performance improve after mergers? [J]. Journal of Financial Economics,31(2):135-175.

165 HELLMAN J S,JONES G,KAUFMANN D,2003. Seize the state,seize the day:state capture and influence in transition economies[J]. Journal of Comparative Economics,31(4):751-773.

166 HERON R, LIE E, 2002. Operating performance and the method of payment in takeovers[J]. Journal of Financial and Quantitative Analysis, 37(1):137-155.

167 JENSEN M C,1986. Agency cost of free cash flow,corporate finance,and takeovers[J]. American Economic Review,76(2):323-329.

168 JENSEN M C,MECKLING W H,1976. Theory of the firm:managerial behavior, agency costs, and ownership [J]. Journal of Financial Economics,3(4):305-360.

169 JENSEN M C,RUBACK R S,1983. The market for corporate control: the scientific evidence[J]. Journal of Financial Economics(11):5-50.

170 JOHNSON S, PORTA R L, LOPEZ-DE-SILANES F, et al., 2000. Tunneling[J]. American Economic Review,90(2):22-27.

171 MANNE H G,1965. Mergers and the market for corporate control[J]. The Journal of Political Economy,53(9):1689-1699.

172 MAQUIEIRA C P, MEGGINSO W L, NAIL L, 1998. Wealth creation versus wealth redistributions in pure stock-for-stock mergers[J]. Journal of Financial Economics,48(1):3-33.

173 MARKS M L,MIRVIS P H,2010. Joining forces:making one plus one equal three in mergers, acquisitions, and alliances[J]. The Jossey-Bass Business & Management Series,52(1):194-196.

174 MEEKS G, 1977. Disappointing marriage: a study of the gains from merger[M]. New York:Cambridge University Press.

175 MEGGINSON W L,NETTER J M,2001. From state to market:a survey of empirical studies on privatization[J]. Journal of Economic Perspective, 39(2):321-389.

176 MILLER D T,ROSS M,1975. Self-serving biases in the attribution of causality:fact or fiction? [J]. Psychological Bulletin,82(2):213-225.

177 MUELLER D C, 1969. A theory of conglomerate mergers[J]. The Quarterly Journal of Economics,83(4):643-659.

178 MUSGRAVE R A,1959. The theory of public finance:a study in public economy[J]. Journal of Political Economy,99(1):213-213.

179 NETTER J,STEGEMOLLER M,WINTOKI M B,2011. Implications of data screens on merger and acquisition analysis:a large sample study of mergers and acquisitions from 1992 to 2009[J]. Review of Financial Studies,24(7):2316-2357.

180 PORTA R L,LOPEZ-DE-SILANES F,SHLEIFER A,1999. Corporate ownership around the world[J]. Journal of Finance,54(2):471-517.

181 QIAN Y, WEINGAST B R, 1997. Federalism as a commitment to preserving market incentives[J]. Journal of Economic Perspectives, 11 (4):83-92.

182 QIAN Y,1996. Enterprise reform in China agency problems and political control[J]. Economics of Transition,4(2):427-447.

183 RANDALL A H,LIE E,2004. A comparison of the motivations for and the information content of different types of equity offerings[J]. Journal of Business,77(3):605-632.

184 RAJAN R G, ZINGALES L, 2003. The great reversals: the politics of financial development in the twentieth century[J]. Journal of Financial Economics,69(1):5-50.

185 ROLL R,1986. The hubris hypothesis of corporate takeovers[J]. Journal of Business,59(2):197-216.

186 SCHMIDT K M, 1996. The costs and benefits of privatization: an incomplete contracts approach [J]. Journal of Law Economics and Organization,12(1):1-24.

187 SHILEIFER A, 1998. State versus private ownership[J]. Journal of Economics Perspective,12(4):133-150.

188 SHLEIFER A,VISHNY R W,1994. Politicians and firms quarterly[J]. Journal of Economics,109(4):995-1025.

189 STIGLITZ J E, SCHMALENSEE R, WILLIG R, 1989. Handbook of industrial organization[M]. North-Holland: North-Holland Publishing Company:769-847.

190 SHLEIFER A, VISHNY R W, 2002. The grabbing hand: government

pathologies and their cures[J]. American Economic Association Papers & Proceedings,87(2):354-358.

191 STULZ R M,2005. The limits of financial globalization[J]. The Journal of Finance,60(4):1595-1638.

192 VERNON J M, VISCUSI K, HARRINGTON J, 2000. Economics of regulation and antitrust[M]. Cambridge:The MIT Press.

193 WASSERSTEIN B, 1988. Living in interesting times [J]. Financial Executive,4(2):30.

194 WASSERSTEIN B,2010. Big deal:the battle for control of America's leading corporations[J]. Choice(5):51-52.

195 WEINSTEIN N D,1980. Unrealistic optimism about future life events [J]. Journal of Personality and Social Psychology,39(5):806-820.

196 YEN T Y, ANDRÉ P, 2007. Ownership structure and operating performance of acquiring firms:the case of English-origin countries[J]. Journal of Economics & Business,59(5):380-405.

197 ZHANG X,2003. Do mergers and acquisitions create value:evidence from Chinese listed companies[J]. Economic Research Journal(6):20-29.